应用型本科经管类"十三五"规划教材

统计学
——从典型案例到问题和思想

TONGJIXUE
CONG DIANXING ANLI DAO WENTI HE SIXIANG

主　编　刘照德　黄小敏
副主编　张祖荣　朱芳芳　赵慧琴
参编者　林海明　周杰琦　金　莹　石　立

华南理工大学出版社
SOUTH CHINA UNIVERSITY OF TECHNOLOGY PRESS

·广州·

内 容 提 要

著名的典型案例,有科学家、名人的人文力量和智慧的光芒,有问题的发现,有思想的产生,有基本知识的生动应用及其创造,这些容易引起读者的兴趣和关注。统计学在为人类发展做出巨大贡献的同时,产生了不胜枚举的著名典型案例,本书每章都从一些著名的统计学典型案例引入,展开统计学问题、思想、基本知识的学习。内容包括:绪论、收集数据、整理数据、数据分布的数字特征、抽样分布、参数估计、假设检验、相关与回归分析、时间序列分析、指数分析等,附有 Excel 在统计中的应用,其中的抽样分布、参数估计、假设检验、相关与回归分析需要一些概率论基础,为了衔接,书中作了一些必要的补充。

本书不仅可以作为一般经济管理类专业统计学核心课程的教材,也可以作为经济管理类统计学专业的基础教材。

图书在版编目(CIP)数据

统计学:从典型案例到问题和思想/刘照德,黄小敏主编. —广州:华南理工大学出版社,2015.8(2019.12重印)
应用型本科经管类"十三五"规划教材
ISBN 978-7-5623-4639-5

Ⅰ.①统… Ⅱ.①刘… ②黄… Ⅲ.①统计学 Ⅳ.①C8

中国版本图书馆 CIP 数据核字(2015)第 175659 号

统计学——从典型案例到问题和思想
刘照德 黄小敏 主编

出 版 人:	卢家明
出版发行:	华南理工大学出版社
	(广州五山华南理工大学 17 号楼,邮编 510640)
	http://www.scutpress.com.cn E-mail: scutc13@scut.edu.cn
	营销部电话:020-87113487 87111048(传真)
总 策 划:	毛润政 冯丽萍
执行策划:	冯丽萍 王柳婵
责任编辑:	朱彩翩
印 刷 者:	虎彩印艺股份有限公司
开 本:	787mm×1092mm 1/16 印张:15 字数:353 千
版 次:	2015 年 8 月第 1 版 2019 年 12 月第 6 次印刷
定 价:	33.00 元

版权所有 盗版必究 印装差错 负责调换

前 言

现在是大数据时代，数据无处不在，无论是人们的日常生活，还是进行微观的企业经营决策、宏观的国民经济管理，都需要准确地把握有关的数据。统计学作为用数据发现规律、更好决策的方法论科学，在经济社会、科学技术发展中发挥了强大的作用。教育部一直将"统计学"列为经济管理类本科的核心基础课。2001 年，我国经济学家、教育学家顾海良认为，"统计学"是二十一世纪最有前途的一门学科。2010 年，鉴于统计学为世界社会经济、科学技术的发展和进步做出的巨大贡献，第 64 届联合国大会第 90 次会议通过决议，将每年的 10 月 20 日定为"世界统计日"。2011 年，我国将统计学定为一级学科。

本书从统计学的典型案例引入，展开统计学问题、思想和基本知识的学习。这里的统计学典型案例是指：①有重大问题产生的人文情境；②有问题的提出；③有科学家或名人的贡献；④有解决问题的思想；⑤与所学的统计学基本知识有较高的相关性。典型案例中的科学家和名人会给学生产生榜样的力量，这些有利于培养学生良好的道德与人文精神。我们知道：会背已有知识不重要，会拿来用、会拿来解决问题、会拿来产生智慧更重要，牛顿说："我之所以伟大，是因为我站在巨人的肩膀上。"就是这个道理。

本书将用到的数学知识仅作为统计学应用中的一个环节，一般不作推导与证明。

本书的最佳目标标准：

(1) 范围标准：常规教学内容。

(2) 面对师生标准：通顺，紧凑，易教，易学，符合学科逻辑。

(3) 来龙去脉标准：讲清背景、问题、思想、公式模型理论的意义、解题步骤及其应用，其他的用概括性语句过渡，用注释、附录或指明参考文献相应补充。

(4) 习题标准：题意明确、表述简洁、科学合理。

本书改进的目标：力争两年左右达到国内教材中上等水平，5 年左右达到或超过英美教材中上等水平。

我们的行动感言是：将使用这本教材的老师和学生放在心上。

本书配有教学用 PPT、思考题、练习题与参考答案，教师可利用 PPT 进行多媒体教学，可利用思考题、练习题与参考答案对学生进行必要的指导，这些电子版材料可联系邮箱 stats2015@163.com 免费获取。

本教材由广东财经大学、广东培正学院、广东财经大学华商学院统计学专业的教师集体编著完成。广东财经大学刘照德副教授、广东培正学院黄小敏副教授担任主编,负责全书的设计、总纂和定稿工作,广东财经大学张祖荣教授、广东财经大学华商学院朱芳芳老师、赵慧琴老师担任副主编,协助主编工作,广东财经大学林海明教授作为本书的特约顾问,负责全书的框架设计和质量把关工作。编写分工是:广东财经大学林海明教授(第一章,审核:刘照德)、刘照德副教授(第二章,审核:赵慧琴)、张祖荣教授(第六章,审核:赵慧琴)、周杰琦博士(第八章,审核:石立);广东培正学院黄小敏副教授(第十章,审核:林海明);广东财经大学华商学院赵慧琴老师(第三章、第七章,审核:金莹、黄小敏)、金莹老师(第四章,审核:朱芳芳)、朱芳芳老师(第五章,审核:张祖荣)、石立老师(第九章,审核:周杰琦)。这些编写者一直从事统计学的教学工作,有着丰富的教学经验,他们编写的章节也是他们的专业优势,这样便于写作上更好地发挥长处和更好地修改、完善教材。

应当指出,更好的案例在不断地涌现,尽管我们力争少出错漏,但还是难免会有错漏,恳请同行专家和读者指出。凡给出更好案例者、指出错漏者,我们均会给出书面反馈、感谢和适当奖励(联系邮箱 stats2015@163.com),并在下一次的印刷中修改和补充。

作为本书的顾问和编者,林海明教授给予了极大的关心和帮助,他不仅对其他编者给予热心指导,还提供了7个典型案例,并对每章书稿都进行了认真的审阅和修改,提出了中肯的修改意见。本书主编刘照德副教授主持的2015年度广东财经大学"创新强校工程"经济统计学专业综合改革试点项目和副主编赵慧琴老师主持的2014年度广东省高等教育教学改革项目"独立学院经管类专业统计学课程的教学改革与实践",其研究成果已体现在本书内容之中。在此,特别向林海明教授、刘照德副教授和赵慧琴老师表示衷心的感谢!同时,特别感谢广东财经大学钟英莲、陈军才、陈根和马岚等老师对本书提出了许多宝贵的意见。

本书参考了国内外一些文献,在书中给予了列示。本书的出版得到了华南理工大学出版社的大力支持,毛润政、冯丽萍等同志为本书的组稿、编辑做了大量工作。在此,我们对所有为本书问世给予帮助的同事、朋友和家人一并表示衷心的感谢!

编 者
2015年6月于广州

目 录

第一章 绪论 ………………………………………………………………… 1
引 言 ……………………………………………………………………… 1
第一节 统计学的含义和作用 …………………………………………… 3
　一、什么是统计学 …………………………………………………… 3
　典型案例1 瓦尔德找到了二战美军轰炸机的危险区域 …………… 3
　二、统计学的作用和重要性 ………………………………………… 4
　三、统计学是如何解决实际问题的 ………………………………… 5
　四、统计学的发展和应用领域 ……………………………………… 6
　五、统计学与数学、经济学等实质性学科的联系与区别 ………… 7
第二节 统计学的基本概念 ……………………………………………… 7
　一、总体、单位和样本 ……………………………………………… 7
　二、标志、指标(参数)和统计量 …………………………………… 8
　三、数据 ……………………………………………………………… 9
小结 ………………………………………………………………………… 10
思考题 ……………………………………………………………………… 11
练习题 ……………………………………………………………………… 11

第二章 收集数据 ………………………………………………………… 13
典型案例2 肺癌与吸烟有关系吗? ……………………………………… 13
典型案例3 各领域领袖与调查的关系 ………………………………… 13
第一节 统计调查方案设计 ……………………………………………… 14
　一、明确调查目的 …………………………………………………… 14
　二、确定调查对象和调查单位 ……………………………………… 14
　三、选择合适的调查方式、调查方法 ……………………………… 14
　四、设计调查项目和调查表 ………………………………………… 15
　五、确定调查时间 …………………………………………………… 15
　六、调查报告的撰写 ………………………………………………… 15
　七、制订调查工作的组织实施计划 ………………………………… 15
第二节 数据收集来源 …………………………………………………… 16
　一、数据收集的来源 ………………………………………………… 16
　二、二手数据的收集 ………………………………………………… 16
第三节 原始数据的收集 ………………………………………………… 18

一、数据收集的分类 …………………………………………………… 18
　　二、数据收集的调查方式 ………………………………………………… 20
　　三、数据收集的方法 …………………………………………………… 29
第四节　统计数据的质量 ………………………………………………… 33
　　一、统计数据的误差 …………………………………………………… 33
　　二、控制调查误差的途径 ……………………………………………… 34
小　　结 …………………………………………………………………… 35
思考题 ……………………………………………………………………… 35
练习题 ……………………………………………………………………… 36

第三章　整理和显示数据 …………………………………………… 38

典型案例4　如何用图表、数字反映居民收入的贫富差距？ ……………… 38
第一节　数据的整理与显示的步骤 ……………………………………… 39
第二节　定量数据的整理与显示 ………………………………………… 40
　　一、定量数据的整理 …………………………………………………… 40
　　二、定量数据的图示 …………………………………………………… 43
　　三、频数分布图的类型 ………………………………………………… 45
第三节　品质数据的整理与显示 ………………………………………… 46
　　一、定类数据的整理与图示 …………………………………………… 47
　　二、定序数据的整理与图示 …………………………………………… 49
第四节　图表的合理使用 ………………………………………………… 51
　　一、鉴别图形优劣的准则 ……………………………………………… 51
　　二、统计表的设计 ……………………………………………………… 52
小　　结 …………………………………………………………………… 54
思考题 ……………………………………………………………………… 54
练习题 ……………………………………………………………………… 54

第四章　数据分布的数字特征 ……………………………………… 57

典型案例5　二战后日本实现了3σ质量管理，成为世界第二经济强国 ……… 57
第一节　数据集中趋势的测定 …………………………………………… 58
　　一、集中趋势测定问题的提出和作用 ………………………………… 58
　　二、集中趋势的测定 …………………………………………………… 58
第二节　数据离散程度的测定 …………………………………………… 73
　　一、离散程度测定问题的提出和作用 ………………………………… 73
　　二、离散程度的测定 …………………………………………………… 73
第三节　数据分布形态的测定 …………………………………………… 82
　　一、分布形态测定问题的提出和作用 ………………………………… 82

二、矩 ··· 82
三、偏度 ·· 83
四、峰度 ·· 83
小 结 ··· 84
思考题 ··· 85
练习题 ··· 85

第五章 抽样分布 ·· 88
典型案例6 如何作出是否购买一批苹果的更好决策? ········· 88
第一节 抽样分布基本概念 ·· 88
一、样本容量和样本个数 ·· 88
二、参数和统计量 ·· 89
三、抽样分布 ·· 89
四、抽样分布的数字特征 ·· 91
第二节 几个常见的抽样分布 ··· 93
一、样本均值 $\bar{X}$ 的抽样分布 ··· 93
二、样本比例 p 的抽样分布 ·· 97
三、样本方差 S^2 的抽样分布 ··· 97
四、t 分布和 F 分布 ·· 98
小 结 ·· 100
思考题 ·· 100
练习题 ·· 101

第六章 参数估计 ·· 103
典型案例7 二战中苏军破解了德军坦克产量的秘密 ············ 103
第一节 点估计 ·· 104
一、矩估计法 ·· 104
二、最大似然估计法 ··· 105
三、估计量的优良性标准 ·· 105
第二节 区间估计 ·· 106
一、区间估计的概念 ··· 107
二、总体均值的区间估计 ·· 108
三、总体比例的区间估计 ·· 109
四、总体方差的区间估计 ·· 109
小 结 ·· 110
思考题 ·· 110
练习题 ·· 111

第七章 假设检验 ... 113
典型案例8 t 检验，20世纪产品质量改进的第一次大贡献 ... 113
第一节 假设检验的基本原理 ... 114
一、假设检验的概念 ... 115
二、假设检验的基本步骤 ... 116
三、假设检验中的两类错误 ... 116
第二节 一个总体参数的检验 ... 117
一、总体均值的检验 ... 117
二、总体成数（或总体比例）的检验 ... 121
三、总体方差的检验 ... 122
小 结 ... 123
思考题 ... 123
练习题 ... 123

第八章 相关与回归分析 ... 126
典型案例9 高尔顿测出了父辈身高与儿子身高趋势的关系 ... 126
第一节 相关分析 ... 127
一、函数关系与相关关系 ... 127
二、相关关系的描述与度量 ... 127
第二节 一元线性回归 ... 132
一、一元线性回归方程 ... 132
二、一元线性回归方程的优良性 ... 134
三、一元线性回归模型的统计检验 ... 135
四、一元线性回归模型的应用 ... 137
小 结 ... 137
思考题 ... 138
练习题 ... 138

第九章 时间序列分析 ... 143
典型案例10 中国 GDP 何时达到和超过美国？ ... 143
第一节 时间序列的基本概念 ... 144
一、时间序列的含义和作用 ... 144
二、时间序列的分类 ... 144
三、时间序列的编制原则 ... 145
第二节 时间序列的描述性分析 ... 146
一、时间序列的图形分析 ... 146

二、时间序列的水平分析 ··· 149
　　三、时间序列的速度分析 ··· 154
　　四、水平分析与速度分析的结合应用 ····································· 157
　小　结 ··· 158
　思考题 ··· 159
　练习题 ··· 159

第十章　指数分析 ··· 162
　典型案例 11　如何测定价格变动？ ·· 162
　第一节　指数的基本概念 ·· 162
　　一、指数的含义与作用 ··· 163
　　二、指数的分类 ·· 164
　第二节　综合指数 ··· 165
　　一、帕氏指数 ·· 165
　　二、拉氏指数 ·· 166
　　三、综合指数的编制步骤 ··· 166
　第三节　平均指数 ··· 167
　　一、算术平均指数 ·· 167
　　二、调和平均指数 ·· 168
　第四节　指数体系与因素分析 ·· 169
　　一、指数体系 ·· 169
　　二、总量变动的两因素分析 ·· 170
　　三、平均数变动的因素分析 ·· 171
　第五节　几种常见的指数 ·· 173
　　一、股票价格指数 ·· 173
　　二、居民消费价格指数 ·· 173
　小　结 ··· 174
　思考题 ··· 174
　练习题 ··· 175

思考题与练习题参考答案 ·· 178
附录 ··· 201
　附录 1　数据收集相关补充资料（第二章） ································ 201
　附录 2　Excel 在统计中的应用 ·· 205
　附录 3　常用统计表 ·· 221
参考文献 ··· 230
编者简介 ··· 231

第一章 绪 论

【引言】

统计学中一些有用的事例

统计学有用吗？以下我们用9个重要事例，说明统计学的重要意义。

事例1：1943年，美国陆军航空队和英国皇家空军一起对德国进行战略轰炸，但早期的轰炸机返航率低至35%，损失惨重。为此，急需找到轰炸机的危险区域加固钢板，美国统计学家瓦尔德用统计学方法发现了危险区域，美军和英军用钢板加固了这些危险区域，使轰炸机返航率达到76%，损失大幅减少，这为美军和英军战胜德军作出了应有的贡献。

事例2：20世纪二三十年代，受到残酷镇压的中国共产党人为了找到革命的主力军和道路，毛泽东用斗争中调查到的工人人口、农民人口数，镇压者城市，农村的人力、物力、财力数，结合革命知识进行分析和解释，发现了中国革命的主力军是农民，中国革命的道路是农村包围城市，由此他作出了"依靠农民，在广大的农村建立革命根据地"的更好决策。他领导中国共产党和中国人民经过不屈不挠的顽强奋斗，由频临灭亡变为强大，建立了独立自主的中华人民共和国。毛泽东因此而成为政治家和军事家，毛泽东（1930）还提出了"没有调查，就没有发言权"的科学论断。这里的调查就是统计学中的收集数据。

事例3：1998年，美国博耶研究型大学本科生教育委员会发表了题为《重建本科生教育：美国研究型大学发展蓝图》的报告，该报告指出：为了培养科学、技术、学术、政治和富于创造性的领袖，研究型大学必须"植根于一种深刻的、永久性的核心理念：探索、调查和发现"。这说明了统计学中的调查、发现规律是培养行业精英和领袖植根的、深刻的、永久性的核心理念。

事例4：居民收入贫富差距是政府和老百姓都关心的问题，为此，美国统计学家洛伦兹（1907）、意大利经济学家基尼（1922）分别发现了统计学的洛伦兹曲线、基尼系数，由此有了居民收入贫富差距的划分结果，为政府缩小居民收入贫富差距提供了决策依据。

事例5：二战后，产品质量差的日本，以田口玄一、戴明为代表的质量管理学者用统计学方法，发现了 3σ 质量管理原则，用其大幅提高了产品质量，产品畅销海外，20世纪70年代末，日本成为世界第二经济强国。该学科现已发展到了 6σ 质量管理原则。

事例6：在第二次世界大战的苏联卫国战争中，德军坦克十分凶猛，专家们用统计学中最大似然和无偏性方法（费歇尔，1925）帮助苏军破解了德军坦克产量的军事秘密,由此苏军组织了充足的军事力量并联合盟军,打败了德军的疯狂进攻并占领了柏林。

事例7:产品质量检验是每个消费者都关心的问题,专家们用 t 分布(戈赛特,1908)等统计学方法,发现了 t 检验法,大大提高了企业、质量监督部门和消费者的产品质量检验工作效率,t 检验法成为二十世纪质量改进的第一次大贡献。

事例8:在身高方面,矮父亲儿子的身高有比父亲高的趋势吗?高父亲儿子的身高有比父亲矮的趋势吗?英国统计学家高尔顿(1886)用最小二乘法(高斯,1801),发现了统计学的回归分析方法,解决了该问题。经济学家将该方法推广应用到经济学中,分别获得了三个年度的诺贝尔经济学奖。

事例9:某些商品价格的骤然上涨,会给老百姓的生活带来恐慌,会引起社会的普遍关注。如何及时反映市场商品价格的变化呢?德国经济学家帕歇(1874)发现了统计学的价格指数,为政府解决问题提供了决策依据。

上述事例,使我们看到了统计学在军事、政治、教育、社会、经济、质量管理、生物学领域的重要应用,看到了学者、领袖瓦尔德、毛泽东、洛伦兹、基尼、田口玄一、费歇尔、戈赛特、高斯、高尔顿、帕歇的人文贡献和力量,看到了如下客观事物的特征:空战中战机的危险区域、革命的主力军和道路、大学的核心、居民收入、产品质量、坦克产量、身高、商品价格,这些特征及其表现称为数据。这些事例的进一步描述,是本书一些章节开头部分的典型案例,通过这些典型案例,读者可以对统计学的具体作用有一个较深入、可令人信服的了解,由此衔接各章所要学习的内容。

经济学家萨缪尔森认为:在许多与经济学有关的学科中,统计学特别重要。事实上,在诺贝尔经济学奖获奖者中,三分之二以上的研究成果与统计和定量分析有关。

杜邦公司总经理理查德指出:现代公司在许多方面是根据统计来行事的。

2001年,我国经济学家、教育学家顾海良认为,统计学是二十一世纪最有前途的一门学科。

鉴于统计学为世界社会经济、科学技术的发展和进步做出的巨大贡献,2010年,第64届联合国大会第90次会议通过决议,将每年的10月20日定为"世界统计日"。

2011年,我国将统计学定为一级学科。

现在是大数据时代,人们出行会关心天气预报结果,购买商品会关心商品质量,看医生会关心医疗诊断结果,投资会关心股票指数及其趋势,生活会关心居民消费价格上涨率;社会发展政府会关心GDP增长率、人均可支配收入增长率等,这些都与统计学、数据息息相关。事实上,统计学和数据已渗透到社会生活、科学技术的方方面面,这些都说明了统计学的重要性。关于统计学的定义,作用,解决问题的思路,统计学与数学、经济学的区别与关系,统计学的基本概念等入门知识,是本章学习的内容。

第一节 统计学的含义和作用

一、什么是统计学

统计学发展至今已有 300 多年。历史上，英文中的统计 Statistics 与"国家"同一词根，即自从有了国家，统治者就用统计来管理国家。最早的统计学源于英国威廉·配第（1676）的《政治算术》。最早使用"统计学"这一术语的是德国的阿亨瓦尔（1719—1772），他认为统计学是国家显著事项的学问。这些使最初的政治领袖——统治者、政治家与统计学必要地联系在一起。比利时统计学家凯特勒（1846）在他的《概率论书简》《社会物理学》中认为：统计学是一门既研究社会现象，又研究自然现象的独立的方法论学科。我们将从如下案例来认识统计学的含义和作用。

【典型案例1】

瓦尔德找到了二战美军轰炸机的危险区域

美国统计学家瓦尔德

1943 年，美国陆军航空队和英国皇家空军一起对德国进行战略轰炸。但在早期，上千架的轰炸机呼啸而去，返航率却低至 35%，损失惨重。为了提高轰炸机的返航率，美国陆军航空队司令咨询美国统计学家瓦尔德：轰炸机上什么区域应该加强钢板？

经过瓦尔德的设计，他和助手拿了轰炸机模型到机场，查看从空战中返航的轰炸机的弹孔位置，在他的轰炸机模型上不重不漏地逐个标示返航轰炸机的弹孔位置。一段时间后，他的轰炸机模型上几乎布满了有弹孔的区域。因为没有弹孔区域被击中的轰炸机都没有返航，有弹孔区域被击中的轰炸机照样返航，由此，他发现了规律：没有弹孔区域是轰炸机的危险区域，有弹孔区域是轰炸机的安全区域。于是他提议，把剩下少数几个没有弹孔的区域加强钢板（颠覆了事前哪里有弹孔，钢板就加强哪里的传统做法），美国陆军航空队司令非常赞同瓦尔德的观点，立刻下令给轰炸机的相应区域加强钢板。之后，轰炸机返航率达到 76%，损失大幅减少，这为美军和英军战胜德军作出了应有的贡献。

该案例是军事问题＋统计学＋智慧的成果，生动地展示了人性的力量。瓦尔德在统计决策领域的贡献也使其成为该领域的领袖。

典型案例1中体现了统计学的含义。事实上，"从空战中返航轰炸机的弹孔位置"是数据，其表现是所设三维坐标系中的一个点；"查看从空战中返航轰炸机的弹孔位置"是收集数据，即取得数据；"在他的轰炸机模型上不重不漏地逐个标示返航轰炸机的弹孔位置,一段时间后,他的轰炸机模型上几乎布满了有弹孔的区域"是处理数据,即将数据用图表形式表示出来;"没有弹孔区域被击中的轰炸机都没有返航,有弹孔区域被击中的轰炸机照样返航"是分析和解释数据;"没有弹孔区域是轰炸机的危险区域,有弹孔区域是轰炸机的安全区域"是发现规律;"把剩下少数几个没有弹孔的区域加强钢板"是更好决策,即依据规律做出的决定。将这些过程从名词的角度进行提炼,得到统计学的定义:统计学是有效收集、处理、分析和解释数据,发现规律,更好决策的一门方法论学科。

数据是反映客观事物的特征及其表现,是统计学的研究对象。当其表现是非数值时,是定性数据,如飞行员的姓名、性别等;当其表现是数值时,是数量数据,如轰炸机的弹孔位置等;当其表现是图像时,是图像数据,如轰炸机模型上布满了弹孔的区域等;当其表现是声音时,是声音数据,如轰炸机的轰鸣声等。

简言之,统计学是用数据发现规律、更好决策的学科。现在是数据(DT)、大数据(BDT)时代,故人们解决实际问题中,几乎都要用数据去发现规律、更好决策,因此,统计学特别重要。

从解决问题的阶段上看,分析数据的方法有描述统计、推断统计。

如典型案例1中,"瓦尔德在他的轰炸机模型上不重不漏地逐个标示返航轰炸机的弹孔位置,一段时间后,轰炸机模型上几乎布满了有弹孔的区域(图形)",是描述统计及其结果。描述统计是将所收集的数据处理后,用表格或图形表示出有用的信息。如今绝大多数的报纸、杂志、公司报表和其他出版物上的统计信息,都是使用描述统计给出的。描述统计是基础,它为推断统计、统计咨询、统计决策提供必要的事实依据。

"轰炸机模型上没有弹孔区域是轰炸机的危险区域"是推断统计及其结果。轰炸机面上所有的点称为总体,总体的部分称为样本。推断统计就是利用一定的方法,根据样本数据特征去估计或检验总体的数据特征。典型案例1的调查有特殊性:所掌握的数据只有样本数据——从空战中返航轰炸机弹孔位置标示出来的;轰炸机面上部分的点,这里的调查是破坏性的,不可能对总体的所有个体都进行观察和实验取得结果,而我们所需要的是总体的数据特征——轰炸机空战中的危险区域。同样,很多产品的调查,出于破坏性、成本或时间等因素的考虑,只能收集到样本数据,这时必须用推断统计来解决问题,推断统计是现代统计学的主要内容。

二、统计学的作用和重要性

统计学解决问题中自然要结合实质性学科的知识。典型案例1中体现了统计学的作用,其中"把剩下少数几个没有弹孔的区域加强钢板"的更好决策,就是统计学产生的作用。即统计学的作用是:人们用数据发现的规律做出的更好决策。

众所周知,决策好一点,世界就改变得好一点,决策大而好,世界就改变得大而好,即更好的决策能改变世界;典型案例1中"瓦尔德在统计决策领域的贡献也使其成为该领域的领袖",即在更好决策和改变世界中,决策者和执行者们不屈不挠、

前仆后继地奋斗，由弱变强，自然地产生了相应领域的精英和领袖。而这些改变世界、产生精英和领袖的前提根源是有效收集数据、发现规律，因此，统计学的重要性是：收集数据、发现规律是培养行业精英和领袖植根的、深刻的、永久性的核心理念。

当然，精英和领袖是少数，执行者和参与者是多数，每个人都有自己的合理位置。对于我们，不是外国人有各行业的领袖重要，而是我们有各行业的领袖更重要。面对事例3中美国培养各领域领袖和当今各学科领域尖端知识、技术的严峻挑战，中国各行业人员应努力践行和提高"探索、调查、发现"的能力，培养和拥有自己各领域的精英和领袖，这些精英和领袖能引领中国人在相应的领域获得应有的独立性、自主性、平等性和话语权。因此，培养行业精英和领袖应该是各行业人员的使命和奋斗目标。

要发现规律，对统计数据通常有要求：客观性、适用性、准确性和及时性。客观性是指能反映客观事实而不受任何偏见的影响或任何势力的干扰；适用性是指统计数据能适应解决问题的目的；准确性是指统计数据能够反映真实情况，不出现较大的误差；及时性是指统计数据应及时收集、整理、使用。

三、统计学是如何解决实际问题的

俗话说：授人以鱼，不如授人以渔。同理，统计学解决实际问题的思路很重要。

典型案例1中体现了统计学解决实际问题的基本思路。事实上，①"轰炸机上什么区域应该加强钢板？"是提出实际问题；②"轰炸机模型"所处的三维坐标系是有效的指标体系；③"查看返航轰炸机的弹孔位置"，是收集数据；④"在轰炸机模型上不重不漏地逐个标示返航轰炸机的弹孔位置"一段时间后，他的轰炸机模型上几乎布满了有弹孔的区域，是选用或创造有效的统计方法整理、显示所收集数据的特征；⑤"因为没有弹孔区域被击中的轰炸机都没有返航，有弹孔区域被击中的轰炸机照样返航，故没有弹孔区域是轰炸机的危险区域"，是根据所收集数据的特征，结合定性、定量的知识做出的合理推断；⑥"把剩下少数几个没有弹孔的区域加强钢板"是根据合理推断给出更好决策的建议。即从方法的角度进行提炼，统计学解决实际问题的基本思路是：

①提出实际问题；
②建立有效的指标体系；
③收集数据；
④选用或创造有效的统计方法，整理、显示所收集数据的特征；
⑤根据所收集数据的特征，结合定性、定量知识做出总体数据特征的合理推断；
⑥根据合理推断为决策提出更好建议。
不能解决问题时，重复第②~⑥步。

在知识学习或创造中，当识别出了这六步的内容，我们就有了一个较完整的认知结构。上述第一步尤其重要，数学家哈尔莫斯指出"问题是数学的心脏"，同样我们认为,问题是科学的心脏,因为有问题才知道目的,才知道做什么,才有希望。

四、统计学的发展和应用领域

从发展来看,统计学产生了统计调查、统计分布、参数估计、假设检验、相关与回归分析、时间序列分析、多元统计分析等丰富的统计理论。从统计学在各领域的应用上看,产生了相应的应用统计学及其家族,如表1-1所示。事实上,只要有数据的地方,就会有统计学的应用,而各个领域都有数据,因此,统计学在各个领域都能发挥发现客观世界规律、更好决策的作用。

表1-1 应用统计学一览表

军事学	经济学	政治学	营销学	金融学	社会学	教育学	贸易学		物理学	生物学	医学	质量管理	心理学	化学
军事统计	经济统计	政治统计	营销统计	金融统计	社会统计	教育统计	贸易统计	统计学	物理统计	生物统计	医学统计	质量管理统计	心理统计	化学统计

理论统计学把研究对象一般化、抽象化,以数学中的概率论等为基础,从纯理论的角度,对统计方法加以推导论证,其中心内容是以归纳方法研究随机变量的一般规律。理论统计学的特点是计量不计质,在应用条件满足的情况下,它具有通用方法论的理学性质。应用统计学是有具体对象的方法论。所谓应用既包括一般统计方法的应用,又包括各自领域实质性科学理论的应用。应用统计学从所研究的领域或专门问题出发,视研究对象的性质采用有效的指标体系和统计方法,解决所需研究的问题。应用统计学不仅要进行定量分析,还需要进行定性分析,所以应用统计学通常具有边缘交叉和复合型学科的性质。理论统计学和应用统计学总是互相促进、共同提高的。统计理论的研究为应用统计学提供方法论基础,应用统计学在对统计方法的实际应用中,又常常对理论统计学提出新的问题,开拓理论统计学的研究领域。当然,理论统计学也可从自身不完善的理论中提出新问题。

作为经济和管理类的学生,所要学习的统计学主要是社会经济统计学。这是一门以社会经济现象的数据为特定研究对象的应用统计学。由于社会经济现象所具有的复杂性和特殊性,社会经济统计学不仅要应用一般的统计方法,而且还需要研究自己独特的方法,如核算的方法、指数方法、综合评价方法等。

通过社会经济统计,企业可以及时了解商品市场与要素市场运行的状况和企业自身的经营动态,为企业营销决策、生产决策、投资理财决策提供参考;国家可以准确、及时、全面、系统地掌握国民经济和社会发展情况,对国民经济和社会运行进行监督和预警,为宏观调控和决策提供依据。

五、统计学与数学、经济学等实质性学科的联系与区别

（一）统计学与数学

在典型案例1中，数学只用到了空间解析几何的轰炸机模型，即在统计学解决实际问题的步骤中，在数据的特征描述环节中会用到数学的一些公式和结论，但用得不多，会用就行，基本上不需要数学推导和证明。数学中的概率论等，为统计学提供了数量分析的理论基础。理论统计学以抽象的数量为研究对象，其大部分内容也可以看作是数学的分支。

统计学与数学的区别：从成果评价标准看，数学注重从假设到结论的逻辑推证，而统计学注重从客观世界发现规律及其更好决策。因此，会出现某些人数学学得差，但统计学学得好的情况。从研究对象看，数学以最一般的形式研究数量，统计学特别是应用统计学则是研究数据。从研究方法看，数学主要是逻辑推证的方法，而统计学本质上是归纳的方法。统计学家特别是应用统计学家需要深入实际，进行调查或实验取得数据，研究时既要运用统计的定量方法，还要结合某一专门领域的定性知识。

（二）统计学与经济学

在统计学解决实际问题的基本思路中，在第①②⑤⑥步会与经济学的知识相结合。经济学涉及大量经济数据，因此，统计学是开展经济研究不可或缺的重要工具。通过统计的实证研究，可以帮助人们认识有关的数据规律，同时检验经济学理论的真实性和完善程度。经济学等实质性学科对经济统计学起着重要的指导作用。不仅统计指标体系的设定离不开经济学科的问题，而且应用统计方法也在很大程度上受所研究对象性质的影响。它们的区别可从定义、研究对象、研究方法等中比较。

（三）统计学与相关实质性学科

在统计学解决实际问题的步骤中，在第①②⑤⑥步会与相关实质性学科的知识相结合。同样，统计学是开展实质性学科定量研究不可或缺的重要工具，通过统计的实证研究，可以帮助人们认识相关实质性学科的数据规律，同时检验相关实质性学科理论的真实性和完善程度。相关实质性学科对统计学应用起着重要的指导作用。不仅统计指标体系的设定离不开实质性学科的问题，而且应用统计方法也在很大程度上受所研究对象性质的影响。它们的区别可从定义、研究对象、研究方法等中比较。

第二节 统计学的基本概念

在运用统计学解决实际问题中，会涉及一些常用的基本概念。

一、总体、单位和样本

统计学解决任何一个问题都有：待认识客观事物的全体，统计学将此称为统计总体。如典型案例1中的统计总体是轰炸机面上所有的点；"引言"事例4中的统计总

体是所有居民，事例5中的统计总体是所有产品。即统计总体是根据一定目的确定的，由客观存在的、具有某种同质性的许多个别事物构成的整体。

同质性是确定统计总体的基本标准，它是根据统计的研究目的而定的。研究目的不同，所确定的总体也不同，其同质性的意义也随之变化。例如，"引言"事例4中研究某地区居民收入贫富差距，统计总体是所有居民，该地区的居民户是同质的；如果研究该地区居民贫困户的生活状况，那么，该地区贫困线下的居民户则构成了统计总体，贫困线下的居民户是同质的，而贫困线上的居民户是非同质的。

统计总体还应具备大量性，即统计总体应该由足够数量的同质性单位构成。

总体单位（简称单位）是组成总体的各个个体。如典型案例1中轰炸机面上的每个点；"引言"事例4中的每个居民，事例5中的每件产品。根据研究目的的不同，单位可以是人、物、机构等实物单位，也可以是一种现象或活动过程等非实物单位。

统计学解决问题的目的是认识总体的数据特征。但是，当调查是破坏性的，或者出于成本、时间等因素考虑时，不必要也不可能对构成总体的所有单位都进行调查。如：典型案例1中就不可能对轰炸机面上所有的点都进行弹孔位置的调查；调查某企业的轿车产品，就不可能对所有轿车都进行平均行驶里程数据的调查。这时，需要采用一定的方式，从总体中抽取一部分单位，作为总体的代表加以研究。如：典型案例1中是查看返航轰炸机的弹孔位置；从某企业制造的轿车中抽取16辆进行调查。这种由总体的部分单位组成的集合称为样本。构成样本的单位称为样品，样本中样品的数目称为样本容量。

二、标志、指标（参数）和统计量

统计调查都是从总体单位的特征及其表现认识开始的，如：典型案例1中每架轰炸机的类型、弹孔位置；"引言"事例4中每个居民的性别、收入，事例5中每件产品的名称、寿命。我们将这些总体单位普遍具有的属性或特征称为标志。

标志按其表现分为品质标志和数量标志两种。品质标志表明单位属性方面的特征，品质标志的表现只能用非数值来描述。如：典型案例1中轰炸机的类型，"引言"事例4中每个居民的性别。数量标志表明单位数量方面的特征，表现用数值来描述，如：典型案例1中轰炸机的弹孔位置；"引言"事例4中每个居民的收入，事例5中每件产品的寿命。

统计总体具有的数量特征的概念和数值称为统计指标，也称为参数。例如某地区居民人口数100万，总收入31.4亿元。统计指标由两项基本要素构成，即指标的概念和指标的取值。指标的概念是对所研究现象本质的抽象概括，也是对总体数量特征的质的规定。确定统计指标必须有一定的理论依据，使之与社会经济或科学技术的范畴相吻合。同时，又必须对理论范畴和计算口径加以具体化。指标的数值反映所研究现象在具体时间、地点、条件下的规模和水平。在观察指标数值时，必须了解其具体的时间状态、空间范围、计量单位、计量方法等限定，同时注意由于上述条件的变化而引起数值的可比性问题。

统计指标按表示形式可以分为数量指标和质量指标。凡是反映现象总规模、总水平的统计指标称为数量指标。例如某地区居民总数100万人、总收入31.4亿元等，这些指标反映现象或过程的总规模和水平，所以也称为总量指标，用绝对数来表示。凡是反映现象相对水平和工作质量的统计指标称为质量指标，例如，某企业职工平均工资5 000元、工人出勤率93%等。质量指标是总量指标的派生指标，用相对数或平均数来表示，以反映现象之间的内在联系和对比关系。

单个指标不能反映总体的全貌，这便需要设立指标体系。统计指标体系是由一系列相互联系的统计指标名称组成的有机整体，用以反映所研究现象各方面相互依存、相互制约的关系。例如，企业竞争力指标体系，居民生活质量指标体系。

统计量是样本观测量的一个已知函数。抽取的样本不同，统计量的观测值也就不同。如样本平均数、样本方差、样本比例是统计量，抽取样本后，人们通常用与总体参数对应的统计量观测值，作为总体参数的估计，如某汽车制造企业从生产的一批轿车中抽取了16辆轿车，用这些轿车的平均行驶里程值、合格率值分别作为该批轿车平均行驶里程、合格率的估计。

三、数据

（一）变量与变量值

将上述标志、指标和统计量名称进行归纳就是变量，即说明客观现象的某一特征，变量的具体表现是变量值，数据就是变量及其表现，也可称为反映客观事物的事实或数量依据。如：收入是一个变量，收入的表现是变量值。将在特定研究过程中收集的所有数据集合在一起，称为数据集。为了区别，在本书中，凡是变量均用大写的英文字母表示，而变量值则用小写英文字母表示。

根据变量值确定与否，变量分为确定性变量与随机变量。确定性变量是受确定性因素影响的变量，即影响变量值变化的因素是明确的，是可解释和可控制的。随机变量则是结果不确定、事前不知道、测了才知道的变量，它受许多微小的不确定因素（又称随机因素）影响。如员工的起床时间，统计量等。现实世界的现象既有确定性变量也有随机变量，统计学所认识的对象中主要是随机变量。

（二）数据的计量尺度

品质标志的居民性别用无序的男、女计量，居民的满意度用有顺序的非数值计量，数量指标用绝对数来表示，质量指标用对比的数来表示，因此，收集数据时需要用到以下四种由低到高的计量尺度：定类尺度、定序尺度、定距尺度和定比尺度，计量尺度的不同决定了不同的数据分析与处理方法。

1. 定类尺度

定类尺度是说明客观现象无序类别的计量。定类尺度的主要数学特征是"="或"≠"。如居民的性别是男、女计量，军机的类型是战斗机、轰炸机、侦察机等计量，这一场合所使用的数值只作为无序分类的代码。如居民性别用"1"表示男性，用"0"表示女性。在统计处理中,对于不同的类别,可以计算单位数。

2. 定序尺度

定序尺度是说明客观现象有序类别的非数值计量。定序尺度的主要数学特征是"＜"或"＞"。例如,对居民的满意度计量可以分为非常满意、满意、一般、不满意、非常不满意5类,在这里,定序尺度能确切地表明满意高于一般,一般高于不满意……这一场合所使用的数值只作为有序分类的代码。

3. 定距尺度

定距尺度是说明客观现象数值间距有意义的计量。其用确切的数值反映现象之间在量方面的差异,使用的计量单位一般为实物单位(自然或物理)或者价值单位。定距尺度的主要数学特征是"＋"或"－"。如总量指标是定距尺度计量的。

4. 定比尺度

定比尺度是说明客观现象两个数值比有意义的计量。用以反映现象的结构、比重、速度、密度等数量关系。定比尺度的主要数学特征是"×"或"÷"。如质量指标中的相对数、平均数是定比尺度计量的。

定类尺度、定序尺度的数据统称为定性数据,定距尺度、定比尺度的数据统称为定量数据。定性变量是指带有定性数据的变量,定量变量是指带有定量数据的变量。

根据定量变量值连续出现与否,定量变量分为连续型变量与离散型变量。连续型变量是指变量在某一区域内的取值是连续不断的,无法一一列举。如:战机的弹孔位置、产品的寿命等。离散型变量是指变量的取值是间断的,可以一一列举。例如,产品数、职工人数等。

(三) 数据的类型

根据对客观现象观察的角度不同,统计数据可分为:横截面数据、时间序列数据和面板数据。例如,2014年全国各省、市、自治区的居民收入总值就属于横截面数据。横截面数据又称为静态数据,它是指在同一时间对同一总体内不同单位进行观察而获得的数据。例如,"十二五"期间我国按年份顺序的居民收入总值就属于时间序列数据。时间序列数据又称为动态数据,它是指在某一段时期内按时间顺序对同一总体进行观察而获得的数据。面板数据则是同时在时间和截面空间上取得的二维数据。例如2005—2014年30个企业的总产值数据。从某一年份看,它是由30个企业总产值数值组成的横截面数据;从某一企业看,它是由10年企业总产值数据组成的一个时间序列数据。该面板数据则由30个企业10年的数据组成,共有300个观测值。

小　　结

为了构建统计学的入门知识,本章用9个重要事例说明数据与统计学的作用,数据与统计学无处不在。用典型案例1引出数据、统计学的定义、作用、解决问题的基本思路,结合典型案例1等给出统计学的基本概念,让读者感到统计学既是科学知识,又是人们精彩生活的反映,下面还给出了思考题和练习题,通过这些,力争让统计学引起读者的兴趣和思考,让统计学走进读者的学习、工作和生活。

思 考 题

1. 典型案例1中能对轰炸机面上的所有弹孔位置进行调查吗?为什么?
2. 给出典型案例1中的问题、瓦尔德解决问题的思想和发现。
3. 典型案例1中,问题+统计学+智慧能大幅提高轰炸机的返航率,你能用问题+统计学+智慧给出自己的发展路径吗?

练 习 题

一、填空题

1. 毛泽东提出了"没有_____,就没有发言权"的科学论断。
2. 为了培养科学、技术、学术、政治和富于创造性的领袖,研究型大学必须"植根于一种深刻的、永久性的核心:_____"。
3. 研究_____不同,所确定的总体也不同,其同质性的意义也随之变化。

二、简答题

1. 指出典型案例1中解决问题的科学家及其决策。
2. 何为统计学解决问题的基本思路?
3. 何为统计学的作用?
4. 给出数据的4个计量尺度和含义。

三、案例分析题

1. 为了了解我班学生上学期学习方面的情况,试给出总体、单位、样本、品质标志、数量标志、指标、指标体系、统计量、定性数据、定量数据、离散型变量、连续型变量、确定性变量、随机变量、横截面数据、时间序列数据、面板数据。进行我班学生学习科目的成绩分析时,选用描述统计还是推断统计?
2. 一项选取样本进行调查的结果表明,广州市大学生在网上购物的平均花费是390元,他们选择在网上购物的主要原因是"价格合适"。由此,回答如下问题:
(1)总体、单位是什么?
(2)"大学生在网上购物的主要原因"是什么计量尺度?
(3)参数是哪些?

(4)"广州市大学生在网上购物的平均花费是 390 元"是参数还是统计量?

(5)所得结论使用的方法是描述统计还是推断统计?

3. 表 1-2 给出了 10 款车中车型大小,引擎的汽缸数,在美国市区、公路驾车的油耗以及所用燃油类型信息(美国能源部油耗信息网,2008 年 2 月 22 日)。由此,回答如下问题:

(1)在这个数据集中一共有多少个单位?

(2)在这个数据集中一共有多少个变量?

(3)每个变量分别使用何种计量尺度?

(4)哪些变量是定性变量?哪些变量是定量变量?

(5)引擎中有 6 个汽缸的汽车类型所占百分比是多少?

(6)使用高清汽油的汽车类型所占百分比是多少?

表 1-2 10 款车型的油耗信息

汽车名称	车型	引擎的汽缸数	市区油耗(公里/升)	公路油耗(公里/升)	燃油类型
奥迪 A8	大	12	5.52	8.07	高清汽油
宝马 328xi	小	6	7.22	10.62	高清汽油
凯迪拉克 CTS	中	6	6.79	10.62	普通汽油
克莱斯勒 300	大	8	5.52	7.64	高清汽油
福特福克斯	小	4	10.19	14.01	普通汽油
现代伊兰特	中	4	10.62	14.01	普通汽油
大切诺基	中	6	7.22	11.04	柴油
庞蒂亚克 G6	小	6	6.37	9.34	普通汽油
丰田凯美瑞	中	4	8.92	13.16	普通汽油
大众捷达	小	5	8.92	12.31	普通汽油

第二章 收集数据

【典型案例2】

肺癌与吸烟有关系吗？

1947年，英国的肺癌死亡率比25年前提高了15倍，这引起了人们的恐慌。当时，吸烟的人相当多，英国医学研究委员会向英国统计学家布拉德福德·希尔（Bradford Hill）咨询：肺癌与吸烟有关系吗？

为此，希尔（1948）从伦敦医院所有肺癌病人中找出649人，以及同样数量的其他癌症病人。调查结果显示，肺癌病人、其他癌症病人中都有95%以上的人吸烟，这当然说明不了什么问题，可当他将病人按照吸烟数量的多少分成不同的组整理后，发现：随着每日吸烟量的增加，患肺癌的比例显著增加，即吸烟越多的人患肺癌的可能性越大，希尔找出了肺癌与吸烟的关系（希尔还运用统计学为人类攻克"白色瘟疫"——肺结核病做出了巨大贡献，见附录1-2）。由此，英国医学研究委员会提醒人们：为了减少肺癌患者，建议人们少吸烟甚至不吸烟。

英国统计学家希尔

2015年全国肿瘤登记中心发布的数据显示（《肺癌成众癌之首·揭秘早期症状》，新浪健康2015-08-03）：2011年我国新发肺癌病例65.10万，居恶性肿瘤首位。肺癌死亡率30年上升465%；80%肺癌死亡与烟草有关。

【典型案例3】

各领域领袖与调查的关系

1998年，美国博耶研究型大学本科生教育委员会发表了题为《重建本科生教育：美国研究型大学发展蓝图》的报告，该报告提出：为了培养科学、技术、学术、政治和富于创造性的领袖，研究型大学必须"植根于一种深刻的、永久性的核心：探索、调查和发现"。该报告建议学生从入学第一年开始就在尽可能多的科目中参与研究活动，将探索为本的学习、合作努力以及对书面与口头表达能力的要求贯穿于学生学习的整个过程。

在典型案例2、3中得知，统计学中的调查是非常重要的。这两个案例中，英国统计学家希尔、美国博耶研究型大学本科生教育委员会均开展了有效的统计调查工作,这些是本章要学习的内容。

第一节 统计调查方案设计

收集数据担负着为解决问题提供基础性数据的重任,数据的收集质量直接影响解决问题的质量和使用者的更好决策。根据对统计数据的通常要求:客观性、适用性、准确性和及时性,统计调查工作正式开始之前,应当事先设计一个切实可行、周密细致的数据收集方案,以指导整个调查工作,使调查得以顺利地实施和完成。调查方案设计就是统计调查组织和实施者在进行实际调查之前,根据调查研究目的和调查对象的性质,对调查工作总任务的各个方面和分阶段进行的整体设计,提出相应的调查实施方案,制定出合理的工作程序。调查方案设计是指导整个调查过程的纲领性文件,其内容主要包括以下几个方面。

一、明确调查目的

在调查方案中首先明确本次调查的目的。调查目的是调查所要达到的具体目标,它所回答的是"为什么调查""要解决什么样的问题"。调查目的不同,调查的对象、范围、内容、方法就不同。只有确定调查目的后,我们才能确定向谁调查、调查什么以及采用什么方法进行调查。吸烟与肺癌案例中,调查目的就是"找出吸烟与肺癌的关系"。注意,"吸烟越多的人患肺癌的可能性越大"不是本次调查的目的,而是调查后推断的结论。

二、确定调查对象和调查单位

确定调查对象和调查单位就是要确定"向谁调查",即调查所需数据的提供方是谁的问题。所谓调查对象是根据调查的目的和调查对象特性而确定的调查研究总体,即接受调查的社会现象的总体。所谓调查单位是指所要调查的具体单位,即构成调查对象中的每一个单位,它是调查项目和标志的承担者和载体,是我们收集数据、分析数据的基本单位。在典型案例2中,调查对象为英国所有癌症病人,即肺癌病人和其他癌症病人,调查单位是英国的每个癌症病人。

三、选择合适的调查方式、调查方法

统计调查的方式方法有多种,应该根据该次统计调查的内容和特点,并结合各种调查方式方法的优缺点来综合考虑确定。调查方式是指调查的组织方式,主要有普查、抽样调查、典型调查、重点调查和统计报表制度。调查方法是指收集统计资料的方法,主要有问卷法、访谈法、观察法和实验法。在典型案例2中,调查的组织方式是抽样调查,调查方法是访谈法。

四、设计调查项目和调查表

调查项目是调查的具体内容，是调查中所要登记的调查单位的特征，即调查单位所承担的基本特征。在典型案例 2 中，调查项目是病人的性别、年龄、疾病的种类、抽烟的数量、吸烟时间长短等。

调查表又称调查问卷或询问表，就是将调查项目细化、表格化或问题化，即以问题的形式系统地记载调查内容的一种文件。问卷可以是表格式、卡片式或簿记式。设计问卷，是询问调查的关键。较完善的问卷必须具备两个功能，即能将问题传达给被调查者和使被调查者愿意回答，为此，问卷设计时应当遵循一定的原则和程序，并运用一定的技巧。详情请参阅市场调查等专业书籍。

五、确定调查时间

统计调查时间包括两种涵义，即调查时间和调查期限。调查时间是指调查资料所属的时间（时期或时点），在统计调查中，如果是时期现象，就要明确规定资料所反映的调查对象从何年何月何日起至何年何月何日止的资料。例如，2013 年我国第三次经济普查，产值、产量、销售量、工资总额等是时期现象，调查时间为：2013 年 1 月 1 日至 2013 年 12 月 31 日。如果调查的是时点现象，就要规定统一的标准时间。例如，2010 年第六次人口普查，人口数是时点现象，调查的标准时间为：2010 年 11 月 1 日零时。

调查期限是指进行调查工作的时间，包括搜集资料和报送资料的整个工作所需要的时间。例如，2013 年我国第三次经济普查的调查期限为 2014 年 1 月 1 日至 2014 年 3 月 31 日，历时 3 个月；2010 年第六次人口普查从 2010 年 11 月 1 日进行入户登记工作开始，到 11 月 10 日前结束，调查期限为 10 天。

六、调查报告的撰写

调查报告的撰写包括调查过程的描述、依调查数据所做的决策和对调查结果的评价。在调查方案中，应给出提交调查报告的具体时间，并对调查的精度、费用等提出具体要求。

七、制订调查工作的组织实施计划

除了以上各项内容外，调查方案还应对统计调查的组织实施问题进行安排。主要包括：调查的组织领导机构，调查员的选择、组织和培训，调查表等文件印刷，调查经费来源和开支预算，调查资料的报送程序与方式，调查结果公布时间等。

第二节 数据收集来源

在调查方案设计的制定过程和调查的实施中,需要思考一个重要问题,到哪里去找统计数据?就像希尔接受调查"吸烟与肺癌的关系"这个任务后,面临一个困难的问题:到哪里去收集数据?故本节和第三节就介绍统计数据收集来源问题。

一、数据收集的来源

通过统计调查所收集的统计数据,包括原始数据和二手数据两种。

原始数据,又称为一手资料,是直接向被调查者(单位和个人)收集的未经任何加工整理的反映个体单位信息的各种统计数据,它是统计实践活动所取得的初级统计信息。原始数据必须要求调研者亲自进行收集。

二手数据,又称为次级数据,是指那些并非为正在进行的研究项目,而是为其他目的而已经收集起来的数据。二手数据收集的目的通常与调研者的目的不一致。因此,调研者需要识别和评估二手数据的有效性。

二、二手数据的收集

(一)二手数据的来源

二手数据有几千种潜在的来源,但大致可以划分为内部来源和外部来源,故二手数据可分为内部二手数据和外部二手数据。

内部二手数据是指来自人们正为之进行研究的企业或组织内部的数据,如会计账目、销售记录和其他各类报告等。内部二手数据一般是非公开的数据。

外部二手数据的来源很多,主要有政府来源、企业公开报表、联合数据、行业协会、期刊、杂志等出版物,一般是公开的资料。

(二)二手数据收集的特点

二手数据是针对原始数据而言,因而与原始数据相比,二手数据具有自己的优点,当然也存在一些缺点。

二手数据的优点有很多,主要体现为快捷、成本低、易获取。

二手数据也有一些缺点,主要表现为相关性差、时效性差和可靠性低。

相关性差:二手数据可能与调研者所研究项目的要求存在关联性低或不匹配的问题,导致其相关性差。

时效性差:在迅速变化的市场环境下,研究对象发生了很大甚至是质的变化,此时应判断二手数据是否已经过时,能否正确反映客观事实。一般来说,若研究对象变化慢,则时效性强;反之,则时效性差。

可靠性低:主要是根据二手数据与此次研究的目的关联性来判断,如果关联性低,则可靠性就低。

（三）二手数据收集的注意事项

从二手数据的来源及特点来看，作为研究者首先要判断有没有二手数据可用，并要对二手数据进行评估。对二手数据的评估主要包括：

- 调研的目的是什么？——研究目的评估
- 谁收集了这些资料？——二手数据来源评估
- 收集了一些什么样的资料？——研究内容评估
- 这些资料是如何获得的？——调查方式、方法评估
- 这些资料与其他资料的一致程度如何？——二手数据相关性评估
- 这些资料是何时收集的？——二手数据时效性评估

1. 研究目的评估

每一项研究都具有特定的研究目的。二手数据形成前的原始数据收集也一定有其研究目的。而使用二手数据之前必须知道：当初为什么收集这些数据？先前的研究目的与当前研究目的越一致，则数据的可靠性越强。

2. 二手数据来源评估

何人收集的数据决定了二手数据的可信性和权威性，数据使用者应该考虑收集数据的组织机构的声誉和竞争力。比如政府等权威部门发布的数据，肯定比网上不知名的人收集的数据要可信得多。

3. 研究内容评估

二手数据的研究内容评估主要是指所研究的问题、关键变量、研究的总体、测量的单位和基本的结论是否与数据使用者的研究目的一致。由此判断这些数据是不是当前需要的有用信息，这也是相关性评价的一个重要方面。

4. 调查方式、方法评估

调查方式、方法的考察是评估二手数据可靠性的主要依据，调查方式、方法的科学性和适用性，决定了二手数据的可靠性和可信性。

5. 二手数据相关性评估

二手数据并非为当前的研究项目而收集的，那么这些二手资料与当前研究项目的资料就存在一致性问题，即相关性问题。一般来说，两者一致程度越高，则相关性越高。

6. 二手数据时效性评估

二手数据就是在当前研究展开之前存在的数据，因此这些数据在不同程度上都存在时效性问题，而所收集的数据越新，则时效性越强；研究总体变化越小，则时效性越强。

因此，对二手数据的收集和处理是有严格要求的，最基本的要求是：真实性、及时性、准确性和经济性。

【案例 2-1】

"二手车"数据的收集

李小姐刚从××大学国际商学院获得"营销调研方向"的管理硕士学位，毕业后她成功获得某大型调研公司的职位，作为市场调研人员被分派到一个产品经营部工作。该产品经营部刚好接受了一项非常紧急的调研任务，要分析目前中国市场上的汽车产品组合和"二手车"市场情况，并预测未来5年内中国市场上汽车产品的需求。

该任务的第一阶段是对不同细分市场进行背景分析。该产品所在部门迅速组成4个市场调研小组，分别对不同的细分市场进行背景研究。李小姐被分派分析"二手车"市场。她需要在1天内完成初步分析，以便在会议上汇报她的分析，以及对该市场的潜力和未来趋势的初步结论。

在非常有限的时间内，李小姐知道要及时完成她的报告，唯一的希望是找到现成的资料，即二手资料。她采取的第一步是接通因特网，进入"百度"搜索，她在搜索框中键入"二手车"或"二手汽车"，并单击"百度一下"按钮；当显示搜索结果后，单击她感兴趣的资料，并继续查询……为了获得更专业、权威的资料，她打开"中国知网"，进入中国知网首页后，在检索分类中选择"关键词"，检索框中键入"二手汽车"，回车即可获得大量有关二手汽车的文献资料。

本案例说明了二手数据收集的条件（时间紧，来不及进行"二手车"市场现场调查）、步骤和作用（某项大型调查初始阶段的背景分析和未来预测）等。

第三节 原始数据的收集

一、数据收集的分类

（一）按数据收集的组织方式不同，分为统计报表和专门调查

1. 统计报表

统计报表是按国家规定的统一表式要求，自下而上逐级提供统计资料的一种调查方式。利用统计报表收集统计数据，在我国已成为一种报告制度。其具体内容在本节数据收集的调查方式中介绍。

2. 专门调查

专门调查是为了某一特定目的或专门问题而专门组织的调查，如高校教育质量调查、人口普查、农业普查、经济普查等。专门调查主要包括：普查、抽样调查、重点调查、典型调查。其具体内容在本节数据收集的调查方式中详细介绍。

（二）按数据收集对象包括范围的大小不同，分为全面调查和非全面调查

1. 全面调查

全面调查是指对构成调查对象中的所有单位进行的一一不漏的调查，它包括全面统计报表和普查，如人口普查、农业普查、经济普查等。

由于全面调查所调查的单位数多，涉及面广，工作量大，需要动用大量的人力、物力和财力，因此，在不影响统计研究目的实现的条件下，应尽量采用非全面调查。

2. 非全面调查

非全面调查是指对调查对象中的部分单位所进行的调查，主要包括抽样调查、重点调查、典型调查和非全面统计报表等。随着我国市场经济的进一步发展和不断规范化，以及世界经济一体化步伐的加快，非全面调查中的抽样调查的应用范围将进一步扩大，并将成为数据收集中最重要的调查方式。例如：居民收支情况的调查、市场商品质量检测、民意测验、新生婴孩性别调查等都是非全面调查。

（三）按数据收集的登记时间是否连续，分为经常性调查和一次性调查

1. 经常性调查

经常性调查又称连续性调查，它是为了观察社会经济现象在一定时期内的数量变化所进行的连续不断的调查登记或数据收集。经常性调查所收集的数据，能说明现象的发展过程，能获取反映社会经济现象在一定时期内的总量。经常性调查一般是适应时期现象的数据收集。

2. 一次性调查

一次性调查又称不连续性调查，它是对所研究的社会经济现象间隔一定时间所进行的调查登记或数据收集，如典型案例2中肺癌与吸烟的关系调查、人口普查、在册职工人数调查、耕地面积调查、固定资产调查等。时点指标的数值在短期内一般变化不大，不需要连续不断地进行登记，因而只需间隔一定时期，有特定需要才加以登记。

（四）按数据收集实施主体的不同，分为政府统计调查和民间统计调查

1. 政府统计调查

政府统计调查是指由政府统计机构依法组织实施的统计调查，包括国家统计调查、部门统计调查和地方统计调查。

（1）国家统计调查，是指全国性基本情况的统计调查，包括国家统计局单独拟订的、国家统计局和国务院有关部门共同拟订的统计调查项目，比如经济普查、人口普查等；

（2）部门统计调查，是指各部门组织的专业性统计调查，比如国家卫生与生育委员会组织的国家卫生服务调查等；

（3）地方统计调查，是指地方人民政府根据需要批准实施的地方性的统计调查，比如广东省科技厅组织的专业镇调查等。

目前，我国几乎所有的政府统计调查都是义务性统计调查，其所提供的统计信息为政府向社会提供服务的重要组成部分，其所占份额在市场经济条件下仍然占有绝大的比重。政府统计调查具有强制性。

2. 民间统计调查

民间统计调查是由民间统计机构以自己的名义或接受委托而进行的统计调查。与政府统计调查相比,民间统计调查有两个明显特点:一是自愿性。只要调查者的调查行为不违法,调查者就可以根据自己的需要或委托者的意愿进行调查,或自己使用、有偿买卖民间调查结果。对被调查者而言,是否接受民间调查不具有任何强制性。二是营利性。民间调查机构是利用自己的资源进行统计调查,其目的是为了获取一定的经济利益。

上述各种统计调查的方式,有各自不同的特点及不同的实施条件。在统计工作实践中,应根据调查任务、调查对象和调查内容等,因时、因地、因事制宜地灵活运用多种调查方式方法,以便及时、全面和系统地提供准确的资料,取得良好的调查效果。

二、数据收集的调查方式

原始数据收集的调查方式,按照组织方式主要有普查、抽样调查、典型调查、重点调查和统计报表制度等。

(一) 普查

普查是专门组织的一次性全面调查,主要用以调查属于一定时点上或时期内的客观现象的总量。它通过逐个调查一定时点或时期内的客观现象的状况,全面系统地收集、整理、提供反映某一方面情况的统计数据。我国曾开展过六次人口普查、两次农业普查、三次工业普查和三次经济普查。2003年8月,为适应完善社会主义市场经济体制的需要,并与国家编制五年发展计划衔接,推动国民经济核算和统计调查体系的综合配套改革,我国确立了人口普查、农业普查、经济普查三项国家周期性普查制度。人口普查、农业普查每十年进行一次,分别在尾数逢0和6的年份实施;经济普查每五年进行一次,分别在尾数逢3和8的年份实施。上述三项普查是国家搜集重大国情国力信息的基本方式,是最基本、最重要的统计调查。普查涉及国民经济和社会发展的各个方面,是和平时期重大的社会动员,在我国的政治、经济和社会活动中具有十分重要的地位和作用。

普查具有如下特点:
(1) 普查是一次性调查,时间性强。
(2) 普查是全面性调查,收集的资料全面、系统、准确。
(3) 普查的点多面广,工作量大,投入多。

由于普查是专门组织的一次性大规模的全面统计调查,所取得的统计数据一般比经常性的全面报表调查所取得的数据更为全面、系统、准确和可靠。由于普查的工作量大,需要投入大量的人力、物力和财力,不可能经常搞普查,只能少而精地进行,例如第六次人口普查,号称和平时期最大的一次社会动员,共调动了600万名普查员,加上普查指导员、协调员,不算经济普查办公室人员,总共近千万人(原国家统计局局长马建堂语),耗费80亿元人民币。因此通过普查搜集的资料一般是属于需要全面掌握但又不能也不必要经常进行调查的资料。

任何一项普查均应遵循以下原则。

1. 时间统一性原则

规定统一的普查时间（标准时点）。普查的标准时间是指登记调查单位项目所依据的统一时点，所有的调查数据都必须反映这一时点上的状况。例如，2010 年我国第六次人口普查的统计标准时点是 11 月 1 日零时。凡在这一时点以前死亡的人口或在这一时点之后出生的人口，都不得计入这次人口普查的总人数内，否则，有可能发生数据的重复计算或遗漏，造成统计数据失真。

2. 登记工作的规范性原则

普查的登记工作应在整个普查范围内同时进行，并在尽可能短的时间内完成普查资料的登记工作，以便在方法上、步调上保持一致，保证普查资料的时效性和准确性。

3. 普查项目统一规定原则

普查项目已经确定，任何单位或个人不得任意增加或减少普查项目，否则，无法对普查数据进行综合汇总。普查项目应根据调查研究的目的和任务而定，同时还要考虑到理论的需要与实际的可能。例如，我国第一次人口普查的项目只有 6 项；第二次增加了 3 项；第三次增加到 19 项；第四次增加到 21 项；第五次增加到 28 项；第六次普查长表增加到 45 项。

4. 同类普查同周期性原则

同类普查应尽可能保持一定的周期性，以便与历史资料进行动态对比与分析，掌握调查对象的变化趋势和规律。

（二）抽样调查

1. 抽样调查的含义

抽样调查是一种非全面调查，它是从全部调查研究对象中，抽选一部分单位进行调查，并据以对全部调查研究对象做出估计和推断的一种调查方法。显然，抽样调查虽然是非全面调查，但它的目的在于取得反映总体情况的信息资料。

根据抽选样本的方法，抽样调查可以分为概率抽样和非概率抽样两类。概率抽样是根据随机原则从总体中抽选样本，并根据样本信息对总体的某些特征做出估计推断，对推断可能出现的误差可以从概率意义上加以控制。

非概率抽样就是调查者根据自己的方便或主观判断抽取样本的方法，它不是严格按随机抽样原则来抽取样本，故失去了大数定律①的存在基础，无法确定抽样误差，无法正确地说明样本的统计值在多大程度上适合于总体。虽然根据样本调查的结果也可在一定程度上说明总体的性质、特征，但不能从数量上推断总体。

---

① 大数定律是随机现象出现的基本规律，即尽管观察过程中每次取得的结果不同（因为具有随机性），但大量重复观察后其结果的平均数却几乎接近某个确定的数值。

非概率抽样主要有方便抽样①、判断抽样②、配额抽样③和滚雪球抽样④等类型。非概率抽样具有简单易行、成本低、省时间等特点，在统计上也比概率抽样简单。但由于无法排除抽样者的主观性，无法控制和客观地测量样本代表性，因此样本不具有推论总体的性质。非概率抽样多用于探索性研究和预备性研究，以及总体边界不清难以实施概率抽样的研究。

习惯上，我们通常所说的抽样调查就是指概率抽样，以下若没有特别说明，通常所说的抽样调查就特指概率抽样。

2. 抽样调查的优势

抽样调查具有如下优势：

（1）经济性。与全面调查相比，抽样调查所调查的单位数少、调查时间相对较短，能以较少的人力、物力和财力投入取得必要的统计数据。

（2）时效性。通常情况下，抽样调查可以在较短的时间内完成数据的收集、处理和结果发布，如电视节目收视率调查等，时效性要求很高，不可能用普查的方式，而只能采用抽样调查。

（3）准确性。一方面，样本单位的抽取遵循了随机的原则，排除了人为因素的影响，使总体中每一个单位都有均等的机会被抽取，因而样本的结构足以代表总体的结构；另一方面，在我国目前的现实情况下，采用抽样调查的方法可以避免或减少层层汇总上报过程中的行政干预，使调查资料尽可能地反映客观实际。目前，抽样调查已成为世界各国普遍采用的一种统计调查方法。在我国，抽样调查的应用范围也越来越广，如1%人口抽样调查、城乡住户调查、粮食产量调查、棉花产量调查、限额以下餐饮业调查和民意测验等。

3. 几种具体的抽样方式

（1）简单随机抽样。

简单随机抽样也称为单纯随机抽样，是指从总体 N 个单位中随机抽取 n 个单位作为样本，使每个可能的样本被抽中的概率相等的一种抽样方式。

简单随机抽样一般可采用掷硬币、掷骰子、抽签、查随机数表⑤等办法抽取样本。在统计调查中，当总体单位数比较多时，主要查随机数表来抽取样本。

---

① 方便抽样的样本限于总体中易于抽到的一部分。最常见的方便抽样是偶遇抽样，即研究者将在某一时间和环境中所遇到的每一总体单位均作为样本成员。"街头拦人法"就是一种偶遇抽样。方便抽样是非随机抽样中最简单的方法，省时省钱，但样本代表性因受偶然因素的影响太大而得不到保证。

② 判断抽样又称立意抽样，是调查者根据研究目的和自己的主观经验，来选择和确定调查对象的一种方法。

③ 配额抽样是指调查人员将调查总体按一定标志分层，确定各层单位的样本数额，在配额内任意抽选样本的抽样方式。

④ 滚雪球抽样：首先是找出少数个体；然后通过这些个体了解更多的个体；再通过更多的个体去了解另外的个体；如此类推下去，从而就像滚雪球一样，了解的个体越来越多，越来越接近于总体。

⑤ 随机数表：也称乱数表，是由随机生成的从0到9十个数字所组成的数表，每个数字在表中出现的次数是大致相同的，它们出现在表上的顺序是随机的。

简单随机抽样是其他抽样方式的基础,因为它在理论上最容易处理,而且当总体单位数 N 不太大时,实施起来并不困难。但在实际中,若 N 相当大时,简单随机抽样就不"简单"。首先它要求有一个包含全部 N 个单位的抽样框;其次用这种抽样得到的样本单位较为分散,调查不容易实施。另外,简单随机抽样得到的样本结构可能与总体结构不一致。因此,当总体单位数很大时,一般不直接采用简单随机抽样。

(2) 分层抽样。

分层抽样又称为分类抽样或类型抽样,它首先是将总体的 N 个单位分成互不交叉、互不重复的 k 个部分,我们称之为层;然后在每个层内分别抽选样容本量为 n_1, n_2, $\cdots$, n_k, 构成一个样本容量为 $\sum_{i=1}^{k} n_i$ 的一种抽样方式。

分层的作用主要有三:一是为了工作的方便和研究目的的需要;二是为了提高抽样的精度;三是为了在一定精度的要求下,减少样本的单位数以节约调查费用。因此,分层抽样是应用最为普遍的抽样技术之一。

按照各层之间的抽样比例是否相同,分层抽样可分为等比例分层抽样与非等比例分层抽样两种。

实际上,分层抽样是科学分组与抽样原理的有机结合,前者是划分出性质比较接近的层,以减少标志值之间的变异程度;后者是按照抽样原理抽选样本。因此,分层抽样一般比简单随机抽样和等距抽样更为精确,能够通过对较少的样本进行调查,得到比较准确的推断结果,特别地,当总体单位数目较大、内部结构复杂时,分层抽样常能取得令人满意的效果。

【案例 2-2】

分层抽样在保险索赔处理中的应用

如何评价一个国家或地区的保险系统是否公平?对待投保人的保险索赔要求,是否完全履行了保险合同规定的给付义务呢?为此,需要对一个国家或地区的所有保险理赔进行调查。

本案例中调查总体就是该国家或地区保险索赔总体,即由向保险系统投保的所有投保人的索赔事项,调查单位就是每一件被抽中的投保人的索赔事项。

分析:该研究总体是右偏分布,即金额较大的项目数少,加上对于一个国家或地区来说,该总体一般都比较庞大,简单随机抽样肯定不行,而分层抽样调查比较适合这类总体。分层抽样的关键是总体分层的结构已知,本案例中总体分层结构不确定,因而,就无法确定各层之间的样本比例分配。对于总体分层结构未知的情况,研究人员首先必须选择形成层的分层变量,然后确定层的数目和层间边界值,样本总量确定后,再将其在各层间进行分配。

(3) 整群抽样。

整群抽样是首先将总体中各单位归并成若干个互不交叉、互不重复的集合，我们称之为群；然后以群为抽样单位抽取部分群作为样本的一种抽样方式。

整群抽样特别适用于缺乏总体单位的抽样框①。应用整群抽样时，要求各群有较好的代表性，即群内各单位的差异要大，群间差异要小。

整群抽样的优点是实施方便、节省经费。缺点往往是由于不同群之间的差异较大，由此而引起的抽样误差往往大于简单随机抽样。

【案例 2-3】

整群抽样在小区居民调查中的应用

某一个居民区由 80 栋居民楼组成，其中住户总数达数千户。现欲用抽样调查方法估计该居民区使用各种宽带网络品牌的比例。

分析：本案例中，调查的目的是了解各宽带品牌在该小区的占有率，调查总体为该小区所有的居民户，调查单位为该小区被抽中的每一户居民户。由于调查总体比较大，本调查不适合进行全面调查。分析研究对象的特征："每栋楼之间安装的宽带品牌差异小，但每栋楼内部存在较大差异"，即具有"群间差异小，群内差异大"的特点，适合采用整群抽样，即以每栋楼为抽样单位，从"新调查总体（80 栋居民楼）"中随机抽取部分楼，一旦某栋楼被抽中，则该栋楼的所有居民户都进入样本。

(4) 等距抽样。

等距抽样也称为系统抽样，或机械抽样，它是首先将总体中各单位按一定顺序排列，根据样本容量大小确定抽选间隔，然后随机确定抽取起点，以后就每隔一定的间隔抽取一个进入样本，直到满足要求为止的一种抽样方式。

等距抽样最主要的优点是简便易行，且当对总体结构有一定了解时，充分利用已有信息对总体单位进行排队后再抽样，则可提高抽样效率。

(5) 多阶段随机抽样。

多阶段随机抽样，也称为多级随机抽样，是指将抽样过程分阶段进行，每个阶段使用的抽样方法往往不同，即将各种抽样方法结合使用。其实施过程为，先从总体中抽取范围较大的单元，称为一级抽样单元，再从每个抽得的一级单元中抽取范围更小的二级单元，依此类推，最后抽取其中范围更小的单元作为调查单位。

多阶段抽样区别于分层抽样，也区别于整群抽样，其优点在于适用于抽样调查的面特别广，即适用于无法确定抽样框，或总体范围太大、无法直接抽取样本等情况，可以相对节省调查费用。其主要缺点是抽样时较为麻烦，而且从样本对总体的估计比

---

① 抽样框又称抽样框架，是指对可以选作为样本的总体单位列出名册或排序编号，以确定总体的抽样范围和结构。设计出了抽样框后，便可采用抽签的方式或按照随机数表来抽选必要的总体单位。若没有抽样框，则不能计算样本单位的概率，从而也就无法进行概率选样。

较复杂。

例如：我国卫生服务调查就是采用多阶段分层整群随机抽样法。第一阶段分层是以县（市或市区）为样本地区；第二阶段分层是以乡镇（街道）为样本地区；第三阶段分层以村为样本地区；最后是以住户为样本。详见附录1。

（三）典型调查

典型调查是根据统计调查的目的和要求，在对调查对象进行初步分析的基础上，有意识地选取部分有代表性的单位进行全面深入的调查。其目的是通过典型单位来描述或揭示所研究问题的本质和规律，典型调查是一种从个别到一般的研究方法。因此，所选择的典型单位应具有所研究问题的属性或特征。通过典型调查，可以对现象进行深入的分析研究，以了解现象发生和发展变化的全过程及其与相关方面的联系，尤其有利于研究现实生活中的新问题、新情况；通过典型调查，可以收集全面调查或其他形式的非全面调查难以获取的调查资料；也可以利用典型调查的数据来验证全面调查资料的真实性，以便有针对性地采取措施，提高统计数据的质量。

如何选择典型单位，以保证典型单位有充分的代表性，是搞好典型调查的关键。所谓典型单位，是指在同类现象中具有代表性的单位。如果事先不对现象进行分析，随意确定一些单位作为典型单位，就失去了典型调查的意义。典型单位的选择可遵循以下原则。

（1）为了推动事物的发展，形成科学的预见，应选择具有新鲜事物的单位作为典型单位。

（2）为了总结成功的经验并加以推广，应选择先进单位作为典型单位。

（3）为了吸取失败的教训，寻求解决问题的方法，应选择后进单位作为典型单位。

（4）为了掌握现象发展的一般规律，反映一般情况，或为了获取全面资料，则可选择"一般水平"的单位作为典型单位。

实际工作中，在具体确定典型单位时，应听取多方面的意见，可进行动态跟踪，反复调研，尽量减少人为因素的影响，使所选单位具有真正的代表性；当所研究的总体各单位间的差异较小时，可适当少选一些单位进行调查；当所研究的总体各单位间的差异较大时，可适当多选一些单位进行调查。

典型调查主要是一种定性研究，一般难以发现事物之间的数量规律，因此，典型调查的结果一般只能用来认识总体，不能用来推断总体。

（四）重点调查

重点调查是从研究总体中选择若干重点单位进行的调查，以了解总体的基本情况。所谓重点单位，是指标志值在总体标志总量中占有很大比重的单位。这些重点单位的数目虽少，在调查对象的全面单位中所占的比重很小，但就所研究的数量特征而言，这些单位的标志值在总体标志总量中所占的比重却很大，在总体中起举足轻重的作用。例如，要了解我国钢铁生产的基本情况，只需要调查如宝钢、鞍钢、武钢、马钢等少数几个生产规模较大的钢铁生产企业，就可以对我国钢铁生产的总体状况有一个及时的大致了解，无须对我国所有的钢铁企业进行一一调查。根据调查的目的和任务不同，重点单位可以是一些企业、行业，也可以是一些地区或城市。例如，要了解我国棉花生产的基本情况，只需要调查新疆等几个主要产棉区就可以了；要了解我国城市农副产品市场价格的变动情况，只需对拥有城市人口多的几个大城市，分别就几种主要农副产品的市场价格变动情况进行调查就可以了。

重点调查的特点主要有如下四点：

（1）重点调查是非全面调查。

（2）重点单位的选择着眼于各单位的有关标志值在总体标志总量中所占的比重，比重大的总体单位才有资格被选取，因而重点单位的选择不受人为因素的影响，但选择重点单位的数量大小，会受到不同的研究者的主观因素影响，即使同一总体、同样的研究目的，由于研究者的知识背景不同、经验不同，对调查对象的认识也会产生差异，导致选取重点单位的数目不同。比如对全国的钢铁企业进行重点调查，张三认为选排名前 7 家就可以了，而李四却认为选排名前 8 名才可以。

（3）重点调查的目的是反映总体的基本情况，了解总体发展的基本趋势。如果调查的任务是为了了解现象发展的基本情况，而部分重点单位又能比较集中地反映所研究的项目的指标时，采用重点调查比较适宜。由于重点调查中的重点单位的标志值与非重点单位的标志值的数量差异较大，因而重点调查的结果不能用来推断总体的数量特征。

（4）重点调查的单位数相对较少，可以收集较多的调查项目。

（五）统计报表制度

1. 统计报表制度的概念

统计报表制度是我国统计调查工作的一种重要组织形式。它是依照国家统一规定的表式、报表内容、报送时间和报送程序，自下而上逐级提供统计资料的一种报告制度。这种调查方式的实现步骤一般是：先由统计调查的组织者把调查任务自上而下逐级布置到基层统计调查单位，基层统计调查单位依法进行填报后，自下而上逐级进行汇报。这里所讲的定期，是指按规定的时间和周期填报，如一个月报送一次的月报、一个季度报送一次的季报、一年报送一次的年报等。按照法律规定，执行统计报表制度是各地区、各部门、各单位必须向国家履行的一种义务。

2. 统计报表的内容

我国统计报表主要包括以下内容。

（1）报表目录。它是指报送的报表名称、填报单位、统计范围、报送时间和报送程序等事项说明的一览表。它对各种统计报表的编制和报送办法等进行了具体的规定，它有利于填报单位了解在什么时间、用什么方式、向谁报送以及报送什么报表等。

（2）报表表式。它是指统计报表的具体格式。不同的统计报表都明确规定了具体的表名、表号、期限、填报单位、报出日期、报送方式、指标项目、填表人和单位负责人签章等。报表表式主要分为基本表式和专业表式两类。

（3）填表说明。它是指在填报统计报表时应注意的有关事项，包括报表的实施范围、分类项目、指标解释等。例如，表 2-1（建筑业）法人单位基本情况统计报表。由于篇幅所限，本章没有列出报表目录，但报表方式和填表说明如表所示。

表2-1　法人单位基本情况（摘录部分表）

表号：101—1表
制定机关：国家统计局
文号：国统字（2012）84号
20　　年　有效期至：2013年6月

101	组织机构代码□□□□□□□□—□	102	单位详细名称＿＿＿＿＿＿＿＿＿＿
103	行业类别（GB/T 4754—2011）＿＿＿＿＿主要业务活动（或主要产品）：1＿＿＿＿　2＿＿＿＿　3＿＿＿＿		
	行业代码　□□□□		
104	报表类别　□ A. 农业　B. 工业　C. 建筑业　D. 运输邮电业　E. 批发和零售业　S. 住宿和餐饮业　X. 房地产业　F. 其他服务业		
105	单位所在地及区划 ＿＿＿＿省（自治区、直辖市）＿＿＿＿地（区、市、州、盟）＿＿＿＿＿县（区、市、旗）＿＿＿＿＿乡（镇）＿＿＿＿＿＿＿＿＿＿＿＿＿＿＿＿＿＿＿＿街（村）、门牌号 单位位于：＿＿＿＿＿＿＿＿＿＿街道办事处＿＿＿＿＿＿＿＿＿＿＿＿＿＿社区（居委会）		
	区划代码　□□□□□□□□□□□□　城乡代码　□□□		
191	单位规模　□1. 大型　2. 中型　3. 小型　4. 微型		
192	从业人员　　从业人员期末人数＿＿＿＿＿人　其中：女性＿＿＿＿＿人		
193	企业主要经济指标 营业收入＿＿＿＿＿千元　其中：主营业务收入＿＿＿＿＿千元　资产总计＿＿＿＿＿千元		
201	法定代表人（单位负责人）＿＿＿＿＿	202	开业（成立）时间＿＿＿＿年＿＿＿＿月
204	登记注册（或批准）机关名称、级别、注册号（如登记注册或批准机关为多个，请复选） 机关级别：1. 国家　2. 省（自治区、直辖市）　3. 地（区、市、州、盟）　4. 县（区、市、旗） 1. 工商行政管理部门　　机关级别□　登记注册号＿＿＿＿＿＿＿＿＿＿ 2. 编制部门　　　　　　机关级别□　登记注册号＿＿＿＿＿＿＿＿＿＿ 3. 民政部门　　　　　　机关级别□　登记注册号＿＿＿＿＿＿＿＿＿＿ 4. 国家税务部门　　　　机关级别□　登记注册号＿＿＿＿＿＿＿＿＿＿ 5. 地方税务部门　　　　机关级别□　登记注册号＿＿＿＿＿＿＿＿＿＿ 9. 其他（请注明批准机关）机关级别□		

续表 2-1

	登记注册类型 □□□			
		内资	港澳台商投资	外商投资
205	110 国有 120 集体 130 股份合作 141 国有联营 142 集体联营 143 国有与集 体联营 149 其他联营 151 国有独资公司	159 其他有限责任公司 160 股份有限公司 171 私营独资 172 私营合伙 173 私营有限责任公司 174 私营股份有限公司 190 其他	210 与港澳台合资经营 220 与港澳台合作经营 230 港澳台商独资 240 港澳台商投资股份有限公司 290 其他港澳台投资	310 中外合资经营 320 中外合作经营 330 外资企业 340 外商投资股份有限公司 390 其他外商投资
…	…			
S03	…			

单位负责人：　　统计负责人：　　填表人：　　联系电话：　　分机号：　　报出日期：20　年　月　日

说明：（1）统计范围：辖区内有资质的建筑业法人单位。

（2）本表涉及的填报目录：《国民经济行业目录及代码》（GB/T 4754—2011）、2012 年《统计用区划代码》和《建筑业企业资质等级编码》。

（3）调查单位填报要求：本表数据由国家统计局或省级统计机构在年报调查开始前统一导入数据采集处理软件中，生成报表数据。调查单位根据实际情况对表中的数据进行认真核对，指标数据如有变动应及时进行修改。

（4）统计机构数据审核、处理要求（此处省略）。

3. 统计报表的资料来源

统计报表中的资料主要来源于基层单位的原始记录、统计台账和企业的内部报表。

（1）原始记录。统计报表中的各项统计数据均来源于基层的各种原始记录。所谓原始记录，是指按统计、会计和业务核算的要求，通过一定的表格形式，对基层单位的生产和经营活动所做的最初的、直接的文字或数字记载。它是反映基层单位生产经营活动的第一手资料。例如，生产企业的各种原材料的入库单、各车间的领料单、成品入库验收单；商业企业的各种付款凭证、发（提）货单；税务部门开具的税票等，都是原始记录。

（2）统计台账。从原始记录到统计报表，中间需要经过统计台账和企业内部报表。所谓统计台账，是指根据编制统计报表和经营管理的需要而设置的，按时间顺序进行登记、汇总或积累资料的账册。例如，在企业中，厂部、车间、班组应分别设置与所管范围相适应的统计台账；厂级各职能部门也应当分别设置相应的专业统计台账。

（3）企业内部报表。所谓企业内部报表，是指企业依据原始资料记录和统计台账，经过汇总后编制的为满足企业各级领导和业务部门组织生产、管理企业和填制国家统计报表需要的企业内部报表。企业内部报表只在企业内部实行，它是编制基本统

计报表和专业统计报表的基础。

建立并健全原始记录、统计台账和企业内部统计报表，是保证统计报表质量的基础，必须切切实实做好。

我国《中华人民共和国统计法》（2009年修订）第十六条规定："搜集、整理统计资料，应当以周期性普查为基础，以经常性抽样调查为主体，综合运用全面调查、重点调查等方法，并充分利用行政记录[①]等资料。"我国《中华人民共和国统计法实施细则》第十一条又规定："……抽样调查、重点调查或者行政记录可以满足需要的，不得制发全面调查表；一次性调查可以满足需要的，不得进行经常性统计调查；按年统计调查可以满足需要的，不得按季统计调查；按季统计调查可以满足需要的，不得按月统计调查；月以下的进度统计调查必须从严控制。"

三、数据收集的方法

不论采取何种方式进行统计调查，在取得统计数据时，都有一些具体的数据收集方法。统计资料的收集方法可分为问卷法、访谈法、观察法和实验法。

（一）问卷法

在调查中，我们收集资料最基本的手段就是"看"和"问"。像"询问"这样的做法，调查者要从对有关事实有接触和体验的人那里去了解情况。问卷法和访谈法是其中最主要的两种方法。现代调查中利用事先设计好的询问提纲或调查表作为调查的依据，这些设计文件统称为问卷。它系统地记载了调查的具体项目和内容，是调查信息的载体和实现调查目的和要求的一种重要形式。采用问卷进行调查不仅是国际通行的一种调查方法，也是当前发展最快、应用最广泛的一种调查方法。常用的问卷法有：邮寄调查、电话调查、电脑辅助电话调查和网络调查等。

（1）邮寄调查。它是指调查者把事先设计好的调查问卷或表格，通过邮局寄给被调查者，要求被调查者自行填妥寄回，借以收集所需资料的方法。其好处有：调查范围大、成本低、被调查者有充分时间独立思考问题。同时存在所用时间长、受调查者文化程度限制、问卷回收率低等缺点，企业通常采用有奖、有酬的刺激方式加以弥补。

（2）电话调查。它是指调查人员按照事先设计好的调查问卷或表格，通过电话与被调查者进行交谈以收集资料的方法。这种方法进行调查的主要优点是：收集资料快、成本低、电话簿有利于分类。其主要缺点是：只限于简单的问题，难以深入交谈；被调查人的年龄、收入、身份、家庭情况等不便询问；照片图像无法利用。

（3）电脑辅助电话调查。随着通信技术的发展，将计算机信息处理技术应用于传统的电话访问所得到的一种新的电话调查，即电脑辅助电话调查（Computer Assisted Telephone Interview，简称CATI）。电脑辅助电话调查系统是利用现代化

---

① 行政记录是指民政、工商、税务等政府行政部门为履行其职能，如办证、登记、检查、保险、培训、税收、付费和罚款等，而收集、记录和保存在文件、档案中的个人或单位的资料记录。

电脑程控通信设备进行的随机电话访问方式。在进行电话访问时，须事先输入受访人的电话号码，由电脑按程序自动拨号，电话访问员在接通电话后不知道对方身份，只负责按规定访问内容进行访问对话。访问过程和内容可以实时录音，以确保调查访问内容的真实可靠。采用这种访问调查方式，具有调查内容客观真实、保密性强、访问效率高等特点。CATI 技术已成为国内外专业调查机构开展民意研究和市场调查最主要的数据收集方法。

（4）网络调查。它是指调查者把事先设计好的调查问卷或表格，通过互联网的形式进行资料收集、整理与分析的过程。网络调查发端于 20 世纪 90 年代，兴起于 21 世纪初。1994 年，美国佐治亚理工学院的 GVU Centre 进行的关于互联网使用情况的调查，被认为是最早的网络调查。与传统的调查方法相比，网络调查具有"不受时空限制、调查组织简单便捷、调查成本低廉"等优点，但也存在以下不足：调查的受众受到限制、调查受非抽样误差的影响大、缺少权威的调查平台及存在统计技术上的缺陷等。这些不足最终会导致抽样的非随机性。在国内，近年来，随着互联网络的迅猛发展，网络调查也得以广泛应用。

（二）访谈法

访谈法是通过有目的地与调查对象直接交谈来获取信息的一种数据收集方法。访谈法也是调查者用"问"来收集资料，这种方法和问卷法最大的区别在"答"的方面。对于调查者提出的问题，用问卷法时，被调查者是用"笔"来回答；用访谈法时，被调查者则是用"嘴"来回答。所以我们在做访谈时，必须与被调查者面对面直接交谈。

访谈法的优点主要有：广泛地认识客观现象、深入地研究问题、资料收集可靠和应用面很广。

访谈法的缺点主要有：

（1）访谈法的实施和调查质量的保证必须依赖于具有较高素质的访问员。

（2）直接交谈也会对获取资料的客观性产生负面影响。

（3）在不便当面询问或不能询问被调查者时，访谈法就无法实施，也不能获取资料。

（4）调查费用大、时间长，调查过程中会碰到许多意料不到的困难。

访谈法同我们日常生活中相互间的交谈，有许多不同之处。首先，访谈有预定的计划，有专门的主题，有一定的工具（如调查表）或辅助手段（如录音机），而日常交谈不需要这些。其次，访谈主要由被调查者提供信息，而日常交谈则是双方相互交换信息。

根据被调查者人数的多少可以分为：个别访谈和集体访谈。

个别访谈是指调查者对每一名受访者进行一对一的单独访谈。个别访谈是访谈法的基础，也是应用最多的一种方式。

集体访谈是一种通过一对多形式进行集中收集信息的方法，是一种了解情况快、工作效率高、经费投入少的调查方法，但对调查员组织会议能力的要求很高，同时它也不适应某些涉及保密、隐私、敏感性的问题调查。

集体访谈法常用的有：头脑风暴法、德尔菲法、深度访谈法。

头脑风暴法。又称智力激励法，是现代创造学奠基人美国奥斯本发明的一种创造能力的集体训练法。当一群人围绕一个特定的兴趣领域产生新观点的时候，这种情境就叫作头脑风暴。由于会议使用了没有拘束的规则，人们就能够更自由地思考，进入思想的新区域，从而产生很多新观点和解决问题的方法。当参加者有了新观点和想法时，他们就大声说出来，然后在他人提出的观点之上建立新观点。所有的观点被记录下，但不进行批评。只有头脑风暴会议结束的时候，才对这些观点和想法进行评估。头脑风暴法可分为直接头脑风暴法和质疑头脑风暴法，前者是在专家群体决策基础上尽可能激发创造性，产生尽可能多设想的方法，后者则是对前者提出的设想、方案逐一质疑，发现其现实可行性的方法，例如案例2-4。

【案例2-4】

有一年下暴雪，美国北方地区的电线上积满冰雪，大跨度的电线常被积雪压断，严重影响通信。过去，许多人试图解决这一问题，但都未能解决。后来，电信公司经理应用奥斯本发明的头脑风暴法，解决了这一难题。该案例的实施严格遵守四项基本原则：禁止批评别人的意见；提倡自由思考，天马行空、异想天开，越新奇越好；观点意见越多越好；引发联想，补充完善。在讨论过程中，当有人提出比较滑稽可笑的"坐飞机扫雪"设想时，虽无人提出批评，但有位工程师一听到该滑稽的想法后，大脑突然受到冲击，一种简单可行且高效率的清雪方法冒了出来：用直升机扇雪的新设想，最后找到了该问题的解决办法。

德尔菲法。又名专家意见法或专家函询调查法，是采用背对背的通信方式征询专家小组成员的预测意见，经过几轮征询，使专家小组的预测意见趋于集中，最后做出符合市场未来发展趋势的预测结论。该方法主要是由调查者拟定调查表，按照既定程序，以函件的方式分别向专家组成员进行征询；而专家组成员又以匿名的方式（函件）提交意见。经过几次反复征询和反馈，专家组成员的意见逐步趋于集中，最后获得具有很高准确率的集体判断结果。德尔菲法是依据系统的程序，采用匿名发表意见的方式，即团队成员之间不得互相讨论，不发生横向联系，只能与调查人员发生关系，以反复填写问卷，以集结问卷填写人的共识及收集各方意见。因而，德尔菲法具有匿名性、反复性和统一性等特点，例如案例2-5。

【案例2-5】

德尔菲法预测专著销售量

某书刊经销商需要预测某一专著销售量，以便确定到底该进多少货。该经销商首先选择若干书店经理、书评家、读者、编审、销售代表和海外公司经理组成专家小组，将该专著和一些相应的背景材料发给各位专家，要求大家给出该专著最低销售量、最可能销售量和最高销售量三个数字，同时说明自己作出判断的主要理由。将专家们的意见收集起来，归纳整理后返回给各位专家，然后要求专家们参考他人的意见对自己的预测重新考虑。专家们在完成第一次预测并得到第一次预测的汇总结果以后，除书店经理A外，其他专家在第二次预测中都做了不同程度的修正。重复进行，在第三次预测中，大多数专家又一次修改了自己的看法。第四次预测时，所有专家都不再修改自己的意见。因此，专家意见收集过程在第四次以后停止。最终预测结果为最低销售量26万册，最高销售量60万册，最可能销售量46万册。

深度访谈法。又名深层访谈法，它是一种无结构的、直接的、个人的访问，在访问过程中，一个掌握高级技巧的调查员深入地访谈一个被调查者，以揭示对某一问题的潜在动机、信念、态度和感情。与小组座谈会一样，深层访谈法主要也是用于获取对问题的理解和深层了解的探索性研究。不过，深层访谈法不如小组座谈会使用得那么普遍。比如，为发掘目标顾客在某产品所引起的深层动机时，可采用深层访谈法；在某些过程中，研究者为消除受访者的自我防卫心理，可以采用文字联想法、语句完成法、角色扮演法之类的技巧来对顾客进行访问。

（三）观察法

观察法是所有科学研究方法的始祖。观察收集到的资料比访谈收集到的资料更直接，由于观察者与被观察的客观事物直接接触，中间不需要其他中间环节，所以观察所获得的信息资料，是真正意义上的第一手资料。"观察可称为科学研究的第一等方法"（英国社会学家 C. A. Mosen）。

观察法是指对所发生的事或人的行为的直接观察和记录。在观察过程中，调查人员所处的地位是被动的，也就是说调查人员对所观察的事件或行为不加以控制或干涉。例如，在进行商场调查时，调研人员并不访问任何人，只是观察现场的基本情况，然后记录备案。一般调研的内容有某段时间的客流量、顾客在各柜台的停留时间、各组的销售状况、顾客的基本特征、售货员的服务态度等。

观察法又可以分为公开观察法和隐蔽观察法两种方法。

公开观察是调查人员在调查地点公开进行，即被调查者意识到有人在观察自己的言行。隐蔽观察是指被调查者没有意识到自己的行为已被观察和记录。例如，超级市场的经营者可以通过公开观察来记录顾客流量，统计客流规律和商店购买人次，重新设计商品的陈列和布局，这就是公开调查。而顾客走进商店时，多半会驻足观看甚至选购某些商品，市场调查人员可以利用这一机会，观察和收集消费者对新产品或季节性产品的注意力以及购买情况的资料，这就是隐蔽观察法。

观察法的主要优点有：

（1）它能通过观察直接获得资料，不需其他中间环节。因此，观察的资料比较真实。

（2）在自然状态下的观察，能获得生动的资料。

（3）观察具有及时性的优点，它能捕捉到正在发生的现象。

(4) 观察能搜集到一些无法言表的材料。

观察法的主要缺点有:

(1) 受时间限制,某些事件的发生是有一定时间限制的,过了这段时间就不会再发生。

(2) 受观察对象限制。如研究青少年犯罪问题,有些秘密团伙一般不会让别人观察的。

(3) 受观察者本身限制。一方面人的感官都有生理限制,超出这个限度就很难直接观察。另一方面,观察结果也会受到主观意识的影响。

(4) 观察者只能观察外表现象和某些物质结构,不能直接观察到事物的本质和人们的思想意识。

(5) 观察法不适应于大面积调查。

(四) 实验法

实验法是一种特殊的观察调查方法,是在所设定的特殊实验场所、特殊状态下,对调查对象进行实验取得所需资料的一种调查方法。比如,教育实验法是依据一定的教学理论假设,在教学实践中进行、运用必要的控制方法、变革研究对象、探索教学的因果规律的一种科学研究活动。可预见性和可干预性是实验法最显著的两个特点。实验法在自然科学中应用比较多,近年来,更多的实验法应用于客观经济现象研究,鉴于篇幅限制,本章不做重点介绍。

第四节 统计数据的质量

一、统计数据的误差

统计调查所获取的统计数据是统计调查的工作成果,所收集的数据是否准确、可靠,将直接关系到数据整理、数据分析的准确性和可靠性,也将关系到整个统计工作的质量。为了取得准确的统计数据,必须采取有效措施和科学的方法,防止可能发生的各种统计调查误差,并尽可能把它缩小到最低限度,把它控制在允许的范围内。

统计调查误差,是指通过调查所取得的统计数据与调查现象总体真实数据之间的差别。统计调查误差分为登记性误差和代表性误差两种。

登记性误差是由于调查过程中各个环节上的工作不认真、计量不准确等主观或客观原因的共同影响而产生的误差,产生这些误差的主要原因有:计量错误,记录错误,计算错误,抄录错误,汇总错误,调查者和被调查者有意虚报、瞒报及数据收集方案规定不明确等。在全面调查和非全面调查中都会产生登记性误差。

代表性误差是指用部分总体单位(样本)的数据去估计总体的相应数据时,估计结果与总体实际数据之间的差别。这种误差只在用样本数据推算总体相应数据时才会产生,即只有在抽样调查中产生。抽样调查有两大误差来源:抽样误差与非抽样误差。后者情况比较复杂，对它的研究也不够充分。众所周知，非抽样误差又包括抽样框误差和无回答误差两类。当抽样框不完善，特别是当总体单元不断在变化（新生或消亡），或不断在流动难以与其接触时，抽样框误差就不能忽视。无回答误差取决于无回答率的高低以及无回答是否是随机的。对于处理无回答技术，国内通常采取样本替换方式，而国际上通常采用插补与加权调整。影响抽样误差的因素主要有：

（1）抽样数目的多少，在其他条件不变的情况下抽样数目越多，误差越小。

（2）所研究的各单位数值变动程度的大小，围绕平均数变动的程度越小，抽样误差越小。

（3）采用的抽样调查组织形式和抽样方法，因为在调查方式的选择上以及不同的抽样方式所得到的调查结果确实存在着差异，如等距抽样和类型抽样比纯随机抽样和整群抽样更能够保证所抽取的单位在总体中均匀地分布，代表性就大，抽样误差就小。还有采取重复抽样和不重复抽样对误差的大小也略有影响，但是，当总体单位很大而样本很少时，这种误差区别是很微小的。

对抽样误差的测定，我们有一系列科学的方法来进行计算，通过计算平均误差、成数误差、均方差和一定概率保证下的抽样误差的范围，可以说抽样调查的结果是有可靠的科学依据的。

二、控制调查误差的途径

（一）控制登记性误差的方法

（1）要制订科学的数据采用方案，使调查人员或填报人员能够明确要求、具体执行，不至于产生歧义、误解。

（2）加强公民的职业道德教育；坚持实事求是，恪守职业道德。

（3）严格执行我国《中华人民共和国统计法》，防止因弄虚作假等造成的登记性误差，纠正统计数据上的不正之风。实行统计法有利于保障统计数据的准确性和及时性，更好地发挥统计的信息、咨询和监督职能的作用，为国家、地方和单位的科学决策和管理提供高质量的服务；有利于打击领导干部在统计数据上弄虚作假、虚报浮夸、"以权扰数""以数谋私"的非法行为。

（4）要抓好数据收集方案的贯彻执行工作。这方面的工作主要包括：

第一，加强专业技能的培训，提高执业水平，使统计人员能正确理解数据采用方案的各项内容，特别是能准确把握填报要求及指标口径范围。

第二，做好统计基础工作，包括建立相应的统计机构，配备必要的工作人员，建立健全计量工作、原始记录和统计台账等制度以及相关的责任制，保证统计数据的来源准确、可靠和及时。

第三，加强对统计调查过程中数据填报质量的检查、监督。

（二）控制代表性误差的方法

代表性误差即抽样误差的客观存在和不可避免性，并不意味着可以任其存在或对其无所作为，相反，对抽样误差的控制是十分必要的。减少抽样误差可以从以下几个方面着手：

（1）要准确选定抽样方法。选择正确的抽样方法，有利于使抽取的样本能真正代表总体，减少误差。对抽样方法的选择，要根据调查目的和要求，以及调查所面临的主客观、内外部条件进行权衡选择，尽可能减少抽样误差。

（2）要正确确定样本容量。一般而言，样本容量与抽样误差呈反比关系。但是，抽样误差又与调查总体中的特征差异有关。总体中差异越大，在同样样本容量的条件下，误差越大，反之误差越小。换言之，在确保同样的差异、误差的前提下，如果总体中的个体差异大，则需抽取的样本容量应该大一些，反之亦然。所以，确定样本容量要综合考虑对抽样误差的允许程度、总体的差异性和成本的要求等因素。

（3）要加强对抽样调查的组织领导，提高抽样调查工作的质量。要以科学的态度对待抽样，特别是要由专门人才，或经过严格培训的人员承担抽样调查工作。抽样方法要适当，工作程序要规范，严格按照所选用的抽样方法的要求进行操作，确保整个抽样工作科学合理。

小　结

本章首先在典型案例的基础上给出了一个完整的调查方案设计，在此基础上具体针对调查方案设计中涉及的相关内容进行一一介绍。数据收集的来源有两种，即直接来源和间接来源，前者收集的是原始数据，后者收集的是二手数据；由于二手数据在研究中占据重要的地位和作用，我们重点介绍了二手数据收集时需注意的事项；相比二手数据的收集，原始数据的收集更加复杂，为此，第三节重点介绍了原始数据的收集，主要包括原始数据的分类、调查的方式、方法；最后，对数据收集的质量控制问题进行了介绍。

思 考 题

1. 二手数据的特点是什么？什么情况下可以使用二手数据？
2. 简述普查和抽样调查的特点。
3. 经济普查与全面统计报表均为有关经济现象的全面调查，两者能否相互替代？为什么？
4. 在我国，近年来雾霾与呼吸疾病之间的关系备受关注。2015年两会期间，钟南山院士表示，从目前国内的情况看，雾霾与肺癌、其他肿瘤之间关系有多大还不清晰，"但并不是说两者没有关系"。请你就"我国雾霾与肺癌的关系研究"设计一项调查方案。

练习题

一、判断题

1. 一般而言，全面调查的结果更全面、准确，所以得到普遍应用。（   ）
2. 统计调查中的调查单位与填报单位是一致的。（   ）
3. 统计报表制度一般属于经常性的全面调查。（   ）
4. 统计报表制度中的资料主要来源于基层单位的原始记录、统计台账和企业的内部报表。（   ）
5. 由于观察法能保证资料的真实性和可靠性，因而在进行大规模调查时，应采用这种方法。（   ）
6. 在非全面调查中，最完善、最有计算科学依据的方法是抽样调查。（   ）
7. 在进行调查时，最先考虑的是二手数据的收集。（   ）
8. 典型调查中典型单位的选取可以不遵循随机原则。（   ）
9. 对统计总体中的全部单位进行调查称为普查。（   ）
10. 调查对象是调查项目的承担者。（   ）

二、单项选择题

1. 对某地物流企业职工进行调查，调查对象是（   ）。
   A. 各物流企业　　　　　　　B. 每一个物流企业
   C. 各物流企业全体职工　　　D. 每位物流企业职工
2. 在统计调查中，报告单位是（   ）。
   A. 调查项目的承担者　　　　B. 提交调查资料的单位
   C. 构成调查对象的每一个单位　　D. 每一个总体单位
3. 抽样调查的主要目的是（   ）。
   A. 获得样本资料　　　　　　　　　B. 获得总体资料
   C. 用样本观察结果推断总体数量特征　　D. 由个别推断总体
4. 要调查某企业的全部机器设备使用情况，该企业的每台机器设备是（   ）。
   A. 调查单位　　B. 调查项目　　C. 调查对象　　D. 填报单位
5. 某灯泡厂为了掌握该厂的产品质量，拟进行一次全厂的质量大检查，这种检查应当选择的调查方法是（   ）。
   A. 统计报表　　B. 全面调查　　C. 重点调查　　D. 抽样调查
6. 2010 年我国进行的第六次全国人口普查是（   ）。
   A. 重点调查　　　　　　　　B. 典型调查
   C. 一次性调查　　　　　　　D. 经常性调查

三、案例分析题

某智能手机生产企业想通过市场调查了解以下问题:企业产品的知名度;产品的市场占有率;消费者对产品质量的评价及满意程度。

(1) 设计出一个调查方案。

(2) 设计出一份调查问卷。

(3) 你认为这项调查采取哪种调查方式比较合适?

第三章 整理和显示数据

【典型案例4】

如何用图表、数字反映居民收入的贫富差距？

贫富两极分化容易引起社会阶层的对立，影响机会平等、经济可持续发展和社会安定，可见贫富两极分化是关乎社会经济发展的大问题。如何用图表反映居民收入差距呢？这里的指标体系：人口、收入。从有关统计年鉴可收集到人口、收入数据。美国统计学家洛伦兹（1907）根据意大利经济学家帕累托的原理和收入分配公式，将人口由贫至富排序后分组，用统计表（见表3-1）给出人口累计频率、收入累计频率，在二维坐标系中按人口累计频率、收入累计频率绘出散点并用平滑曲线连接这些点（见图3-1），得到的曲线称为洛伦兹曲线——实际收入分配曲线。对角线 OL 称为完全平等线，折线 OHL 称为完全不平等线。从该曲线发现：洛伦兹曲线越不弯曲，收入越平等；越弯曲，收入越不平等。

统计学家洛伦兹

表3-1 某地区居民收入分配情况

按收入水平分组	人口			收入		
	人口数（千人）	频率（%）	累计频率（%）	月收入（亿元）	比重（%）	累计频率（%）
最低	128.5	12.85	12.85	1.57	5	5
中下	348.0	34.80	47.65	4.08	13	18
中等	466.9	46.69	94.34	16.33	52	70
较高	45.6	4.56	98.90	7.54	24	94
最高	11.0	1.10	100.00	1.88	6	100
合计	1 000	100	—	31.4	100	—

如何从数字上反映居民收入差距呢？图3-1中，意大利经济学家基尼（1922）设 A 是洛伦兹曲线与 OL 包围的面积，称为不平等面积，$A+B$ 是 OHL 与 OL 包围的面积，称为完全不平等面积。用 $G=A/(A+B)$ 反映收入分配不平等率，显然 $0 \leq G \leq 1$，G 称为基尼系数。由此发现：基尼系数越小越平等，越大越不平等。联合国用基尼系数作为衡量一国居民贫富差距的标准：$G \leq 0.2$ 表示收入高度平均；$0.2 < G \leq 0.3$ 表示相对平均；$0.3 < G \leq 0.4$ 表示相对合理；$0.4 < G \leq 0.6$ 表示收入差距大；$G > 0.6$

表示收入分配严重不公。通常把 $G=0.4$ 作为收入分配差距的警戒线，超过警戒线时，贫富两极的分化较为容易引起社会阶层的对立，从而导致社会动荡。我国基尼系数从 2012 年起开始公布，无疑这是解决我国贫富两极分化问题的一个积极信号。

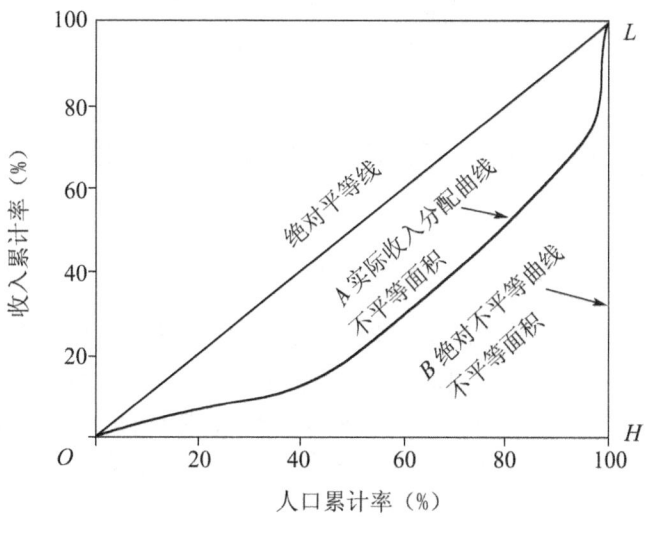

图 3-1　洛伦兹曲线

可见洛伦兹曲线、基尼系数从图和数两方面反映收入差距，解决了大问题，是经济问题、累计频率、统计图相结合的成果。

同样，在经济领域和社会生活中还有许多数据，需要整理为有用的图表来进行分析，而这些图表如何做出以及怎样来反映数据分布特征呢？这就是本章要介绍的内容。

第一节　数据的整理与显示的步骤

收集的数据符合基本要求后，往往还是杂乱无章、不可用的，如何对符合基本要求的数据进行整理使之变为可用的呢？如典型案例4，原先收集到的数据都是杂乱无章、不可用的，而整理后的如表 3-1、图 3-1 则可变为有用的数据，能反映出一些分布规律和特征。

数据的整理和显示就是对所搜集的符合数据一般要求的数据进行分类和汇总，用统计表、统计图反映其整理的结果。从典型案例4中可知，数据的整理和显示步骤如下：

（1）根据解决问题的目的确定分组的变量，如典型案例4中分组的变量为收入。

（2）确定组数等，如典型案例4中，收入由贫到富分为5组，连续型变量如收入还涉及确定每组组距、上限和下限。

(3) 按不重不漏的原则对数据进行分组,确定各组频数、频率,典型案例 4 还涉及每组的收入值等。

(4) 用表、图显示整理的数据。

在对数据进行整理时,要根据不同的数据类型,在(3)步采用不同的整理方式。对定量数据主要做分组整理,对品质数据主要做分类整理。

第二节　定量数据的整理与显示

一、定量数据的整理

定量数据也就是第一章中所讲的定距尺度和定比尺度的数据,主要采用统计分组的方法来整理。数据分组后,把每组的个数称为频数,每组个数所占比例称为频率。

统计分组就是根据统计研究的目的和客观现象的内在特点,按某个变量(或几个变量)把被研究的总体划分为若干个不同性质的组,然后再统计出各组的频数,就形成了一张频数分布表。

统计分组方法一般有单变量值分组和组距式分组两种。

单变量值分组就是将一个变量值作为一组,总体中有几个不同的离散型变量值就分几个组,适合变量值较少的情况。比如居民家庭按照人口数进行分组,可分为 1 口人家庭、2 口人家庭、3 口人家庭、4 口人家庭、5 口人以上家庭的组别。

【例 3 - 1】某班 30 名同学在 2015 年网购的次数如表 3 - 2 所示,试对该班同学按照网购次数进行单变量值分组。

表 3 - 2　某班同学的网购次数

18	18	19	20	19	20	21	18	19	19
21	20	20	19	18	19	19	20	21	18
19	20	21	18	20	20	19	19	21	20

解:因为该班同学共有 18、19、20、21 四种不同的网购次数,所以按照网购次数该班可分为四组,分组结果如表 3 - 3 所示。

表 3 - 3　某班同学按网购次数分组的频数分布

组别	频数	频率(%)
18	6	20
19	10	33.3
20	9	30
21	5	16.7

组距式分组是将变量值的一个区间作为一组，适合于连续变量和变量值较多的离散型变量情况。

组距式分组可采用等距分组，也可采用不等距分组。等距分组是指每组组距相等。比如在本章的典型案例4中关于基尼系数的分级，按照联合国有关组织规定：低于0.2表示收入绝对平均；0.2～0.3表示收入比较平均；0.3～0.4表示收入相对合理；0.4～0.5表示收入差距较大；0.5以上表示收入差距悬殊。该分级中组距均为0.1，所以为等距分组。不等距分组是指并非所有组距都相等。比如对人口年龄的分组，可根据人口成长的生理特点分成0～6岁（婴幼儿组）、6～18岁（少年组）、18～60岁（中青年组）、60岁以上（老年组）等。下面具体讲等距分组。

等距分组的基本步骤如下。

第一步：确定组数。

一般情况下，一批数据所分的组数不应少于5组且不多于15组。在实际分组时，可以参考美国学者斯特杰斯（H. A. Sturges）提出的经验公式来确定组数 K，即

$$K = 1 + \frac{\lg N}{\lg 2}$$

式中　N——总的数据个数。

第二步：确定组距。

组距是一组的上限与下限之差，上限是指一组的最大值，下限是指一组的最小值。第一组下限 $\leq \min \{x_i\}$，最后一组上限 $> \min \{x_i\}$。可根据全部数据的最大值和最小值及所分的组数来确定组距，即

$$组距 = \frac{最大值 - 最小值}{组数}$$

第三步：统计出各组的频数并整理成频数分布表。

【例3-2】万达企业第一车间50名工人一月份完成的产品件数资料如表3-4所示，试对该数据进行等距分组。

表3-4　万达企业第一车间50名工人一月份完成的产品件数

A	B	C	D	E	F	G	H	I	J
97	91	125	115	119	159	139	146	117	139
105	110	107	137	120	136	115	127	142	118
123	90	115	144	110	124	129	130	100	125
123	130	133	126	107	135	108	148	143	104
120	128	92	146	132	130	124	151	138	140

解：(1) 等距分组的步骤：

第一步：确定组数 K。

$$K = 1 + \frac{\lg 50}{\lg 2} = 1 + \frac{1.69897}{0.30103} = 1 + 5.64 = 6.64 \approx 7$$

第二步:确定组距。

$$组距 = \frac{159 - 90}{7} = 9.9 \approx 10$$

第三步:统计出各组的频数并计算频率、累计频数、累计频率,整理成频数分布表,如表 3 – 5 所示。

表 3 – 5 某车间 50 名工人一月份完成的产品件数分组

按产品数分组	频数(人)	频率(%)	累计频数(人)		累计频率(%)	
			向上累计	向下累计	向上累计	向下累计
90～100	4	8	4	50	8	100
100～110	6	12	10	46	20	92
110～120	8	16	18	40	36	80
120～130	12	24	30	32	60	64
130～140	11	22	41	20	82	40
140～150	7	14	48	9	96	18
150～160	2	4	50	2	100	4
合计	50	100	—	—	—	—

从表 3 – 5 中看出工人生产的零件数主要集中在 120～140,占到总量的 46%。

表 3 – 5 中也计算出累计频数和累计频率。它们的累计方式分为向上累计和向下累计两种。向上累计是指从变量值小的组逐级向变量值大的组累加。向下累计则刚好相反,一般计算常用向上累计的方法。

统计各组频数时要注意遵循不重不漏的原则。不重是指一项数据只能分在其中的一组,不能在其他组中重复出现;不漏是指全部数据都要分在相应的组中,不能遗漏。为解决不重的问题,统计分组时习惯规定"上组限不在组内",即一个组的上限值不能算在该组。比如 100 这一数值不能算在"90～100"这一组,而是算在"100～110"这一组内。

表 3 – 5 所分组的结果都有上、下限值,因此也叫闭口组。在等距分组中,为了避免空白组的出现,或避免个别值被漏掉,第一组和最后一组可以采取"××以下"及"××以上"这样的开口组。开口组组距通常以相邻组的组距为准。假如该例中还有一个数 79,其与第 1 组之间会出现一个空白组,此时可以把第 1 组的 90～100 改为 100 以下,即变成了开口组。

在等距分组中,还有一个概念——组中值,常用作各组的代表值:

$$组中值 = \frac{下限值 + 上限值}{2} \tag{3.1}$$

对开口组而言，其组中值为：

$$缺下限的开口组的组中值 = 上限值 - \frac{邻组组距}{2} \quad (3.2)$$

$$缺上限的开口组的组中值 = 下限值 + \frac{邻组组距}{2} \quad (3.3)$$

在例 3-2 中，若第一组为闭口组 90～100 时，可以利用公式（3.1）计算其组中值为：

$$组中值 = \frac{下限值 + 上限值}{2} = \frac{90 + 100}{2} = 95$$

若第一组为开口组 100 以下时，可以利用公式（3.2）计算其组中值为：

$$缺下限的开口组的组中值 = 上限值 - \frac{邻组组距}{2} = 100 - \frac{10}{2} = 95$$

若将最后一组 150～160 变为 150 以上时，可以利用公式（3.3）计算其组中值为：

$$缺上限的开口组的组中值 = 下限值 + \frac{邻组组距}{2} = 150 + \frac{10}{2} = 155$$

组中值的计算在第四章计算分组数据的平均数时还会用到。

二、定量数据的图示

定量数据常用的统计图主要有直方图、茎叶图、曲线图、散点图等。

(1) 直方图。是指在横坐标轴上标出各个分组的端点，用每一组的组距为底，以频率/组距为高画出的矩形。纵坐标轴的尺度可以频率/组距为高，也可以频数为高或以频率为高画图，形状相同，只是纵坐标的尺度不同。如图 3-2 则是以频数为高画出的直方图。当纵坐标为频率/组距时，直方图中每个小矩形的面积恰为数据落在该区间的频率，所有小矩形的面积之和为 1。

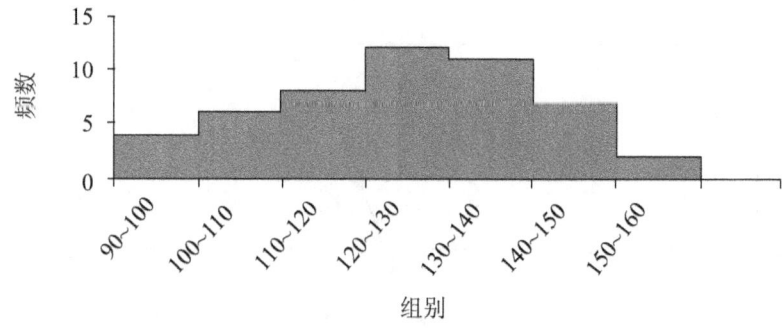

图 3-2 修饰后的直方图

直方图与条形图的区别主要有三点：
首先，直方图是用面积表示各组频率的多少，矩形的高度表示每一组的频率密度,宽度则表示各组的组距,其高度与宽度均有意义;而条形图是用条形的长度(横置时)表示各类别频数或频率,其宽度表示类别,是固定的。

其次,直方图的各矩形通常是连续排列,条形图则是分开排列。

最后,直方图主要用于展示连续型数值型数据;而条形图则主要用于展示分类和离散型数据。

(2)茎叶图。主要用于显示未分组的原始数据的分布,由"茎"和"叶"两部分构成,以该组数据的高位数值作树茎,低位数值作树叶,树叶上只保留一位数字。茎叶图类似于横置的直方图,但又有区别:

首先,直方图可观察一组数据的分布状况,但没有给出具体的数值,即未保留原始数据的信息;而茎叶图既能给出数据的分布状况,又能给出每一个原始数值,保留了原始数据的信息。

其次,直方图适用于大批量的数据,而茎叶图适用于小批量的数据。

最后,直方图适用于分组数据,而茎叶图适用于未分组数据。茎叶图在 Excel 中作不出来,但在 SPSS 中可以作出来。

(3)曲线图。是用一组曲线来表示一组数据的函数关系。以自变量为横坐标,以因变量为纵坐标,绘出各变量变化的数据位置,并将其连接成一条曲线。例如洛伦兹曲线图就是曲线图的一种,它是用来描述一国财富或收入分配状况的统计工具,一般为一条向下弯曲的曲线,其偏离45°角直线越小,表明该社会收入分配状况的平等化程度越高;其偏离45°角直线越大,表明该社会收入分配状况的平等化程度越低。洛伦兹曲线可以在 Excel 中作出,具体操作路径见附录2。累计频数(频率)分布图也是曲线图的一种。无论是向上累计或向下累计,均以分组变量为横轴,以累计频数(频率)为纵轴。在直角坐标系中将各组的上限与其相应的累计频数(频率)构成坐标点,依次用折线(或光滑曲线)相连,即为向上累计曲线,见图3-3。

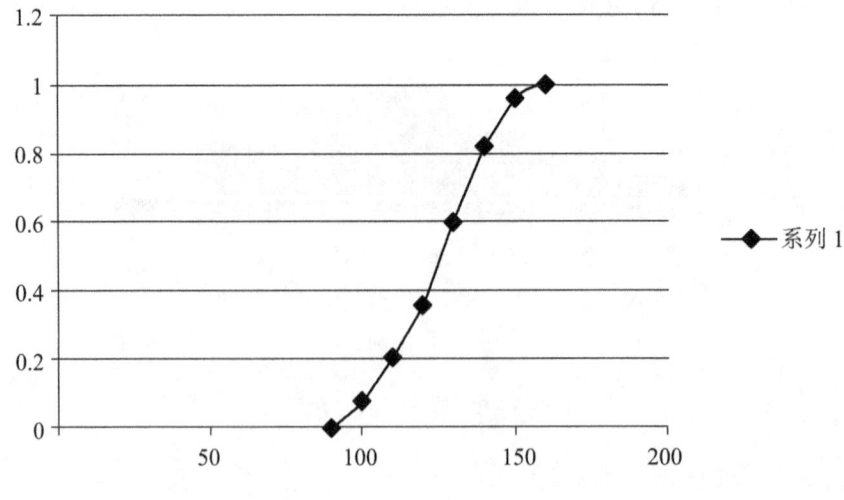

图3-3 向上累计频率图

(4) 散点图。是指用二维坐标展示两个变量之间关系的一种图形。使用的数据是成对的数据,在坐标系中描出数据点,这些点和坐标轴就构成了散点图(见第八章相关与回归分析)。

【例3-3】接例3-2,用直方图显示分组结果,用累计曲线图显示向上累计频率,用茎叶图显示未分组前的结果。在 Excel 2010 中和 SPSS 17.0 中整理和显示的操作路径见附录2。

在 Excel 和 SPSS 中得到的直方图见图3-2、向上累计频率图见图3-3,茎叶图见图3-4。从图3-2可以看出工人生产的零件数主要集中在120~140。

频数	茎	叶
4	9	0127
6	10	045 778
8	11	005 557 89
12	12	003 344 556 789
11	13	000 235 678 99
7	14	023 46 68
21.00	15	19
茎的宽度	10 位数	
每片叶子	个位数	

图3-4 产品件数的茎叶图

从图3-4可看出产品件数的茎是10、11、12、13、14时分布得最多。

三、频数分布图的类型

根据统计图可对社会各种现象的数量分布特征进行描述,通过这些图形,可以直观地显示出不同类型现象的分布特征。频数分布图则属于其中一种统计图,其主要类型有如下三种。

1. 钟形分布

钟形分布的特征是"两头小,中间大",即中间变量值分布的频数多,两端分布频数少,其形状像古钟,如图3-5所示。在前面例3-3的直方图中关于工人生产零件数的分布就是一种钟形分布。

图3-5(Ⅰ),其分布特征是以变量的平均数为对称轴,左右两侧对称分布。图3-5(Ⅱ)(Ⅲ)为非对称分布,(Ⅱ)长尾向右侧延伸是右偏分布(正偏),(Ⅲ)长尾向左侧延伸是左偏分布(负偏)。

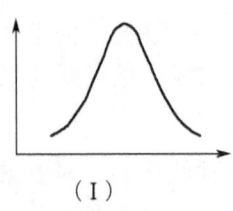 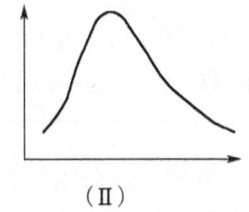 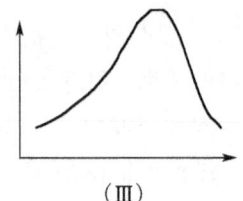

(Ⅰ) (Ⅱ) (Ⅲ)

图 3-5　钟形分布图

2. U 形分布

U 形分布的特征是"两头大，中间小"，即中间的变量值分布频数少，两端的变量值分布频数多，与钟形分布刚好相反，见图 3-6。例如人口死亡率按年龄分布，幼儿和老年人死亡率高，而中青年死亡率低。

3. J 形分布

J 形分布有两种类型，一种是正 J 形，即频数随着变量的增大而增多；另一种则是反 J 形，即频数随着变量的增大而减少，如图 3-7 所示。例如价格与供应量之间的关系可用正 J 形表示，价格与需求量之间的关系可用反 J 形表示。

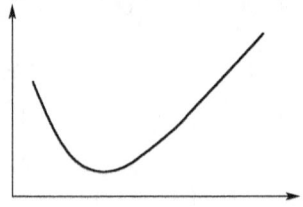

图 3-6　U 形分布图

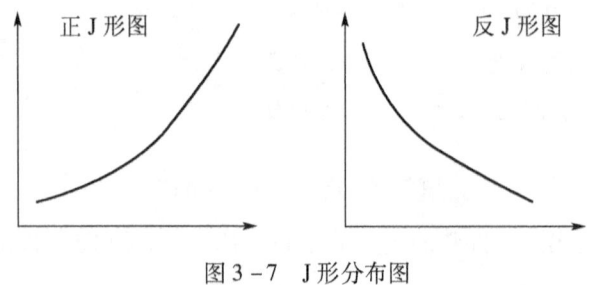

图 3-7　J 形分布图

第三节　品质数据的整理与显示

品质数据主要包括定类数据和定序数据。对定类和定序数据的整理，通常是把每类各自作为一组，有多少类就可以整理成多少组。

品质数据整理与显示的步骤如下：

（1）根据解决问题的目的确定分组的定性变量。

（2）一类变量值为一组，有多少个不同变量值就有多少组。

（3）按不重不漏的原则对数据进行分组，确定各组的频数、频率。

（4）用统计表、统计图显示整理的数据。

定类数据和定序数据，它们在整理和显示的方法上大多相同，但也有一些差异。下面就针对定类数据和定序数据分别进行整理与显示。

一、定类数据的整理与图示

（一）定类数据的整理

定类数据整理主要用频数分布表进行。频数分布表是依次按定性变量值及其频数排列出来的表。

【例 3-4】手机销售商为了销售手机，对某校学生使用不同品牌手机的情况进行调查。在该校中随机抽取 50 名学生，分别对他们的性别和购买手机的品牌进行了记录，表 3-6 记录的是原始数据。试整理该数据，绘出学生购买手机类型频数分布表。

解：这里的手机类型为定类数据，按定类数据整理步骤可得到表 3-7。在 Excel 2010 中整理的操作路径见附录 2。

表 3-6 手机销售的原始数据

A	B	C	D	E	F	G	H	I
学生编号	学生性别	手机类型	学生编号	学生性别	手机类型	学生编号	学生性别	手机类型
1	女	苹果	18	女	酷派	35	女	酷派
2	男	小米红米	19	男	三星	36	女	三星
3	男	华为	20	男	华为	37	男	苹果
4	女	三星	21	女	三星	38	女	苹果
5	男	酷派	22	男	华为	39	女	酷派
6	男	苹果	23	女	小米红米	40	女	华为
7	女	苹果	24	男	酷派	41	女	三星
8	女	酷派	25	女	华为	42	男	小米红米
9	男	小米红米	26	女	小米红米	43	女	苹果
10	男	小米红米	27	女	小米红米	44	女	苹果
11	女	苹果	28	男	酷派	45	男	华为
12	女	苹果	29	男	酷派	46	男	华为
13	男	苹果	30	女	三星	47	男	酷派
14	男	华为	31	男	酷派	48	女	小米红米
15	男	华为	32	女	酷派	49	女	小米红米
16	女	酷派	33	女	苹果	50	女	苹果
17	男	苹果	34	女	华为			

表 3-7 学生购买手机类型频数分布

手机类型	男	女	总计
华为	7	3	10
酷派	6	6	12
苹果	4	9	13
三星	1	5	6
小米红米	4	5	9
总计	22	28	50

整理的数据表 3-7 可用来分析了。如果样本有代表性，由表 3-7 表明，该校男生较喜欢华为、酷派手机，比率分别为 31.82%、27.27%；女生较喜欢苹果、酷派手机，比率分别为 32.14%、21.43%；该校学生较喜欢苹果、酷派手机，比率分别为 26%、24%。这在手机营销上是个重要参考。由表 3-7 还可以计算出学生每种类型手机的购买频率。

（二）定类数据的图示

定类数据的图示主要有条形图、饼图等，这些结果可在 Excel 2010 中实现。

（1）条形图是在横轴上将变量值依次等距分开，以各组频数（频率）为高画出的图形，见图 3-8。条形图有单式条形图和复式条形图，见图 3-8、图 3-9。

（2）饼图是在圆内按各组频率×360°为扇形角度画出的图形，见图 3-10。

条形图、饼图除了用于显示定类数据外，也可用于显示定序数据和定量数据。

【例 3-5】接例 3-4，根据整理出的频数分布表结果分别作出学生使用不同类型手机的单式条形图、饼图以及不同性别学生使用不同类型手机的复式条形图。

解：在 Excel 2010 中得到的各种图形如图 3-8、图 3-9、图 3-10 所示，具体操作路径见附录 2。

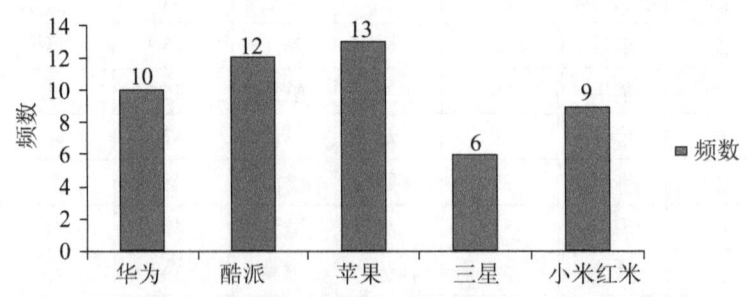

图 3-8 学生使用不同类型手机的单式条形图

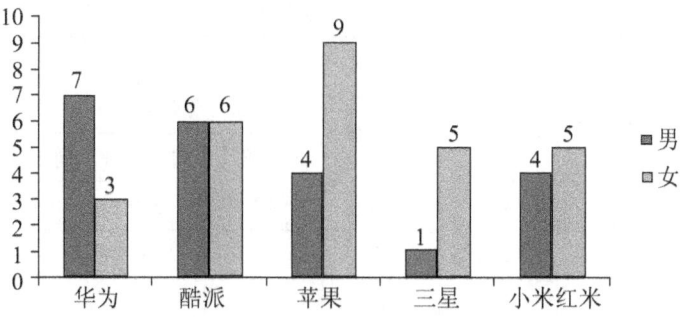

图3-9 不同性别学生使用不同类型手机的复式条形图

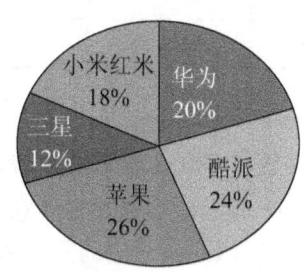

图3-10 学生使用不同类型手机的饼图

从图3-8、图3-10可以看出该校学生较喜欢使用苹果手机和酷派手机。从图3-9可以看出该校男生较喜欢使用华为手机,使用三星手机则相对较少;女生较喜欢使用苹果手机,使用华为手机则相对较少。

二、定序数据的整理与图示

(一)定序数据的整理

定序数据也是采用频数分析表进行整理。其整理方式除了与定类数据的整理方式相似外,还可以计算累计频数和累计频率。

累计频数(Cumulative Frequencies)是指各有序类别频数的逐级累加。累计方法有两种:一是从类别顺序的开始一方向最后一方逐级累加,即为向上累计;二是从类别顺序的最后一方向开始一方逐级累加,即为向下累计。

累计频率(Cumulative Percentages)是指各有序类别频率(百分比)的逐级累加。它也有向上累计和向下累计两种方式。

【例3-6】对甲城市居民生活质量满意度进行调查,按前面步骤整理后得到表3-8。

表 3 - 8　甲城市居民生活质量满意度的频数分布

A	B	C	D	E	F	G
甲城市居民生活质量满意度	频数	频率（%）	累计频数		累计频率（%）	
			向上累计	向下累计	向上累计	向下累计
非常不满意	48	16	48	300	16	100
不满意	60	20	108	252	36	84
一般	75	25	183	192	61	64
满意	72	24	255	117	85	39
非常满意	45	15	300	45	100	15
合计	300	100	—	—	—	—

从表 3 - 8 可以看出有 39% 以上的甲城市居民对生活质量还是较满意的。

在表 3 - 8 中的向上累计频数是指从非常不满意所对应的频数 48 开始累计，一直累加到非常满意所对应的频数 45 那里，得到非常满意所对应的向上累计频数是 300。向下累计频数则方向相反，从非常满意所对应的频数 45 开始累加，直到非常不满意。注意实际运用中一般用向上累计居多。累计频率也是类似的计算方法。

（二）定序数据的图示

定序数据的统计图主要有累计频数分布图和环形图。

累计频数分布图实际是用线图来表示的，可用来表示向上累计频数分布（见图 3 - 11）和向下累计频数分布两种情况。

环形图（doughnut chart），也叫圆环图，是指几个同心的、半径不同的饼图叠在一起，挖去中间的部分形成的环状（见图 3 - 12）。总体中的每一部分数据用环中的一段表示。可用于结构比较研究，常用于显示定序数据，也可用于显示定量数据。

【例 3 - 7】接例 3 - 6，在 Excel 2010 中作出甲城市居民生活质量满意度的向上累计频数分布图。

解：在 Excel 2010 中作出甲城市居民生活质量满意度的向上累计频数分布图，如图 3 - 11 所示。具体操作路径见附录 2。

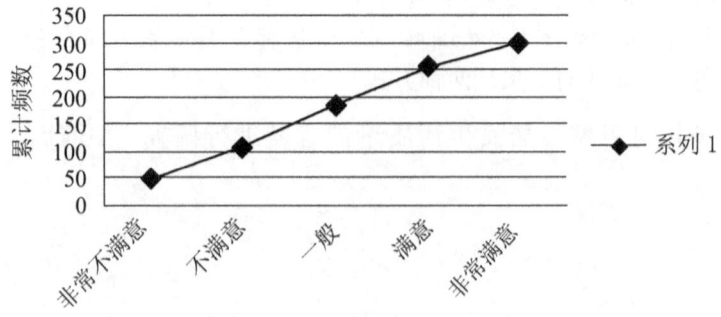

图 3 - 11　甲城市居民生活质量满意度的向上累计频数分布图

【例3-8】 接例3-6，若乙城市居民生活质量满意度如表3-9所示，则在Excel 2010 中可作出甲、乙城市居民生活质量满意度的环形图，如图3-12所示。在Excel 2010 中整理和显示的操作路径见附录2。

表3-9 乙城市居民生活质量满意度

乙城市生活质量满意度	频数	频率（%）
非常不满意	42	14
不满意	54	18
一般	75	25
满意	84	28
非常满意	45	15
合计	300	100

从图3-12看出甲、乙城市居民生活质量满意度主要在"满意"这一级别差别稍大些，其他级别差别不是很明显。

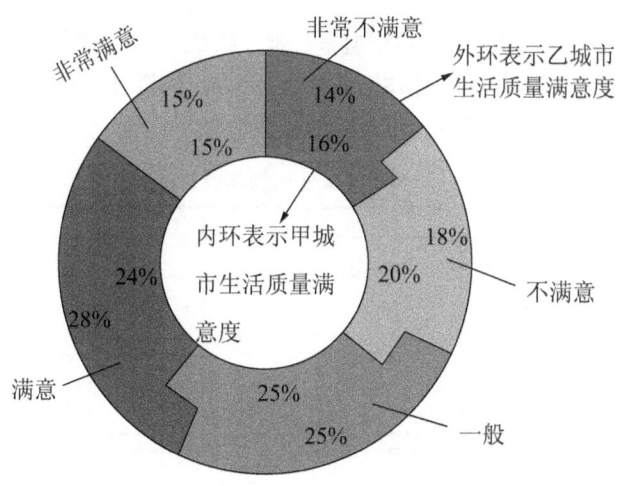

图3-12 甲、乙城市居民生活质量满意度的环形图

第四节 图表的合理使用

一、鉴别图形优劣的准则

（一）一张好的图形应具有的特征
（1）反映数据分布特征和规律。

(2) 便于比较。
(3) 有对图形的描述和文字说明。

(二) 鉴别图形优劣的准则
(1) 是否有助于真实、准确洞察问题的实质。
(2) 是否提供完整的信息量,是否使复杂的观点简单化。

二、统计表的设计

(一) 统计表的概念和结构

1. 概念

统计表是表现统计资料的一种形式。把经过大量调查得来的统计资料,经过汇总整理以后,按照一定的规定和要求填列在相应的表格内,就形成了统计表。

2. 结构

从形式上看,统计表由四部分构成。①总标题:即表的名称,概括统计表中要说明的内容。②横行标题:即各组的名称,反映总体各组成部分。③纵栏标题:即分组标志或指标的名称,说明纵行所列各项资料的内容。④指标数值:也称数字资料,是统计表的具体内容。

从内容上看,统计表由主词和宾词两个部分组成。主词是统计表所说明的总体、总体的各组或各组的名称。宾词是用于说明主词的各种指标。通常,统计表的主词列在表的左方,宾词列在表的右方,如表 3 - 10 所示。

表 3 - 10 中国国民经济和社会发展比例和效益的部分指标

指标	2012 年	2013 年
人口出生率(‰)	12.1	12.08
人口自然增长率(‰)	4.95	4.92
城镇登记失业率(%)	4.1	4.05
基尼系数(%)	0.474	0.473
农村贫困发生率(%)	10.2	8.5
高中升学率(%)	87	87.6
用水普及率(%)	93.2	94.3

资料来源:《中国统计年鉴 2014》。

(二) 统计表的种类

统计表按照总体分组情况不同,可分为简单表、分组表和复合表三类。

1. 简单表

简单表是主词未经过任何分组,反映总体各单位的名称或按时间顺序简单排列,或同时反映以上内容的统计表,如表 3 - 11 所示。

表 3-11　某年某公司所属两企业合格品数量

厂　别	合格品数量
甲厂	50 000
乙厂	70 000
合计	120 000

2. 分组表

分组表是主词按照一定标志分组的统计表，也称简单分组表。它可以揭示出现象不同类型的特征，研究现象的内部结构，如表 3-12 所示。

表 3-12　某年某地区工业净产值和职工人数

项　目		净产值（万元）	职工人数（人）
国有	大	97 500	13 800
	中	86 000	45 000
	小	42 000	10 050
集体	大	73 000	7 500
	中	52 000	10 400
	小	44 000	4 500

3. 复合表

复合表是主词按照两个或两个以上的标志层叠分组所形成的统计表，如表 3-13 所示。

表 3-13　不同企业工人的工龄情况

企业按所有制形式分组	企业数	工人总数	性　别		工　龄				
			男	女	1年以下	1—3年	3—5年	5—10年	10年以上
甲	(1)	(2)	(3)	(4)	(5)	(6)	(7)	(8)	(9)
国有经济	6	5 200	3 000	2 200	1 050	1 540	1 320	880	410
集体经济	8	8 300	5 600	2 700	1 230	2 350	2 860	1 060	800
合计	14	13 500	8 600	4 900	2 280	3 890	4 180	1 940	1 210

（三）统计表的编制

编制统计表时应注意如下事项：

（1）统计表线条的绘制。通常统计表的上下端以粗线绘制，表内纵横线以细线绘制。表格的左右不封口。

（2）合计栏的设置。统计表各纵列需要合计时，可将合计列放在最后一行，各横行若需要合计时，可将合计列放在最前一栏或最后一栏。

（3）标题的设计。统计表的标题要简明扼要，以简练而准确的文字来概括统计资料的内容、资料所属时间、空间等。

（4）计量单位的列法。数据一般要有计量单位，若只有一种计量单位时，可在表右上端注明。如果计量单位不统一，可专设计量单位栏。

（5）数值的书写。数值应该填写整齐，对准位数。当数值太小可忽略不计时，写上"0"；当缺失某项资料时，用符号"…"表示；不应有数值时，用符号"－"表示。

（6）注解或资料来源的标明。一般而言，统计表下方应该注明资料来源，以便查考。

小　结

本章主要通过频数分析表对定量数据和品质数据进行整理，用统计表和统计图对数据进行显示。同时还结合了在软件 Excel 和 SPSS 中整理和显示数据的操作过程演示，让读者能够很快熟悉这些方法的应用。下面还给出了思考题和练习题，通过这些，力争让读者把统计数据整理和显示的方法真正运用到自己的学习、工作和生活中。

思 考 题

1. 为什么要对数据进行整理？
2. 用统计数据整理与显示的方法，解决一个自己专业中的实际问题。
3. 洛伦兹曲线的思想是什么？可推广应用的内容还有哪些？

练 习 题

一、单项选择题

1. 某连续变量分为五组，第一组为 40～50，第二组为 50～60，第三组为 60～70，第四组为 70～80，第五组为 80 以上，依照规定（　　）。

　　A. 50 在第一组，70 在第四组　　　　B. 60 在第二组，80 在第五组
　　C. 70 在第四组，80 在第五组　　　　D. 80 在第四组，50 在第二组

2. 在等距分组中,有一组的向上累计次数是90,这表示总体中( )。
   A. 低于该组变量值的有90个　　　B. 高于该组变量值的有90个
   C. 等于该组变量值的有90个　　　D. 等于和低于该组变量值的有90个
3. 某等距分组数据中,最后一组为开口组,下限为500,相邻组的组中值为480,则最后一组的组中值为( )。
   A. 520　　　B. 510　　　C. 500　　　D. 540

二、简答题

1. 数值型数据的统计分组方法有哪些?并简要解释每一种方法。
2. 有一组数据如下:42,46,52,56,59,63,65,67,69,70,71,72,75,78,80,82,91。现对其进行分组,40～50为第一组,50～60为第二组,60～70为第三组,70～80为第四组,80～90为第五组。
   (1) 70应属于第几组?为什么?
   (2) 91没有被分入组内,这是违背了什么原则?

三、实操题

1. 已知40名消费者购买了5种不同品牌的手机,分别是:A. 诺基亚　B. 摩托罗拉　C. 波导　D. 联想　E. 西门子。他们购买的情况如表3-14所示。

表3-14　40名消费者购买5种不同品牌手机情况

A	B	D	B	E	B	C	D
B	A	B	E	D	A	A	E
C	E	E	D	B	E	B	A
D	A	C	A	A	D	E	B
E	C	A	C	C	B	A	C

要求:
(1) 指出上面的数据属于什么类型?
(2) 用Excel制作一张频数分布表。
(3) 绘制一张条形图和一张饼图,反映各类别的频数分布情况。
2. 已知40份用于购买汽车的个人贷款数据如表3-15所示。

表3-15　购买汽车的个人贷款数据

930	500	456	1 903	1 240	1 280	2 500	585	1 640	1 217
2 235	957	2 111	445	783	872	638	3 005	346	1 590
1 000	554	974	660	720	1 377	861	328	1 423	747
256	1 190	340	1 620	1 525	1 200	1 780	935	592	655

要求:
(1) 按500以下,500~1 000,1 000~1 500,1 500~2 000,2 000以上进行分组,计算出各组频数、频率和累计频率。
(2) 画出频率直方图和累计频率图。
(3) 给出分布类型。

3. 表3-16列出了最近某年5月15日美国30个城市的最高温度。要求做出最高温度数据的茎叶图。

表3-16 某年5月15日美国30个城市的最高温度

单位:℃

城市	最高温度	城市	最高温度	城市	最高温度
奥尔巴尼	39	哥伦比亚	47	洛杉矶	61
安克雷奇	47	哥伦布	40	孟菲斯	51
亚特兰大	46	达拉斯	68	纽约城	50
奥斯丁	66	底特律	43	菲克尼斯	74
伯明翰	42	韦恩堡	37	波特兰	53
波士顿	53	格林贝	38	旧金山	55
布法罗	44	檀香山	65	西雅图	50
卡斯帕	51	休斯敦	67	锡拉拉丘兹	43
芝加哥	45	杰克逊维尔	50	坦帕	59
克利夫兰	40	拉斯维加斯	63	华盛顿	52

第四章　数据分布的数字特征

【典型案例 5】

二战后日本实现了 3σ 质量管理，成为世界第二经济强国

二战时期日本鬼子受人憎恨，二战末期广岛和长崎被原子弹炸成一片废墟。当时的日本资源匮乏、产品质量差，为了生存，日本人提出了问题：如何提高日本产品质量？

美国的质量管理学家戴明和日本质量管理学者以产品质量为指标，通过抽样调查收集数据，运用统计学方法将这些数据整理为可用的直方图，从而发现了规律："当产品质量数据服从以产品质量最佳位置 m 为中心的正态分布 $N[m,(T/3)^2]$ 时，产品质量高"（T 为产品质量规格上限），由此做出更好的决策，即：要求操作者在产品质量合格范围 $(m-T, m+T)$ 内，把产品质量数据尽量向最佳位置 m 靠近，标准：$X \sim N[m, (\frac{T}{3})^2]$。这使产品质量得到大幅提高，其产品畅销海内外。20世纪70年代末，日本成为世界第二经济强国（见相关参考文献）。

质量管理学家戴明

日本质量管理学者使用的就是 3σ 质量管理原则，该理念的杰出代表是戴明和田口玄一，3σ 质量管理原则是20世纪质量改进的第三次大贡献。该学科现已发展到了 6σ 质量管理原则。

质量管理学家田口玄一

在 3σ 质量管理中，产品质量数据的平均数与产品质量的最佳位置 m 重合，产品质量数据的标准差与 $T/3$ 重合，产品质量数据的分布形态与正态分布重合。

平均数是数据集中趋势的测度、标准差是数据离散程度的测度、分布形态系数是数据分布形态的测度，集中趋势、离散程度和分布形态分别反映了数据分布特征的不同侧面。本章重点讨论数据分布特征值的计算方法、特点及其应用场合。

数据分布的特征值如果是根据样本数据计算得到的，则称为样本统计量；如果是根据总体数据计算得到的，则称为总体参数。在统计推断中，样本统计量主要用于估计总体参数。

第一节 数据集中趋势的测定

一、集中趋势测定问题的提出和作用

（一）问题的提出

对于总体中的个体数据，有时会呈现出在一定范围内以某个数据为中心上下波动的分布特征，即数据具有分布的中心，我们称此中心为数据分布的集中趋势。例如，同一条件下的产品质量数据多数情况下会以它的某个质量值为中心上下摆动；某地区的一群人中，人们的身高一般情况下会以某个身高值为中心上下波动。

测定这种集中趋势是研究数据分布特征最基本的一项内容。那么，该如何测定一组数据的集中趋势呢？

（二）集中趋势测定的作用

集中趋势的大小主要通过集中趋势指标来测定。按照计算方法的不同，集中趋势指标分为两大类：一类是数值平均数，即根据全部数据计算得到的代表值，主要有算术平均数、调和平均数和几何平均数；另一类是位置代表值，即根据数据所处的位置或与特定位置相关的部分数据来确定的代表值，主要有众数和中位数。集中趋势指标的作用主要表现在以下几个方面。

（1）可以反映一组数据分布的中心或一般水平。例如，想要了解一个人某个月的手机费用情况，我们不可能也不必将这个月每天的手机费用一一列举出来，只需计算出该月手机的平均费用就可以了解这个人该月手机费用分布的中心，从而反映这个人该月手机费用的一般水平。

（2）可以反映同一现象在不同时间或空间条件下的发展趋势或差异。由于集中趋势指标可以消除因数据不同而带来的总体数量差异，所以它可以使不同规模的总体水平变得可比。

（3）可以用来分析现象之间的依存关系。例如，在其他条件一定的情况下，将种植某种农作物的田地按照施肥量的大小进行分组，在这种分组的基础上，分别计算出各组该农作物的平均亩产量，由此可以分析现象之间的依存关系。

（4）样本平均数是统计推断的一个重要统计量。样本平均数在统计学中具有重要的地位，它是进行统计分析和统计推断的基础。关于这部分的内容可参照本书第五章和第六章。

二、集中趋势的测定

集中趋势的大小主要通过集中趋势指标来测定，下面我们将介绍几种常用的集中趋势指标的计算方法。

(一) 数值平均数

数值平均数在统计中具有重要地位，是集中趋势最主要也是最常用的度量值；同时，它也是进行统计分析和统计推断的基础。它只适用于定量数据（数值型数据），而不适用于定性数据。如果一组数据是样本数据，则平均数用 $\bar{x}$ 表示；如果是总体数据，则平均数用 μ 表示。由于数据具有不同的表现形式，数值平均数有不同的计算方法。

1. 算术平均数

（1）简单算术平均数。

简单算术平均数是根据未分组数据（原始数据）计算的一种平均数，它是将每项原始数据相加后再除以原始数据的项数得到的。

设一组样本数据为：$X_1, X_2, \cdots, X_n$①（n 为样本容量），则根据样本数据计算的简单算术平均数 $\bar{X}$ 的计算公式为：

$$\bar{X} = \frac{\sum_{i=1}^{n} X_i}{n} \tag{4.1}$$

在计算总体平均数时，公式也基本相同。设总体数据为 $x_1, x_2, \cdots, x_N$（N 为总体容量），则根据总体数据计算的简单算术平均数 μ 的计算公式为：

$$\mu = \frac{\sum_{i=1}^{N} x_i}{N} \tag{4.2}$$

【例 4-1】某外企进行职工外语水平的综合测试，其中 11 名新职工的测试成绩如下（单位：分）：68，73，66，76，86，74，61，92，65，90，85。

计算 11 名新职工外语测试的平均分数。

解：因为是样本数据资料，利用公式（4.1）计算出 11 名新员工外语测试的平均分数为：

$$\bar{x} = \frac{68 + 73 + 66 + \cdots + 85}{11} = \frac{836}{11} = 76(\text{分})。$$

（2）加权算术平均数。

加权算术平均数是根据分组数据计算的一种平均数。设样本数据被分为 k 组，每组变量值为 X_i，各组的频数为 f_i，则根据样本数据计算的加权算术平均数 $\bar{X}$ 的计算公式为：

$$\bar{X} = \frac{\sum_{i=1}^{k} X_i f_i}{\sum_{i=1}^{k} f_i} = \sum_{i=1}^{k} X_i \cdot \frac{f_i}{\sum_{i=1}^{k} f_i} \tag{4.3}$$

---

① 本章计算公式中字母大小写的含义不同，$X_1, \cdots, X_n$ 代表一组随机样本，$x_1, \cdots, x_n$ 代表样本观测值，根据随机样本计算的统计量均用大写字母表示，根据样本观测值计算的统计量的数值均用小写字母表示。

在实际计算中，X_i 有两种情况：在单变量值分组中，X_i 代表第 i 组的变量值（$i=1$，2，…，k）；在组距式分组中，X_i 代表第 i 组的组中值（$i=1$，2，…，k）。$\dfrac{f_i}{\sum f_i}$ 称作权重，可用来衡量 X_i 对 $\overline{X}$ 影响程度的大小。如果 $\dfrac{f_i}{\sum f_i}$ 大（小），则 X_i 对 $\overline{X}$ 影响作用大（小）。由公式（4.3）可见，加权算术平均数不仅受到各个变量值 X_i 大小的影响，也受到权数（权重）$\dfrac{f_i}{\sum f_i}$ 大小的影响。

如果总体数据被分为 K 组，各组的频数为 f_i，则根据总体数据计算的加权算术平均数 μ 的计算公式为：

$$\mu = \dfrac{\sum\limits_{i=1}^{K} x_i f_i}{\sum\limits_{i=1}^{K} f_i} = \sum\limits_{i=1}^{K} x_i \cdot \dfrac{f_i}{\sum\limits_{i=1}^{K} f_i} \tag{4.4}$$

其中：在单变量值分组中，x_i 代表各组的变量值；在组距式分组中，x_i 代表各组的组中值。

【例 4-2】从某工厂随机抽取 150 名工人，日产某种零件情况如表 4-1 所示，试计算该工厂工人的平均日产零件数。

表 4-1 日产某种零件统计表

按日产量分组（件）x_i	人数（人）f_i
10	2
11	4
12	14
13	54
14	40
15	36
总计	150

解：该工厂工人的平均日产零件数为：

$$\overline{x} = \dfrac{\sum\limits_{i=1}^{k} x_i f_i}{\sum\limits_{i=1}^{k} f_i} = \dfrac{10\times2 + 11\times4 + 12\times14 + 13\times54 + 14\times40 + 15\times36}{2+4+14+54+40+36}$$

$$= \dfrac{2\,034}{150} = 13.56(件)。$$

在例 4-2 中假设一种特殊的情况：当各组变量值的权数都相等（$f_1 = f_2 = \cdots = f_k$）时，那么此时的加权算术平均数就转化成了简单算术平均数。也就是说，简单算术平均数是加权算术平均数的一个特例。

【例 4-3】在某地随机抽取了 120 家企业，经调查得到它们的利润额数据如表 4-2 所示。试计算这 120 家企业的平均利润额。

表 4-2　某地区 120 家企业利润额数据的平均数计算表

按利润分组（万元）	组中值 x_i	企业数（个）f_i	$x_i f_i$
500 以下	400	21	8 400
500～700	600	30	18 000
700～900	800	40	32 000
900～1 100	1 000	18	18 000
1 100 以上	1 200	11	13 200
总计	—	120	89 600

解：该地区 120 家企业利润额的平均数为：

$$\bar{x} = \frac{\sum_{i=1}^{k} x_i f_i}{\sum_{i=1}^{k} f_i} = \frac{400 \times 21 + 600 \times 30 + 800 \times 40 + 1\,000 \times 18 + 1\,200 \times 11}{21 + 30 + 40 + 18 + 11}$$

$$\approx 746.67（万元）。$$

需要注意的是：由组距数列计算的加权算术平均数，是用各组的组中值代表各组的实际数据，而这是以数据在各组内分布均匀为假设前提的。如果符合这一假设前提，则计算的平均数比较准确，否则会存在一定程度的误差。通常情况下由于实际数据与这一假设前提不完全符合，所以由组距数列计算的加权算术平均数一般为近似值。

在以上三个例子中，计算平均数的变量值都是绝对数的形式，那么当变量值是相对数时，平均数怎么计算呢？我们通过下面的例子说明。

【例 4-4】某公司有四个品牌的数码相机，销售资料如表 4-3 所示，试计算该公司四种相机的平均销售利润率。

表 4-3　四个品牌数码相机的利润率和销售额资料

相机品牌	利润率（%）	销售额（万元）
A	5.2	300
B	6.5	200
C	8.4	150
D	11.1	100
合计	—	750

解：要计算该公司这四个品牌相机的平均销售利润率，显然不能采用简单算术平均数。因为，这四个品牌相机的销售额不同，利润率也不同，而这两者对平均销售利润率都有影响，因此，应该按照利润率的实际含义计算平均数。即：

$$\because 利润率 = \frac{利润额}{销售额}, \therefore 平均利润率 = \frac{利润总额}{销售总额}$$

$$\therefore \bar{x} = \frac{\sum_{i=1}^{k} x_i f_i}{\sum_{i=1}^{k} f_i} = \frac{5.2\% \times 300 + 6.5\% \times 200 + 8.4\% \times 150 + 11.1\% \times 100}{300 + 200 + 150 + 100} \approx 6.97\%$$

从上例可以看出，求相对数的平均数，就是求总体的相对数。

下面再介绍加权算术平均数的一种变形形式——调和平均数。计算调和平均数时需要结合现象之间的内在关系，也就是说调和平均数通常是具有一定经济意义的一个指标，它不是反映一般水平的抽象数字，所以它不是一种独立的平均数，它只是加权算术平均数的一种变形。我们通过例子来说明。

【例4-5】药材市场对某种药材的销售情况进行抽查，得到相关资料如表4-4所示，试计算该种药材的平均销售价格。

表4-4 某种药材的销售资料

药材等级	单价（元/斤）x_i	销售额（万元）$x_i f_i$
一等品	200	250
二等品	150	175
三等品	100	100
合计	—	525

解：$\bar{x}_H = \dfrac{\sum x_i f_i}{\sum \dfrac{x_i f_i}{x_i}} = \dfrac{250 + 175 + 100}{\dfrac{250}{200} + \dfrac{175}{150} + \dfrac{100}{100}} = \dfrac{525}{3.417} \approx 153.64(元/斤)$

若设 $M_i = X_i f_i$，则上述计算公式还可以表示为：

$$\bar{X}_H = \frac{\sum X_i f_i}{\sum \dfrac{X_i f_i}{X_i}} = \frac{\sum M_i}{\sum \dfrac{M_i}{X_i}} \tag{4.5}$$

公式（4.5）就是加权调和平均数的计算公式。特别地，当各组数据的 M_i 都相等时，则加权调和平均数就转变成了简单调和平均数。

调和平均数与加权算术平均数的关系是：若已知各组变量值 X_i 和其标志总量 M_i（$M_i = X_i f_i$），而缺乏 f_i 的数据时，则加权算术平均数可通过变形得到 $f_i \left(f_i = \dfrac{M_i}{X_i} \right)$ 后，再以 M_i 为权数的调和平均数形式来计算。

根据总体数据计算的调和平均数 μ_H 的公式与样本数据的基本相同,这里不再赘述。

(3) 算术平均数的主要数学性质。

①各变量值与其算术平均数的离差之和等于零。

即:

$$\sum_{i=1}^{n}(x_i - \bar{x}) = 0 \text{ 或 } \sum_{i=1}^{k}(x_i - \bar{x})f_i = 0$$

这一性质说明,算术平均数可使数据误差相互抵消,从而反映出事物必然性的数量特征。因此,算术平均数是一组数据的重心所在。

②各变量值与其算术平均数的离差平方和最小。

即:

$$\sum_{i=1}^{n}(x_i - \bar{x})^2 = \min \text{ 或 } \sum(x_i - \bar{x})^2 f_i = \min$$

这一性质说明,如果用离差平方和来测度各变量值与其分布中心的差异大小,算术平均数可以看作是数据一般水平或中心位置的最理想代表值,因为与其他代表值相比,算术平均数与所有变量值的距离最近。

2. 几何平均数

几何平均数是 n 个变量值连乘积的 n 次方根,根据数据形式的不同,有简单几何平均数和加权几何平均数两种。

(1) 简单几何平均数。

当样本数据中各变量值出现的次数都相同时,用简单几何平均数公式。

$$\bar{X}_G = \sqrt[n]{X_1 \cdot X_2 \cdot \cdots \cdot X_n} = \sqrt[n]{\prod_{i=1}^{n} X_i} \tag{4.6}$$

式中　n——样本容量;

　　　$\prod$——连乘符号。

(2) 加权几何平均数。

当样本数据中各变量值 X_i 出现的次数不全相同时,用加权几何平均数公式。

$$\bar{X}_G = \sqrt[(f_1+f_2+\cdots+f_k)]{X_1^{f_1} \cdot X_2^{f_2} \cdot \cdots \cdot X_k^{f_k}} = \sqrt[\sum_{i=1}^{k}f_i]{\prod_{i=1}^{k} X_i^{f_i}} \tag{4.7}$$

式中　f_i——各变量值出现的次数;

　　　k——组数;

　　　$\prod$——连乘符号。

如果获得一组总体数据,根据总体数据计算的几何平均数 μ_G 的公式与样本数据的基本相同。

需要注意的是,当数据中出现零或负值时不宜计算几何平均数。几何平均数是一种适用于特殊数据的平均数,当变量值之间具有连乘积关系时,采用几何平均数更加合理。现实生活中,几何平均数主要用于计算现象的平均增长率和平均发展速度

(详见本书第九章)。

【例4-6】某工厂生产的甲产品需要经过四个连续作业的生产车间加工,已知四个连续作业的生产车间加工的合格率分别为:90%、95%、98%和99%。试计算该工厂这四个车间加工的平均合格率。

解:合格率是一种比率的形式,它属于相对数。本题中要想求出平均合格率,首先要计算出总合格率,而这四个车间加工的总合格率恰好等于每个车间合格率的连乘积,即具有环比的性质。那么对于计算这种相对数的平均数时,我们需要用几何平均数的公式:

$$\bar{x}_G = \sqrt[4]{0.9 \times 0.95 \times 0.98 \times 0.99} = \sqrt[4]{0.829\ 521} \approx 95.43\%$$

(二)众数、中位数

1. 众数

众数(Mode)是一组数据中出现频数最多的变量值,通常用符号 M_0 表示。众数代表的是最常见、最普遍的情况。众数不仅可以度量定性数据的集中趋势,还可以度量定量数据的集中趋势。因此,在日常生活和管理决策中有着十分广泛的应用。

【例4-7】去年某服装店的服装款式销售情况如表4-5所示,试计算"服装款式"的众数。

表4-5 不同款式服装的购买人数

服装款式	购买人数(人)
休闲装	6
工作装	10
家居装	11
时尚装	8
淑女装	15
总计	50

解:该服装店购买人数最多的服装是"淑女装",因此"服装款式"的众数为"淑女装",即 M_0 = "淑女装"。

众数不仅可以描述定性数据的集中趋势,还可以描述定量数据的集中趋势。

【例4-8】一家电器商场的10名销售人员在去年12月份销售的电器数量如下(单位:台):31、27、24、30、30、32、32、34、30、35。试问:电器销售量的众数是多少?

解:由于该组数据中30出现的次数最多,所以30台就是电器销售量的众数。

众数是位置型平均数,它只与位置有关,不受数据中极端值的影响。从分布形态上看,众数是一组数据分布最高峰点所对应的变量值。如果数据的分布有一个最高峰点,则该组数据有一个众数;如果有两个或多个最高峰点,则有两个或多个众数;如果没有最高峰点，则众数不存在。也就是说众数具有不唯一性，具体见图4-1。

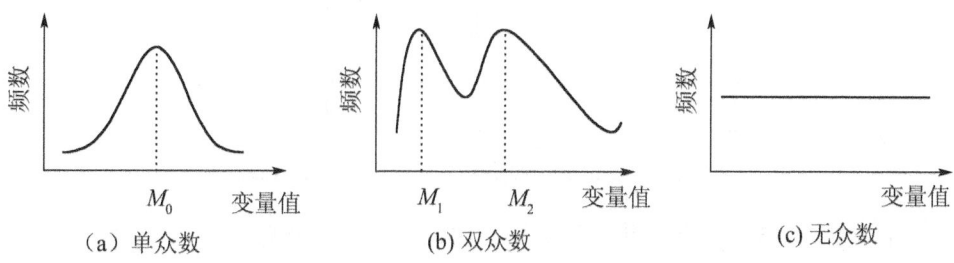

图4-1 众数示意图

求解众数一般按照定义或者直接观察分布图形即可，但在组距式分组数据中众数的求解较为复杂。在组距式分组数据中，先要确定众数所在组。如果是等距分组数据，那么次数最多的那一组就为众数组；如果是不等距分组数据，那么组密度（组频率/组距）最大的组就为众数组。之后再按照下列公式求解众数的近似值：

下限公式：

$$M_0 \approx L + \frac{f_m - f_{m-1}}{(f_m - f_{m-1}) + (f_m - f_{m+1})} \times d \tag{4.8}$$

或上限公式：

$$M_0 \approx U - \frac{f_m - f_{m+1}}{(f_m - f_{m-1}) + (f_m - f_{m+1})} \times d \tag{4.9}$$

式中 L——众数所在组的下限；

U——众数所在组的上限；

f_m——众数所在组的次数；

f_{m-1}——众数所在组前一组的次数；

f_{m+1}——众数所在组后一组的次数；

d——众数所在组的组距。

由公式（4.8）或公式（4.9）计算出的众数结果是一样的，选择两者中任意一个均可。另外，当众数组前后两组的次数相同时，此时的众数即为众数组的组中值。

【例4-9】根据表4-6中的数据计算某地区人均月收入的众数。

表4-6 某地区的人均月收入调查数据

人均月收入（元）	人数（人）
2 000元以下	23
2 000～4 000元	43
4 000～6 000元	68
6 000～8 000元	32

续表

人均月收入（元）	人数（人）
8 000～10 000 元	24
10 000 元以上	10
合计	200

解：由表 4-6 可知是等距分组数据，次数最多的组为第三组，即众数位于 4 000～6 000 元之间，具体数值为：

按下限公式计算众数：

$$M_0 \approx 4\,000 + \frac{68-43}{(68-43)+(68-32)} \times 2\,000 = 4\,819.67(元)$$

或按上限公式计算众数：

$$M_0 \approx 6\,000 - \frac{68-32}{(68-43)+(68-32)} \times 2\,000 = 4\,819.67(元)$$

2. 中位数

中位数（Median）是一组数据从小到大排序后位于中间位置上的变量值，通常用符号 M_e 表示。由于中位数和位置有关，所以中位数只能度量定序数据和定量数据的集中趋势。

中位数是将全部数据等分成了两部分，每部分各包含 50% 的数据。当中位数的数值在一组数据中没有重复出现时，则表明有 50% 的数据比中位数小，另外 50% 的数据比中位数大。

求解中位数包括 3 个步骤。首先，对数据进行排序；其次，确定中位数的位置，即中间位置；最后，计算中间位置上的变量值。无论是从数据值小的一方或是数据值大的一方开始计数，中位数都是一样的。分别从两端计数，可以很好地检验找到的中位数是否正确。

原始数据中位数的位置计算公式为：

$$中位数位置 = \frac{n+1}{2} \quad (n\,为数据个数) \tag{4.10}$$

下面，分几种情况来说明中位数的求解过程。

(1) 数据个数 n 为奇数。

设一组数据为 $x_1, x_2, \cdots, x_n$，按从小到大排序后为 $x_{(1)}, x_{(2)}, \cdots, x_{(n)}$，则中位数为：

$$M_e = x_{\left(\frac{n+1}{2}\right)} \tag{4.11}$$

【例 4-10】某外企进行职工外语水平综合测试，其中 11 名新职工的测试成绩如下（单位：分）：68、73、66、76、86、74、61、89、65、90、85。要求计算新员工外语测试得分的中位数。

解：首先将该组数据由小到大排序：

61　65　66　68　73　74　76　85　86　89　90

之后按照公式（4.3）确定中位数的位置：

中位数位置 $= \dfrac{n+1}{2} = \dfrac{11+1}{2} = 6$（排序后的"第6个"位置）

最后求解中间位置上的变量值，即中位数

$$M_e = x_{(6)} = 74（分）$$

（2）数据个数 n 为偶数。

设一组数据为 $x_1, x_2, \cdots, x_n$，按从小到大排序后为 $x_{(1)}, x_{(2)}, \cdots, x_{(n)}$，则中位数为：

$$M_e = \dfrac{1}{2}\left\{ x_{\left(\frac{n}{2}\right)} + x_{\left(\frac{n}{2}+1\right)} \right\} \tag{4.12}$$

【例4-11】假如【例4-10】中又来了一个新员工，她的外语测试得分为98分，试计算这组新数据的中位数。

解：首先将该组数据由小到大排序：

61　65　66　68　73　74　76　85　86　89　90　98

之后按照公式4.10确定中位数的位置：

中位数位置 $= \dfrac{n+1}{2} = \dfrac{12+1}{2} = 6.5$（排序后的"第6.5个"位置）

最后求解中间位置上的变量值，即中位数：

$$M_e = \dfrac{1}{2}\left\{ x_{(6)} + x_{(7)} \right\} = \dfrac{74+76}{2} = 75（分）$$

（3）分组数据中位数的求解。

对于分组数据而言，不需要再另外排序，直接按照分组的顺序即可。

分组数据中位数的位置计算公式：

$$\text{中位数位置} = \dfrac{\sum f_i}{2} \quad (\sum f_i \text{ 为各组次数和})$$

求出中位数位置后，按照下列公式求解中位数的近似值。

下限公式：

$$M_e \approx L + \dfrac{\dfrac{\sum f_i}{2} - S_{m-1}}{f_m} \times d \tag{4.13}$$

或上限公式：

$$M_e \approx U - \dfrac{\dfrac{\sum f_i}{2} - S_{m+1}}{f_m} \times d \tag{4.14}$$

式中　L——中位数所在组的下限；

　　　U——中位数所在组的上限；

　　　f_m——中位数所在组的频数；

$\sum f_i$ —— 数据的总个数；
S_{m-1} —— 中位数所在组前一组的向上累计次数；
S_{m+1} —— 中位数所在组后一组的向下累计次数；
d —— 中位数所在组的组距。

需要注意的是，如果数据在各组内呈现均匀分布，按照公式（4.13）或公式（4.14）计算的中位数与实际结果还是很接近的，但如果分布不均匀，则误差比较大。两个公式的计算结果相同，在实际运用中，选择两者中任意一个均可。

【例 4-12】计算某商场销售人员月销售冰箱的中位数。销售数据如表 4-7 所示。

表 4-7 销售人员月销售冰箱数据

按月销售冰箱分组（台）	销售人员数（人）
25	3
30	10
32	14
34	27
36	18
39	8
合计	80

解：中位数的位置：$\dfrac{\sum f_i}{2} = \dfrac{80}{2} = 40$，即中位数在累计频数为 40 的那一组内（向上累计或向下累计均可得出），则 $M_e = 34$(台)。

【例 4-13】根据表 4-6 中的数据计算某地区的人均月收入的中位数。

解：中位数位置 = $\dfrac{\sum f_i}{2} = \dfrac{200}{2} = 100$，由累计次数可知中位数位于第三组，即中位数位于 4 000 ~ 6 000 之间，具体数值计算如下：

按照下限公式计算中位数：

$$M_e \approx 4\,000 + \dfrac{100 - 66}{68} \times 2\,000 = 5\,000(元)$$

或按照上限公式计算中位数：

$$M_e \approx 6\,000 - \dfrac{100 - 66}{68} \times 2\,000 = 5\,000(元)$$

中位数是位置型度量值，其特点是不受极端值的影响，因此具有稳定性。在实际运用中，当数据的偏斜程度较大时，用中位数作为该组数据一般水平的代表值比较合适。

实际上，测度数据在特定位置上的水平，还可以计算四分位数、十分位数和百分位数等，我们统称它们为分位数①。它们的计算原理与中位数相似，都是先将数据由小到大排序，然后确定各个位置，最后计算相应位置上的数值。而中位数最为特殊，因为它也可以看成是第2个四分位数，第5个十分位数和第50个百分位数。

由于四分位数是比较常见的位置型度量值，所以下面介绍一下四分位数的计算方法。

四分位数是一组数据由小到大排序后位于25%位置和75%位置处的变量值。也就是说，四分位数是用3个点将数据4等分，其中每部分包含25%的数据，而中间的四分位数就是中位数，故中位数是一种特殊的四分位数。但我们通常所说的四分位数是指处在25%位置处的变量值（即下四分位数，用符号Q_L表示）和处在75%位置处的变量值（即上四分位数，用符号Q_U表示）。上、下四分位数之间恰好包含了50%的数据。

根据定义，求解四分位数②的步骤是：先排序，然后确定上、下四分位数的位置，最后求相应位置上的变量值。

对于四分位数的位置，一种最常见的计算方法为定义法，即：

$$Q_L \text{位置} = \frac{n}{4} \qquad Q_U \text{位置} = \frac{3n}{4} \quad (n \text{为数据的总个数})$$

【例4–14】某城市随机抽取了11个家庭，调查到每个家庭的人均月消费支出数据如下（单位：元）。2 500、2 750、3 000、3 500、2 850、1 960、2 250、2 000、3 750、2 600、1 500。试根据定义法计算11个家庭人均月消费支出的四分位数。

解：首先对数据排序：

1 500　1 960　2 000　2 250　2 500　2 600　2 750　2 850　3 000　3 500　3 750

然后计算下四分位数Q_L的位置和上四分位数Q_U的位置：

$$Q_L \text{位置} = \frac{n}{4} = \frac{11}{4} = 2.75 \qquad Q_U \text{位置} = \frac{3n}{4} = \frac{3 \times 11}{4} = 8.25$$

最后求下四分位数Q_L和上四分位数Q_U：

Q_L位置 = 2.75，说明Q_L位于第2个数值（1 960）和第3个数值（2 000）之间0.75的位置，故有：

$$Q_L = 1\ 960 + 0.75 \times (2\ 000 - 1\ 960) = 1\ 990(\text{元})$$

Q_U位置 = 8.25，说明Q_U位于第8个数值（2 850）和第9个数值（3 000）之间0.25的位置，故有：

$$Q_U = 2\ 850 + 0.25 \times (3\ 000 - 2\ 850) = 2\ 887.5(\text{元})$$

计算结果表明，大概有一半家庭的人均月消费支出在1 990元到2 887.5元之间。

---

① 有关分位数的内容可以参考（美）丹尼斯 J. 斯威尼，托马斯 A. 威廉斯，戴维 R. 安德森著，雷平等译：《商务与经济统计》（精要版），北京，机械工业出版社，2012。

② 对于分组数据四分位数的计算可参阅相关统计学教材。

将中位数、四分位数和其他指标结合起来,可以更详细地反映数据的分布特征。而箱线图正是这样一种图形,它是由一组数据的最小值($x_{\min}$)、最大值($x_{\max}$)、下四分位数(Q_L)、上四分位数(Q_U)和中位数(M_e)这五个特征值构成。通过箱线图,可以观察数据的中心位置、离散程度及对称性等特征,同时还可以进行多组数据分布的比较。例如,根据【例4-14】中的数据,可算出下四分位数为1 990元,上四分位数为2 887.5元,中位数为2 600元,极小值为1 500元,极大值为3 750元。则可绘制箱线图①,如图4-2所示。

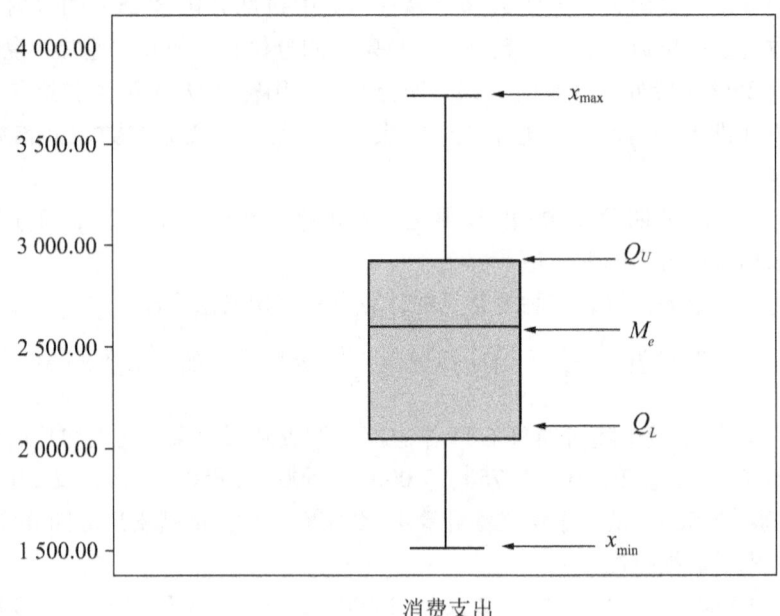

图4-2 11个家庭人均月消费支出的箱线图

(三) 算术平均数、众数和中位数三者的比较与应用

算术平均数和众数、中位数都可以作为数据一般水平的代表值,但它们有不同的特点和应用场合。

(1) 算术平均数属于数值型平均数,它是根据全部数据计算的集中趋势测度值,因此可以综合反映全部数据的信息。众数和中位数属于位置型代表值,它们是根据数据分布的特定位置确定的集中趋势测度值,因此不能概括全部数据的信息。

(2) 算术平均数和中位数在任何一组数据中都存在且具有唯一性,但不一定所有数据都存在众数,且众数也不具有唯一性。一般情况下,在数据量充分大并且具有明显集中趋势时,计算众数才有意义。

---

① 箱线图是显示原始数据分布特征的图形,它的绘制可通过SPSS等统计软件来完成。Excel不能绘制箱线图。

（3）算术平均数只适用于定量数据，中位数适用于定序数据和定量数据，众数则适用于所有数据，即定性数据和定量数据均可。

（4）算术平均数受极端值的影响，因此，当数据偏斜程度较大时（数据中存在极端值），不宜用算术平均数来代表数据的一般水平。众数和中位数不受极端值的影响，因此，当数据偏斜程度较大时，可以考虑用众数或中位数来代表数据的一般水平。

（5）算术平均数可以估计或推断总体特征值。而众数和中位数不宜用作此类推断。

算术平均数和众数、中位数的数量关系主要取决于数据分布的偏斜程度（非对称程度）。对于呈现单峰分布的数据，如果数据的分布是对称的，则众数 M_0、中位数 M_e 和算术平均数 $\bar{x}$ 三者相等，即 $M_0 = M_e = \bar{x}$；如果数据呈现左偏（负偏）分布，说明数据中存在极小值，极小值的存在会使算术平均数偏向较小的一方，极小值的大小虽然不影响中位数，但极小值所占项数会通过顺序对中间位置产生影响，从而略使中位数偏小，而众数则完全不受极小值大小和位置的影响，因此一般情况下，三者的关系表现为 $\bar{x} < M_e < M_0$。反之亦然。如果数据呈现右偏（正偏）分布，则一般有 $M_0 < M_e < \bar{x}$。三者的关系见图 4-3。

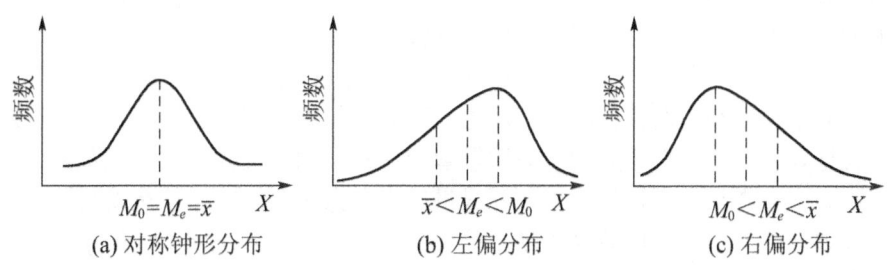

图 4-3 众数、中位数和算术平均数的关系

英国著名的统计学家 K. Pearson（皮尔逊）提出一个经验公式，即：当数据呈现偏斜但偏斜程度不大时，算术平均数、众数和中位数之间存在一定的比例关系，即 $\bar{x} - M_0 \approx 3(\bar{x} - M_e)$，这个公式也称作皮尔逊经验公式。

【例 4-15】某车间生产的一批零件中，直径大于 402 厘米的占一半，直径为 400 厘米的零件最多，并且已知零件直径的分布呈现略微倾斜，试估计平均数，并判定其偏斜方向。

解：由题目可知，$M_e = 402$，$M_0 = 400$，又因为零件直径的分布呈现略微倾斜，所以根据皮尔逊经验公式得：

$$\bar{x} - 400 \approx 3(\bar{x} - 402) \Rightarrow \bar{x} = 403$$

所以可知 $M_0 < M_e < \bar{x}$，即该批零件直径的分布为右偏分布。

第二节 数据离散程度的测定

一、离散程度测定问题的提出和作用

（一）离散程度测定问题的提出

数据的离散程度是数据分布特征的另一个重要方面。集中趋势反映了一组数据聚集的中心所在，但由于差异性是数据的本质属性，所以各个数据与中心值之间总是存在不同程度的偏离。我们把数据偏离其中心值的程度叫作离散程度，离散程度可以说明数据之间差异程度的大小，那么如何测定一组数据的离散程度呢？

（二）离散程度测定的作用

离散程度的大小主要通过变异指标来测定。变异指标的主要作用有：

（1）可以衡量平均指标的代表程度。变异指标值越大，则数据的离散程度越大、数据越分散，继而平均指标的代表性就越弱；反之，则数据的离散程度越小、数据越集中，继而平均指标的代表性就越强。例如，已知某地区甲乙两个同类型企业职工的月平均工资均为 4 500 元，但是甲企业职工工资的变异指标大于乙企业，因此，乙企业职工的平均工资比甲企业职工的平均工资代表性更强。

（2）可以反映数据的稳定性和均衡性。变异指标值越大，则数据的离散程度越大，数据的稳定性和均衡性就越差；反之，则数据的离散程度越小，数据的稳定性和均衡性就越好。这一点在企业的产品质量管理以及金融风险控制领域起着至关重要的作用。例如，在产品的质量管理中，要尽量使得产品的某一项参数在以其均值为中心的一个合理范围内波动，即波动程度不能太大，这样才可以有效地控制产品的质量。像典型案例 5 中提到的 3σ 质量管理原则就是这个原理。在金融领域中，一项投资的风险通常用该项投资的预期收益率来测量。预期收益率的变化越小，投资风险就越低；预期收益率的变化越大，投资风险就越高。而预期收益率变化程度的大小就是这里说的离散程度的测定。显然，预期收益率的变化越小，说明它的离散程度越小，因此预期收益率的稳定性就越好，风险越低。

二、离散程度的测定

测度数据离散程度采用的变异指标，根据数据类型的不同主要有异众比率、极差、四分位差、平均差、方差和标准差，此外，还有标准分数和离散系数等相对度量值。

（一）异众比率

异众比率是指非众数组的频数占总频数的比重，通常用 V_r 表示，计算公式为：

$$V_r = \frac{\sum f_i - f_m}{\sum f_i} = 1 - \frac{f_m}{\sum f_i} \tag{4.15}$$

式中　f_m——众数组的频数；

　　　$\sum f_i$——变量值的总频数。

异众比率可用来衡量众数的代表性强弱，即异众比率越大，众数的代表性越弱；反之，众数的代表性就越强。异众比率主要用于测度定性数据的离散程度，也可以用于定量数据离散程度的测度。

【例 4 – 16】某大学有经济管理学院、法学院、文学院、医学院和理学院共五个学院。从各学院随机抽取部分同学来调查他们每个月的消费支出情况。具体抽样为：经济管理学院 1 200 名，法学院 800 名，文学院 480 名，医学院 320 名，理学院 200 名，共 3000 名学生。试计算异众比率。

解：根据公式得异众比率为：

$$V_r = \frac{3\,000 - 1\,200}{3\,000} = 1 - \frac{1\,200}{3\,000} = 60\%$$

这说明在所调查的 3 000 人当中，除了众数所在的经济管理学院外的其他学院的人数占 60%，异众比率较大，因此，用"经济管理学院"作为学院的代表，其代表性不是很好。

【例 4 – 17】假如同样是对例 4 – 16 中的问题进行调查，该调查在五个学院里共抽取了 3 500 名学生，其中在经济管理学院抽取的学生最多，为 1900 名，试计算异众比率。

解：

$$V_r = \frac{3\,500 - 1\,900}{3\,500} = 1 - \frac{1\,900}{3\,500} \approx 46\%$$

两个例子中，众数均为经济管理学院，但后一次调查得到的异众比率要小于前一次调查的异众比率，这说明后一次调查的"经济管理学院"的代表性要强于前一次调查的代表性。即，异众比率可以比较不同组数据的众数的代表性强弱。

（二）极差、四分位差和平均差

测度定量数据离散程度的变异指标主要有极差、四分位差和平均差。

1. 极差

极差（Range）又称全距，是一组数据中最大值与最小值之差，通常用 R 表示。计算公式为：

$$R = \max(x_i) - \min(x_i) \tag{4.16}$$

对于原始数据和单变量值分组数据，$\max(x_i)$ 为一组数据的最大值；$\min(x_i)$ 为一组数据的最小值。对于组距式分组数据，极差就用变量值最大组的上限减去变量值最小组的下限近似得到。例如在例 4 – 1 中，某外企新员工外语测试得分的极差为：

$$R = 92 - 61 = 31 \text{（分）}$$

再如例 4 – 3 中，根据开口组的组距以相邻组的组距为准的原则，第一组"500以下"可以看成是 300～500，最后一组"1 100 以上"可以看成是 1 100～1 300。所以该组数据的极差近似为：
$$R = 1\,300 - 300 = 1\,000\text{（元）}$$

极差是变异指标中最简单的测度值，其优点是计算简便、易于掌握。但因极差只利用了一组数据两端的信息，容易受到极端值的影响。因此，极差不能全面、稳定地反映数据的离散程度。

2. 四分位差

四分位差是指上四分位数（Q_U）与下四分位数（Q_L）之差，因此也叫内距或四分间距，通常用 Q_d 表示。计算公式为：

$$Q_d = Q_U - Q_L \tag{4.17}$$

例 4 – 14 中的四分位差为：

$$Q_d = Q_U - Q_L = 2\,887.5 - 1\,990 = 897.5\text{（元）}$$

四分位差是上四分位数与下四分位数之差，由于上、下四分位数之间包含了中间 50% 的数据，所以四分位差只能说明中间 50% 数据的离散程度。四分位差越大，说明中间 50% 数据的离散程度越大；四分位差越小，说明中间 50% 数据的离散程度越小。由于中位数恰好位于上、下四分位数中间，所以在一定程度上，四分位差也可以反映中位数的代表性好坏。四分位差是一种顺序统计量，因为其计算是依据数据顺序进行的，因此四分位差适用于测度定序数据和定量数据的离散程度。

与极差相比，四分位差避免了极端值的干扰，因此它要比极差稳定。但缺点是，四分位差只能说明中间 50% 数据的离散程度，它依然不能充分反映全部数据的离散状况。

3. 平均差

平均差（Mean Deviation）是各变量值与其算术平均数离差绝对值的平均数。因此，也称平均绝对离差，通常用 *M.D* 表示。

根据掌握资料的不同，平均差的计算有两种情况。

（1）简单平均法。

如果数据是未分组数据（原始数据），则用简单算术平均法来计算平均差：

$$M.D = \frac{\sum_{i=1}^{n} |x_i - \bar{x}|}{n} \quad (n \text{ 为变量值个数}) \tag{4.18}$$

（2）加权平均法。

如果数据是分组数据，采用加权算术平均法来计算平均差：

$$M.D = \frac{\sum_{i=1}^{k} |x_i - \bar{x}| f_i}{\sum_{i=1}^{k} f_i} \quad (k \text{ 为组数}) \tag{4.19}$$

【例 4 – 18】根据表 4 – 2 中的数据求该地区 120 家企业利润额的平均差。

解：根据表 4 – 2 中的数据计算出的平均利润额为 746.67 万元，所以平均差的计算过程如表 4-8 所示。

表 4-8　120 家企业利润额的平均差计算表

按利润分组（万元）	组中值 x_i	企业数（个）f_i	$|x_i - \bar{x}|$	$|x_i - \bar{x}|f_i$
500 以下	400	21	346.67	7 280.07
500～700	600	30	146.67	4 400.1
700～900	800	40	53.33	2 133.2
900～1 100	1 000	18	253.33	4 559.94
1 100 以上	1 200	11	453.33	4 986.63
总计	—	120		23 359.94

根据平均差的计算公式得：

$$M.D = \frac{\sum_{i=1}^{k}|x_i - \bar{x}|f_i}{\sum_{i=1}^{k}f_i} = \frac{23\ 359.94}{120} \approx 194.67(万元)$$

计算结果表明，120 家企业的利润额与其均值的平均差异为 194.67 万元。

平均差的意义明确，计算结果易于理解，并且利用了全部数据信息，反映了每个变量值与平均数的平均差异程度。因此，与极差、四分位差相比，平均差能全面地反映一组数据的离散状况。平均差越大，则数据的离散程度越大；平均差越小，则数据的离散程度越小。为了避免正负离差相互抵消的现象发生，平均差在计算时给离差加上了绝对值。但由于绝对值的出现给计算带来了很大的不便，因此在实际应用中受到很大的限制。

（三）方差和标准差

方差是各变量值与其算术平均数离差平方的算术平均数。标准差就是方差的平方根。

与极差、四分位差和平均差相比，方差、标准差一方面利用了全部数据的信息，能较好地反映数据的离散程度；另一方面，方差、标准差是通过平方的方法消去离差的正负号，就更便于数学上的处理。因此，方差、标准差是统计中最重要的变异指标，同时也是实际中应用最广泛的离散程度测度值。

下面针对不同的数据来介绍方差和标准差的计算公式。

1. 总体数据

（1）未分组数据（原始数据）的总体方差和总体标准差的计算公式分别为：

$$\sigma^2 = \frac{\sum_{i=1}^{N}(x_i - \mu)^2}{N}, \quad \sigma = \sqrt{\frac{\sum_{i=1}^{N}(x_i - \mu)^2}{N}} \quad (N 为总体容量) \quad (4.20)$$

（2）分组数据的总体方差和总体标准差的计算公式分别为：

$$\sigma^2 = \frac{\sum_{i=1}^{K}(x_i-\mu)^2 f_i}{\sum_{i=1}^{K} f_i}, \quad \sigma = \sqrt{\frac{\sum_{i=1}^{K}(x_i-\mu)^2 f_i}{\sum_{i=1}^{K} f_i}} \quad (K 为组数) \quad (4.21)$$

式中　σ^2 ——总体方差；

σ ——总体标准差；

μ ——总体算术平均数（均值）；

f_i ——第 i 组频数（$i=1, 2, \cdots, k$）；

$\sum_{i=1}^{K} f_i$ ——各组频数总和，总体容量。

2. 样本数据

（1）未分组数据（原始数据）的样本方差和样本标准差[①]的计算公式分别为：

$$S^2 = \frac{\sum_{i=1}^{n}(X_i-\overline{X})^2}{n-1}, \quad S = \sqrt{\frac{\sum_{i=1}^{n}(X_i-\overline{X})^2}{n-1}} \quad (n 为样本容量) \quad (4.22)$$

（2）分组数据的样本方差和样本标准差的计算公式分别为：

$$S^2 = \frac{\sum_{i=1}^{k}(X_i-\overline{X})^2 f_i}{\sum_{i=1}^{k} f_i - 1}, \quad S = \sqrt{\frac{\sum_{i=1}^{k}(X_i-\overline{X})^2 f_i}{\sum_{i=1}^{k} f_i - 1}} \quad (k 为组数) \quad (4.23)$$

式中　S^2 ——样本方差；

S ——样本标准差；

$\overline{X}$ ——样本算术平均数；

f_i ——第 i 组频数（$i=1, 2, \cdots, k$）；

$\sum_{i=1}^{k} f_i$ ——各组频数总和，即样本容量。

【例 4-19】在表 4-2 的基础上，试计算该地区 120 家企业利润额的方差和标准差。

解：由于表 4-2 中的数据为样本数据，并且以分组形式出现，所以方差和标准差应该按照公式（4.23）计算，计算过程如表 4-9 所示。

---

① 样本方差的分母之所以是 $n-1$ 而不是 n，这是因为要满足统计推断中估计量无偏性的要求。关于这部分的内容请参阅本书第六章。

表 4-9 120 家企业利润额的方差计算表

按利润分组（万元）	组中值 x_i	企业数（个）f_i	$(x_i - \bar{x})^2$	$(x_i - \bar{x})^2 f_i$
500 以下	400	21	120 180.088 9	2 523 781.867
500～700	600	30	21 512.088 9	645 362.667
700～900	800	40	2 844.088 9	113 763.556
900～1 100	1 000	18	64 176.088 9	1 155 169.6
1 100 以上	1 200	11	205 508.088 9	2 260 588.978
总计	—	120	—	6 698 666.668

根据分组数据样本方差的计算公式（4.23）得：

$$s^2 = \frac{\sum_{i=1}^{k}(x_i - \bar{x})^2 f_i}{\sum_{i=1}^{k} f_i - 1} = \frac{6\,698\,666.668}{119} \approx 56\,291.32$$

样本标准差为：

$$s = \sqrt{\frac{\sum_{i=1}^{k}(x_i - \bar{x})^2 f_i}{\sum_{i=1}^{k} f_i - 1}} = \sqrt{56\,291.32} \approx 237.26(万元)$$

方差或标准差是测度各变量值与其均值的平均性差异程度。方差和标准差的数值越大，则数据的离散程度越大；方差和标准差的数值越小，则数据的离散程度越小，即数据越集中。

由于方差和标准差是根据全部数据计算的，并且公式中不含有绝对值符号，因此与极差、四分位差和平均差相比，方差不仅可以全面反映数据的离散程度，而且计算易于处理，因此方差和标准差在实际中应用更加广泛。因为标准差的单位与原变量值相同，并且实际意义明显，所以方差与标准差相比，人们更多使用的是标准差。

（四）标准化值

对于不同均值和标准差的不同组别数据，往往不能直接比较。在正式比较前，需要将它们转化成相同尺度或规格的数据，即进行标准化处理，标准化后的结果称之为标准化值或标准分数。标准化值就是用各变量值与其平均数的离差再除以其标准差。标准化值一般用 Z 来表示，因此也称作 Z 分数。标准化值的计算公式为：

$$Z_i = \frac{X_i - \bar{X}}{S} \tag{4.24}$$

标准化值给出了一组数据中各数值的相对位置。当 Z_i 为正值时，表明变量值高于其平均数 Z_i 倍的标准差；当 Z_i 为负值时，表明变量值低于其平均数 Z_i 倍的标准差。

标准化值具有均值为0，标准差为1的特征。实际上，标准化值只是将原来的数据进行了线性变换，它并没有改变一个数值在该组数据中的位置，也没有改变该组数据的分布形状，而只是将该组数据变为均值为0，标准差为1。

【例4-20】 一家外企在招收新员工时，需要通过两项综合能力测试。在甲测试中，其平均分为200分，标准差为25分；在乙测试中，其平均分为500分，标准差是50分。已知一位应试者在甲项测试中得了225分，在乙项测试中得了540分。问应试者在哪一项测试中的成绩更理想？

解：很明显，两项测试中的平均分和标准差都不相同，所以不能将这名应试者在两项测试中的分数直接进行对比。在比较前，我们需要将两次测试的成绩标准化，之后用标准化值比较更加客观、合理。

根据公式（4.24），该名应试者在甲项测试中的标准化值为：

$$z_{甲} = \frac{x_i - \bar{x}}{s} = \frac{225 - 200}{25} = 1$$

这个结果表明应试者在甲项测试中的分数比其平均分高出1个标准差；在乙项测试中的标准化值为：

$$z_{乙} = \frac{x_i - \bar{x}}{s} = \frac{540 - 500}{50} = 0.8$$

这个结果表明应试者在乙项测试中的分数比其平均分高出0.8个标准差。因为 $z_{甲} > z_{乙}$，即应试者在甲项测试中的相对位置更高一些，所以该名应试者在甲项测试中的成绩更为理想。

在平均数、标准差以及标准化值的基础上，介绍一个与它们相关的内容——经验法则。

严格来说，经验法则是指在正态分布或近似正态分布的条件下，大约有68%的数据位于均值±1个标准差范围内；大约有95%的数据位于均值±2个标准差范围内；大约有99%的数据位于均值±3个标准差范围内。因为均值±3个标准差范围已经包含了绝大部分的数据，一旦有数据落在此范围外，我们称之为异常值或离群点。这就是统计中3σ质量管理法则的原理。上述关系见图4-4。

但在实际问题中，数据不一定都严格服从正态分布[①]，因此，人们将条件放宽到对称的钟形分布。即只要数据是对称的钟形分布，则依然满足上述结论。只不过，对称的钟形分布不一定都是严格的正态分布，因此这个结论只是一个经验的或近似的法则。

---

① 关于正态分布的详细内容详见本书第五章。

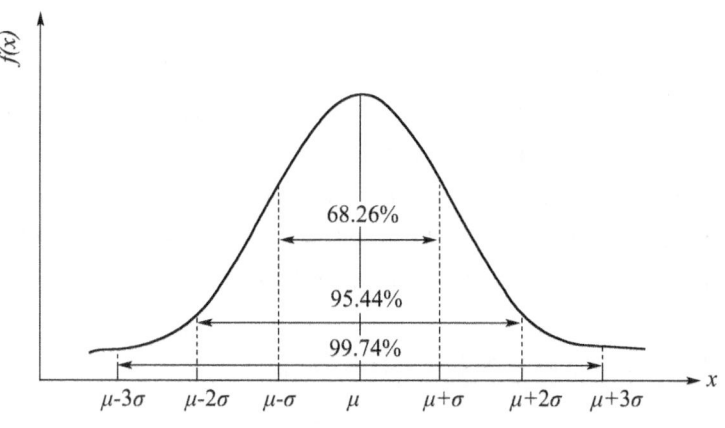

图 4-4 经验法则示意图

经验法则主要适用于对称的钟形分布数据，对于非对称的钟形分布数据则可以利用切比雪夫定理来判断有多少的数据落入以均值为中心的 k 个标准差范围内。切比雪夫定理对于任意分布形态的数据均可使用。根据切比雪夫定理的内容，至少有 $\left(1-\dfrac{1}{k^2}\right)$ 的数据落入均值左右 k 个标准差范围内，其中 k 为大于 1 的任意数，当然也可以为小数。下面我们以 $k=2$，3，4 为例来说明该不等式的含义。

$k=2$ 说明至少有 75% 的数据落入均值 ±2 个标准差范围内；

$k=3$ 说明至少有 89% 的数据落入均值 ±3 个标准差范围内；

$k=4$ 说明至少有 94% 的数据落入均值 ±4 个标准差范围内。

【例 4-21】某班学生英语课程的平均成绩是 80 分，标准差是 5 分。已知该班学生英语的考试分数为对称的钟形分布，问：英语成绩在 70～90 分之间的学生大约有多少？

解：因为是对称的钟形分布，并且区间 70～90 分对应的是均值 ±2 个标准差范围，所以根据经验法则知：大约有 95% 的学生的英语成绩落在 70～90 分范围内。

【例 4-22】在某公司进行的综合水平测试中，新员工的平均得分是 75 分，标准差是 5 分。假定新员工得分的分布未知，问：得分在 60～90 分的新员工至少有多少？

解：因为员工得分的分布未知，所以可用切比雪夫定理。因区间 60～90 分对应的是均值 ±3 个标准差范围，所以可知：至少有 89% 的新员工的得分落入 60～90 分范围内。

（五）离散系数

极差、四分位差、平均差、方差和标准差都是测度数据离散程度的绝对值。因为其数值大小一方面受到原变量值本身水平高低的影响，即变量值水平越高，其值就越大；变量值水平越低，其值就越小；另一方面，这些测度离散程度的绝对值与原变量值的计量单位相同,采用不同计量单位的变量值其离散程度是不同的,因此,不可以直接比较。这就意味着,对于变量值水平不同或计量单位不同的组别的数据,是不可以直接用测度离散程度的绝对值去比较其离散程度的。为了消除变量值水平高低和计量单位不同对离散程度的影响,需要计算离散系数。

离散系数也称变异系数(Coefficient of Variation),它是极差、四分位差、平均差或标准差等变异指标与其算术平均数对比的结果。常用的离散系数有极差系数、平均差系数和标准差系数,但应用最广泛的是标准差系数。下面给出标准差系数的计算公式。

(1)对于总体数据,其标准差系数计算公式为:

$$v_\sigma = \frac{\sigma}{\mu} \qquad (4.25)$$

式中 v_σ ——总体标准差系数;
σ ——总体标准差;
μ ——总体算术平均数。

(2)对于样本数据,其标准差系数计算公式为:

$$v_S = \frac{S}{\overline{X}} \qquad (4.26)$$

式中 v_S ——样本标准差系数;
S ——样本标准差;
$\overline{X}$ ——样本算术平均数。

离散系数是测度数据离散程度的相对统计量,它可以比较不同组别数据离散程度的大小。离散系数大的,数据的离散程度就大;离散系数小的,则数据的离散程度就小。

【例4-23】对甲乙两个班级同学的统计学成绩进行抽样调查,结果如表4-10所示。问哪一个班级统计学成绩的差异大?

表4-10 甲乙两个班级10名同学统计学的考试成绩

班级	考试成绩									
甲班	55	62	73	80	78	85	90	66	50	67
乙班	60	65	58	77	88	70	91	58	75	86

解:因为两个班级统计学的平均分不同,所以不可以直接比较两者的标准差,我们需要计算两个班级统计学分数的标准差系数。由于这两组数据均为样本数据,所以根据公式(4.1)和公式(4.22)得:

$$\overline{x}_{甲} = \frac{\sum x_i}{n} = 70.6, \qquad s_{甲} = \sqrt{\frac{\sum(x_i - \overline{x})^2}{n-1}} \approx 12.95$$

第四章 数据分布的数字特征

$$\bar{x}_乙 = \frac{\sum x_i}{n} = 72.8 , \quad s_乙 = \sqrt{\frac{\sum (x_i - \bar{x})^2}{n-1}} \approx 12.60$$

然后根据公式（4.26）计算样本标准差系数：

$$v_{s_甲} = \frac{s_甲}{\bar{x}_甲} = \frac{12.95}{70.6} \approx 0.18 , \quad v_{s_乙} = \frac{s_乙}{\bar{x}_乙} = \frac{12.60}{72.8} \approx 0.17$$

因为 $v_{s_甲} > v_{s_乙}$，所以可知甲班统计学分数的差异大于乙班。

第三节 数据分布形态的测定

一、分布形态测定问题的提出和作用

（一）分布形态测定问题的提出

集中趋势和离散程度是数据分布特征的两个重要方面，但要想全面了解数据的分布特点，我们还需要知道数据的分布形态，那么如何测定一组数据的分布形态呢？

（二）分布形态测定的作用

通过分布形态的测定，可以了解数据分布形状的对称性以及分布曲线的扁平陡峭程度。将这两点结合，还可以判断数据是否接近正态分布。

二、矩

数据分布形态的测度主要是通过偏度系数和峰度系数来实现的。而矩又是计算偏度系数和峰度系数的基础，为此，先引入矩的相关概念。

在统计中，矩[①]可分为总体矩和样本矩，下面我们主要介绍样本矩。

一般来说，将一组样本 $X_1, \cdots, X_n$ 与其算术平均数 $\bar{X}$ 离差的 k 次方的平均数称为样本的 k 阶中心矩，即

$$a_k = \frac{\sum_{i=1}^{n} (X_i - \bar{X})^k f_i}{\sum_{i=1}^{n} f_i} \quad （阶数 k 是正整数） \quad (4.27)$$

式中 f_i——各组变量值的权数；

a_k——k 阶中心矩。

可以看出，二阶中心矩即样本方差。特别地，当 $\bar{X} = 0$，即以原点为中心计算数据的离差时，上式就变成了 k 阶原点矩。也就是说，k 阶原点矩是数据 k 次方的平均数，其一般公式为

---

① 有关矩的详细内容可参阅《概率论与数理统计》等相关书籍。

$$b_k = \frac{\sum_{i=1}^{n} X_i^k f_i}{\sum_{i=1}^{n} f_i} \quad （阶数 k 是正整数） \tag{4.28}$$

式中　f_i——各组变量值的权数；

　　　b_k——k 阶原点矩。

可以看出，一阶原点矩即样本算术平均数。

由上可知，算术平均数（即一阶原点矩）和方差（即二阶中心矩）是 k 阶矩的特例，那么，当阶数 $k=3$ 和 4 时，矩则可以反映数据的分布形态特征。因此，矩可以看成是一系列反映数据分布特征指标的统称。

三、偏度

偏度（Skewness）是指数据分布的不对称程度或偏斜程度。偏度也就是对数据非对称程度和方向的测度。用来测定偏度的统计量是偏度系数，记作 SK。

对于分组数据，偏度系数[①]的计算公式为：

$$SK = \frac{a_3}{S^3} \tag{4.29}$$

式中　a_3——样本的 3 阶中心矩；

　　　S^3——样本标准差的 3 次方。

如果分布是对称的，则 $SK=0$；如果 $SK \neq 0$，说明分布是非对称的，特别地：当 $SK>0$ 时，表明分布是右偏分布（正偏分布）；当 $SK<0$ 时，表明分布是左偏分布（负偏分布）。SK 的绝对值越大，表明数据的偏斜程度越大。

当然，对于偏度的测定还有其他的方法[②]，这里不再赘述。

四、峰度

峰度（kurtosis）是指数据分布曲线的陡峭或扁平的程度。对峰度的度量通常以正态分布曲线为标准进行比较。如果比正态分布曲线更加尖峭，称为尖峰分布；如果比正态分布曲线更加扁平，称为扁平分布。测度峰度的统计量是峰度系数，记作 K。

对于分组数据，峰度系数[③]的计算公式为：

$$K = \frac{a_4}{S^4} - 3 \tag{4.30}$$

式中　a_4——样本的 4 阶中心矩；

　　　S^4——样本标准差的 4 次方。

通过峰度系数的数值可以说明分布的扁平或陡峭程度，当 $K=0$ 时，说明分布为

---

① 对于原始数据偏度系数的计算可借助 Excel 软件来完成，具体操作见附录。
② 测定偏度的其他方法可参见曾五一、肖红叶：《统计学导论》，北京：科学出版社，2007。
③ 对于原始数据峰度系数的计算可借助 Excel 软件来完成，具体操作见附录。

正态分布；当 $K>0$ 时，说明曲线是尖峰（陡峭）分布，即数据比正态分布更集中，K 的数值越大，则曲线越陡峭；当 $K<0$ 时，说明曲线是扁平分布，即数据比正态分布更分散，K 的数值越小，则曲线越平缓。当然，无论是尖峰分布还是扁平分布，都是通过与正态分布的峰度系数对比来实现的。尖峰分布与扁平分布见图 4-5。

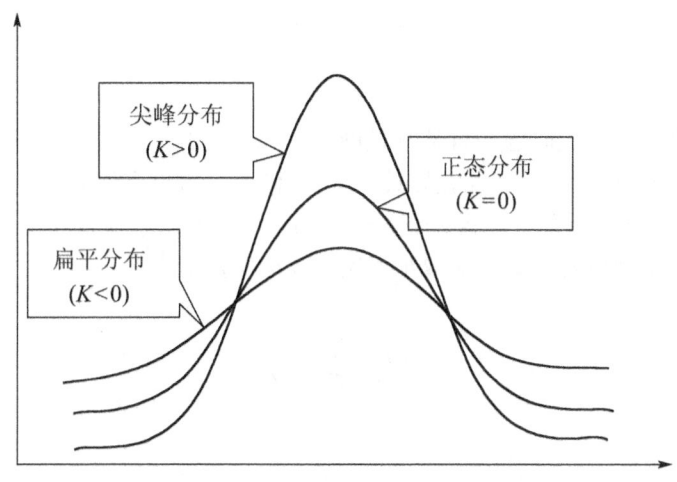

图 4-5 尖峰分布与扁平分布

【例 4-24】在表 4-2 的基础上试计算 120 家企业利润额的偏度系数和峰度系数。

解：$SK = \dfrac{a_3}{s^3} = \dfrac{\dfrac{353\ 924\ 124.4}{120}}{(237.26)^3} = \dfrac{2\ 949\ 367.704}{13\ 355\ 912.9} \approx 0.22$

$K = \dfrac{a_4}{s^4} - 3 = \dfrac{7\ 135\ 154\ 745}{(237.26)^4} - 3 \approx 2.25 - 3 = -0.75$

计算结果表明，$SK>0$，可知该地区 120 家企业利润额的分布为右偏分布，但因 SK 的数值比较小，所以该组数据的偏斜程度较低；$K<0$，可知该地区 120 家企业利润额的分布为扁平分布，即该组数据的分布比正态分布略平缓，又因 K 的数值较大（靠近 0），所以曲线的扁平程度不是很大。综合以上两点，该地区 120 家企业利润额的分布比较接近正态分布。

小　结

用图表展示数据，可以对数据的分布形态和特征有一个大致的了解。但要想更全面、精准地掌握数据的分布特征，还需要找到反映数据分布特征的各个代表值。对于数据分布特征的描述，我们可以从三个方面进行测度和描述：①分布的集中趋势，即反映各数据向其中心值靠拢或聚集的程度；②分布的离散程度，即反映各数据远离其中心值的程度;③分布的形态,即反映数据分布的偏斜程度和峰度。这三个方面分别反映了数据分布的不同侧面。本章主要从这三个方面分别介绍了数字特征值的计算、特点及应用场合。本章内容是统计推断部分的理论基础。

思 考 题

1. 典型案例 5 解决问题的科学家是谁?问题解决的结果如何?
2. 给出 3σ 质量管理原则的思想,其对你做人、做事有何启示?
3. 3σ 质量管理原则能拯救和强大一个国家,你能用它拯救和强大自己吗?
4. 用电饭锅做饭时,如何对放水量实现 3σ 质量管理?

练 习 题

一、单项选择题

1. 众数、中位数均可测度的数据类型是（   ）。
   A. 定类数据、定序数据   B. 定序数据、数值型数据
   C. 定类数据、数值型数据   D. 都可以
2. 对于单峰分布的数据,如果数据左偏,则众数、中位数和算术平均数的关系是（   ）。
   A. 众数 < 中位数 < 平均数   B. 众数 < 平均数 < 中位数
   C. 平均数 < 中位数 < 众数   D. 中位数 < 平均数 < 众数
3. 如果一个数据的标准分数是 -1.5,表明该数据（   ）。
   A. 比平均数高 1.5 个标准差   B. 比平均数低 1.5 个标准差
   C. 等于 1.5 倍的平均数   D. 等于 1.5 倍的标准差
4. 对某个高速路段行驶过的 1 000 辆汽车的车速进行测量后发现,平均车速是 95 公里/小时,标准差是 5 公里/小时,下列（   ）车速可以看作是异常值。
   A. 85   B. 100   C. 105   D. 120
5. 在某公司进行的英语口语测试中,新员工的平均得分是 85 分,标准差是 5 分。假设新员工得分的分布是对称的钟形分布,则得分在 70～100 分的新员工约占（   ）
   A. 75%   B. 89%   C. 95%   D. 99%
6. 如果一组数据服从正态分布,则偏态系数和峰态系数的值分别为（   ）。
   A. $SK > 0$,$K < 0$ B. $SK < 0$,$K > 0$
   C. $SK = 0$,$K = 0$ D. $SK = 0$,$K > 0$

二、判断题

1. 一组数据的众数是唯一的。（　　）
2. 中位数是中间位置处的数。（　　）
3. 算术平均数与各变量值的离差之和为0。（　　）
4. 离散系数越大，表明数据的均衡性和稳定性越差。（　　）
5. 偏态系数 SK 的绝对值越大，表明数据的偏斜程度越大。（　　）

三、计算题

1. 从某电脑公司下半年的销售数据中随机抽取了30天的电脑销售量数据，如表4-11所示。

表4-11　某电脑公司30天的销售量数据

141	143	144	149	150	152	153	153	154	155
159	160	161	161	161	162	162	163	164	165
166	167	168	168	169	170	171	172	174	175

要求：

（1）计算电脑销售量的众数、中位数和平均数；
（2）计算四分位数和四分位差；
（3）计算电脑销售量的标准差；
（4）说明电脑销售量的分布特征。

2. 某管理局抽查了所属的10家企业，其产品销售数据如表4-12所示。

表4-12　10家企业产品销售数据

产品销售额（万元）	170	220	390	430	480	650	950	1 000	800	750
销售利润（万元）	8.1	12.5	18	22	26.5	40	64	69	70	52

问：

（1）比较产品销售额和销售利润的差异，你会采用什么样的统计量？为什么？
（2）产品销售额和销售利润的差异哪一个大？

3. 在某公司进行的计算机水平测试中，新员工的平均得分是85分，标准差是5分。假定新员工得分的分布是对称的，则得分在75～95分的员工有多少？如果员工得分的分布未知，则得分在75～95分的员工又有多少？

4. 已知某大学的微积分课程要开设两个学期。第一学期微积分课程的平均成绩为70分，标准差是5分；第二学期微积分课程的平均成绩为65分，标准差是10分。小明第一学期微积分考试得了80分，第二学期微积分考试得了80分，问小明在哪一个学期的微积分成绩更为理想？

5. 一家物业公司需要购买一批灯泡，小王接受了采购灯泡的任务。假如市场上有两种比较知名品牌的灯泡，他希望从中选择一种。为此，从两个供应商处各随机抽取了80个灯泡的随机样本，进行"破坏性"试验，得到灯泡寿命（单位：小时）数据，经分组后如表4-13所示。

表4-13 两种品牌灯泡寿命

灯泡寿命（小时）	供应商甲的灯泡个数	供应商乙的灯泡个数
700 以下	8	10
700～900	15	4
900～1 100	20	35
1 100～1 300	24	20
1 300～1 500	10	4
1 500 以上	3	7
合计	80	80

问：
（1）哪个供应商的灯泡具有更长的平均寿命？
（2）哪个供应商的灯泡寿命更稳定？
（3）甲乙两个供应商灯泡寿命分布的偏度系数和峰度系数分别是什么？
（4）甲乙两个供应商灯泡寿命的分布特征是什么？
（5）小王应该购买哪个供应商的灯泡？

四、案例分析题

小齐到人才市场上找工作。老板王五对他说："我们这里的报酬不错，平均薪金是每周500元。你在学徒期间每周是150元，不过很快就可以加工资。"小齐愉快地接受了这份工作。上了几天班以后，小齐发现受骗上当了。工人每周的工资才300元，平均工资怎么可能是500元呢？老板王五回答："小齐不要激动嘛。平均工资确实是500元，不信你可以自己算一算。我每周工资是2 500元，我弟弟每周1 000元，我的6个亲戚每人每周450元，11个工人每人每周300元。总共是每周9 500元，付给19个人，平均工资不就是每周500元吗？"请问：小齐为什么会上当呢？

第五章 抽样分布

【典型案例6】

如何作出是否购买一批苹果的更好决策？

俗话说"一日一苹果，医生远离我。"在众多水果中，苹果可以说是人们较喜欢的水果之一。假如现在面对一批苹果，人们如何了解它们口感的均值和差异值，以便做出是否购买这批苹果的更好决策呢？

众所周知，不可能通过将所有的苹果都咬一口品尝来解决这个问题，因为这样做苹果就全部报废了，对买卖双方都毫无益处。人们的有效做法是：从这批苹果中随机挑出几个买下，都咬一口品尝后，得出这几个苹果口感的均

一箱苹果

值和差异值，以此作为这批苹果口感的均值和差异值，从而做出是否购买这批苹果的更好决策。从统计学角度来讲，挑出的这几个苹果口感的均值和差异值就是样本平均数 $\bar{x}$ 和样本方差 s^2 的观测值，这批苹果口感的均值和差异值是总体平均数 μ 和总体方差 σ^2。

用商品质量数据的样本平均数 $\bar{x}$、样本方差 s^2 作为总体平均数 μ、总体方差 σ^2 的做法，是人们购买商品时常用的有效估计方法，其理论依据是本章要学习的内容。

第一节 抽样分布基本概念

一、样本容量和样本个数

总体是研究的所有个体构成的集合，其中的个体的数目常用 N 表示。从中随机抽取部分个体构成一个样本，构成样本的个体的数目，常用 n 表示，称为**样本容量**，也称**样本量**。例如，典型案例6中，一批苹果假定共有400个，从中抽取8个进行品尝，那么，N 等于400，而 n 等于8。显然，从中可以得到很多个样本。

从一个含有 N 个个体的总体中，随机抽取样本容量为 n 的样本，可得到很多个样本，此即**样本的个数**。典型案例6中，将400个苹果进行编号：1，2，…，400，则随机抽取的样本可能是由编号为1～8的这8个苹果构成，也可能是由编号为101～108的8个苹果构成，具体样本可用随机数表选取，样本的个数有很多，具体多少由抽样方法决定，相关内容请参阅本书第二章和介绍抽样方法的相关书籍。

二、参数和统计量

在第一章中，曾经介绍过参数和统计量的概念。**参数**是用来描述总体数量特征的，是研究者想要了解的总体的某种特征值，如总体均值 μ、总体比例 π、总体方差 σ^2 等；而**统计量**是用来描述样本数量特征的，是由样本构造的函数，如样本均值 $\overline{X}$、样本比例 p、样本方差 S^2 等。由于总体是唯一的、固定不变的，故参数往往是一个未知的常数；而样本不唯一，且一旦抽取出来，就成为已知，故统计量是随机变量，其取值随着样本的变化而改变。

抽样的目的就是要根据样本统计量去估计或推断总体参数。比如，常用样本均值 $\overline{X}$ 去推断总体均值 μ、用样本比例 p 去推断总体比例 π、用样本方差 S^2 去推断总体方差 σ^2，此种做法的理论依据就是——样本统计量的抽样分布。

三、抽样分布

统计量是随机变量，因此，统计量有概（频）率分布，**抽样分布**就是统计量的概率分布。如样本均值的概率分布、样本比例的概率分布、样本方差的概率分布等都称为抽样分布。

关于概率论的知识，这里只是引用，不作证明①。

以下将以样本均值为例说明统计量的抽样分布。

【例 5-1】 设有一个总体，含有 5 个个体：10、20、30、40、50，即 $N=5$。采取重复抽样的方式从中抽取样本容量为 2 的样本，即 $n=2$。试写出样本均值 $\overline{X}$ 的抽样分布。

解： 由于 $N=5$，$n=2$，从总体中采取重复抽样的方式抽取样本，则样本共有 $N^n = 5^2 = 25$ 个。计算出这 25 个样本的均值 $\overline{X}$，其结果如表 5-1 所示。

表 5-1 $n=2$ 时样本均值 $\overline{X}$ 的抽样及其取值情况

样本序号	样本中的个体	样本均值 $\overline{X}$	$\overline{X}$ 取值的概率
1	10, 10	10	1/25
2	10, 20	15	2/25
3	10, 30	20	3/25
4	10, 40	25	4/25
5	10, 50	30	5/25
6	20, 10	15	
7	20, 20	20	

---

① 相关内容可以参阅《概率论与数理统计》教材。

续表 5-1

样本序号	样本中的个体	样本均值 $\bar{X}$	$\bar{X}$ 取值的概率
8	20, 30	25	
9	20, 40	30	
10	20, 50	35	4/25
11	30, 10	20	
12	30, 20	25	
13	30, 30	30	
14	30, 40	35	
15	30, 50	40	3/25
16	40, 10	25	
17	40, 20	30	
18	40, 30	35	
19	40, 40	40	
20	40, 50	45	2/25
21	50, 10	30	
22	50, 20	35	
23	50, 30	40	
24	50, 40	45	
25	50, 50	50	1/25

从而,样本均值 $\bar{X}$ 的概率分布如表 5-2 所示。

表 5-2 $n=2$ 时样本均值 $\bar{X}$ 的抽样分布

$\bar{X}$	10	15	20	25	30	35	40	45	50
P	$\frac{1}{25}$	$\frac{2}{25}$	$\frac{3}{25}$	$\frac{4}{25}$	$\frac{5}{25}$	$\frac{4}{25}$	$\frac{3}{25}$	$\frac{2}{25}$	$\frac{1}{25}$

在例 5-1 中,若样本容量 $n=4$,则样本共有 $N^n=5^4=625$ 个,研究工作量将大大增加,并且例 5-1 中的总体是一个非常小的总体,现实世界中,我们面对的总体往往很大,进而样本数目将很可观,不可能将所有的样本都抽取出来,因此抽样分布实质上是一种理论分布。它可能是精确的某已知分布,也可能是以某已知分布为极限的极限分布。在统计学的抽样分布理论中,至今已求出的精确抽样分布并不多,在实际应用中,常用的是极限分布。

抽样分布理论在推断统计中具有重要的作用,它是后续参数估计和假设检验的理论依据和基础。

四、抽样分布的数字特征

(一) 样本均值的数字特征

设总体 X 的平均数为 μ,方差为 σ^2,采取重复抽样的方式,从该总体中抽取容量为 n 的样本:X_1,…,X_n,它们相互独立并且与总体同分布。根据数学期望(平均数)和方差的性质,可推出样本均值 $\overline{X}$ 的数学期望(平均数)、方差与总体的平均数、方差之间的关系为:

$$E(\overline{X}) = \mu_{\overline{X}} = \mu \qquad \sigma_{\overline{X}}^2 = \frac{\sigma^2}{n} \tag{5.1}$$

例 5-1 中样本均值的平均数

$$\mu_{\overline{X}} = 10 \times \frac{1}{25} + 15 \times \frac{2}{25} + 20 \times \frac{3}{25} + 25 \times \frac{4}{25} + 30 \times \frac{5}{25}$$

$$+ 35 \times \frac{4}{25} + 40 \times \frac{3}{25} + 45 \times \frac{2}{25} + 50 \times \frac{1}{25} = \frac{750}{25} = 30$$

而总体均值

$$\mu = \frac{1}{5} \times (10 + 20 + 30 + 40 + 50) = \frac{150}{5} = 30$$

样本均值的方差

$$\sigma_{\overline{X}}^2 = E(\overline{X}^2) - [E(\overline{X})]^2 = 1\,000 - 900 = 100$$

而总体方差

$$\sigma^2 = E(X^2) - [E(X)]^2 = 1\,100 - 900 = 200$$

又由于样本容量 $n=2$,这就验证了公式(5.1)的正确性。

由公式(5.1)可知:$\overline{X}$ 的平均数为总体平均数 μ,方差为 $\frac{\sigma^2}{n}$。随着 n 的增大,$\overline{X}$ 的方差越来越小,从而 $\overline{X}$ 的取值越来越向着 μ 靠拢,故用 $\overline{X}$ 去估计 μ 理论依据成立。

由此可见,典型案例 6 中,人们在一批苹果中随机挑选出几个尝一口后,用这几个苹果口感的均值去估计这批苹果口感的均值的做法是站得住脚的。

以上结论均建立在重复抽样情形下,若是在不重复抽样情形下,方差需要用系数 $(N-n)/(N-1)$ 进行修正,从而样本均值分布的数字特征为:

$$E(\overline{X}) = \mu_{\overline{X}} = \mu \qquad \sigma_{\overline{X}}^2 = \frac{\sigma^2}{n} \cdot \frac{N-n}{N-1} \tag{5.2}$$

由此:用 $\overline{X}$ 去估计 μ 理论依据同样成立。

(二) 样本比例的数字特征

设随机变量 $X \sim B(1, \pi)$,即两点分布[①],其数学期望(平均数)为 $E(X) = \pi$,

[①] 两点分布相关内容请参阅《概率论与数理统计》教材。

方差为 $D(X) = \pi(1-\pi)$。

比例，即总体（或样本）中具有某种属性的个体数与全部个体数之比，总体比例记为 π。现有一总体，服从两点分布，采取重复抽样的方式从中抽取容量为 n 的样本：X_1，…，X_n，它们相互独立并且与总体同分布。X_1，…，X_n 中变量值 1 出现次数记为 n_1（$0 \leq n_1 \leq n$），那么变量值 1 出现次数所占的比例为 n_1/n，即为样本比例 p。比如，从某校随机抽取一个班级，共 n 人，其中女生人数为 n_1，样本比例为 $p = n_1/n$。总体比例类似，只是所针对的对象由样本变为总体而已。

根据数学期望（平均数）和方差的性质，可推出样本比例 p 的数学期望（平均数）、方差与总体的平均数、方差之间的关系：

$$E(p) = \mu_p = \pi \qquad \sigma_p^2 = \frac{\pi(1-\pi)}{n} \tag{5.3}$$

由公式（5.3）可知，p 的平均数为总体平均数（即总体比例 π），方差为 $\pi(1-\pi)/n$，随着 n 的增大，p 的方差越来越小，从而 p 的取值越来越向着 π 靠拢，故用 p 去估计 π 理论依据成立。

以上结论均建立在重复抽样情形下，若是在不重复抽样情形下，当样本容量很大时，方差需要用系数 $(N-n)/(N-1)$ 来修正，从而样本比例分布的数字特征为：

$$E(p) = \mu_p = \pi \qquad \sigma_p^2 = \frac{\pi(1-\pi)}{n} \cdot \frac{N-n}{N-1} \tag{5.4}$$

由此：用 p 去估计 π 理论依据同样成立。

（三）样本方差的数字特征

设总体 X 的方差为 σ^2，采取重复抽样的方式，从该总体中抽取容量为 n 的样本：X_1，…，X_n，它们相互独立并且与总体同分布。根据数学期望（平均数）和方差的性质，可推出样本方差 S^2 的数学期望（平均数）、方差与总体的方差之间的关系为：

$$E(S^2) = \sigma^2 \qquad \sigma_{S^2}^2 = \frac{2\sigma^4}{n-1} \tag{5.5}$$

由公式（5.5）可知：样本方差 S^2 的平均数为总体方差 σ^2，方差为 $\frac{2\sigma^4}{n-1}$，随着 n 的增大，S^2 的方差越来越小，从而 S^2 的取值越来越向着 σ^2 靠拢，故用 S^2 去估计 σ^2 理论依据成立。

由此可见，典型案例 6 中，人们在一批苹果中随机挑选出几个尝一口后，用这几个苹果口感的差异值去估计这批苹果口感的差异值的做法是站得住脚的。

以上结论均建立在重复抽样情形下，若是在不重复抽样情形下，方差需要用系数 $(N-n)/(N-1)$ 来修正，从而样本方差分布的数字特征为：

$$E(S^2) = \sigma^2 \qquad \sigma_{S^2}^2 = \frac{2\sigma^4}{n-1} \cdot \frac{N-n}{N-1} \tag{5.6}$$

由此：用 S^2 去估计 σ^2 理论依据同样成立。

（四）标准误

统计量抽样分布的标准差，称为统计量的**标准误**，也称标准误差。标准误可用于说明抽样误差的大小。抽样误差是指由抽样的随机性引起的样本结果与总体的真实值之间的差异,它描述的是所有样本可能的结果与总体真值之间的平均性差异。

样本均值的方差为 $\sigma_{\overline{X}}^2$,故标准误为 $\sigma_{\overline{X}}$。当总体标准差 σ 未知时,可用样本标准差 S 代替,此时得到的标准误称为估计标准误。

样本比例的方差为 σ_p^2,故标准误为 σ_p。当总体比例 π 未知时,可用样本比例 p 代替,此时得到的标准误称为估计标准误。

样本方差的方差为 $\sigma_{S^2}^2$,故标准误为 σ_{S^2}。当总体标准差 σ 未知时,可用样本标准差 S 代替,此时得到的标准误称为估计标准误。

第二节 几个常见的抽样分布

抽样分布即统计量的概率分布。本节将分别对样本均值、样本比例以及样本方差的抽样分布作详细的讨论。

如无特别说明,本章中的抽样方式均指重复抽样。

一、样本均值 $\overline{X}$ 的抽样分布

样本均值 $\overline{X}$ 的抽样分布就是采取重复抽样的方式,选取容量为 n 的所有样本,由样本均值 $\overline{X}$ 的所有可能的取值形成的概率分布。它是推断总体均值 μ 的理论基础。

以下分两种情况来讨论样本均值 $\overline{X}$ 的抽样分布类型。

(一)总体服从正态分布

根据**正态分布**的**再生定理**:若总体变量 X 服从正态分布,且总体平均数为 μ,方差为 σ^2,从这个总体中抽取容量为 n 的样本,则样本均值 $\overline{X}$ 也服从正态分布 $N\left(\mu, \dfrac{\sigma^2}{n}\right)$。

正态分布:随机变量 X 的概率密度函数为:

$$f(x) = \frac{1}{\sqrt{2\pi}\sigma} e^{-\frac{(x-\mu)^2}{2\sigma^2}} \qquad -\infty < x < +\infty \qquad (5.7)$$

其中,μ 和 σ 都是常数,且 $\sigma > 0$,则称 X 服从参数为 μ 和 σ 的正态分布,记作 $X \sim N(\mu, \sigma^2)$。其概率密度函数的图见图 5-1。

正态分布的概率密度曲线是一条中间高、两头低、呈对称形态的钟形曲线。正态分布的两个参数 μ 决定曲线的中心位置,σ 决定曲线的陡缓和宽窄形态。当 σ 恒定时,μ 愈大,则曲线沿 X 轴愈向右平行移动;反之,μ 愈小,曲线沿 X 轴愈向左平行移动。当 μ 恒定时,σ 越大,X 的取值越分散,曲线越平坦;σ 越小,X 的取值越集中,曲线越陡峭。

正态分布的数字特征为:随机变量 X 的数学期望(总体平均数)$E(X) = \mu$,方差 $D(X) = \sigma^2$,σ 即为标准差。

特别地，当参数 $\mu=0$，$\sigma=1$ 时，这样的正态分布为标准正态分布，记为 $N(0,1)$，其概率密度函数为

$$\varphi(x) = \frac{1}{\sqrt{2\pi}} e^{-\frac{x^2}{2}} \quad (-\infty < x < +\infty)$$

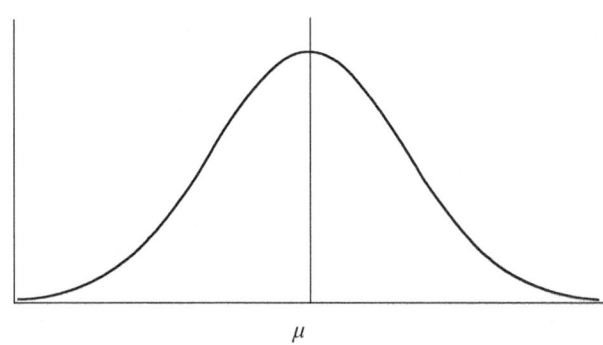

图 5-1　正态分布的概率密度函数图

但是在实践中，很多时候总体并不服从正态分布，此时 $\overline{X}$ 的抽样分布又将是什么情况呢？

（二）总体服从非正态分布

概率论中的独立同分布中心极限定理，是统计学中的抽样分布大样本理论的重要前提，定理的具体内容请参见相关概率论的内容①，下面仅对该定理结论的意义做简要说明。

独立同分布中心极限定理表明：无论总体服从何种分布，只要它的平均数和方差存在，那么从中抽取出的独立同分布样本 $X_1,\cdots,X_n$，其均值在当 n 很大时，就会近似服从正态分布 $N(\mu,\sigma^2/n)$。即 n 越大，$X_1,\cdots,X_n$ 的均值的分布越接近于正态分布。由此也可以看出正态分布在统计学中的重要地位。

中心极限定理中要求"n 很大"，多大才叫 n 很大呢？当总体偏离正态分布越远，则要求 n 越大。在实际应用中，一般取 $n\geq 30$，此时的样本称为大样本。若为小样本②，即 $n<30$，而且总体分布不是正态分布，此时不能按照正态分布来处理，要运用小样本的相关理论来讨论。

综上所述，样本均值 $\overline{X}$ 的抽样分布图见图 5-2。

---

① 独立同分布中心极限定理具体内容参阅《概率论与数理统计》教材。
② 因为从理论上讲，$n\geq 30$ 时得到的样本个数已经很大，依此得到的统计量的概率分布已经近似于正态分布了。

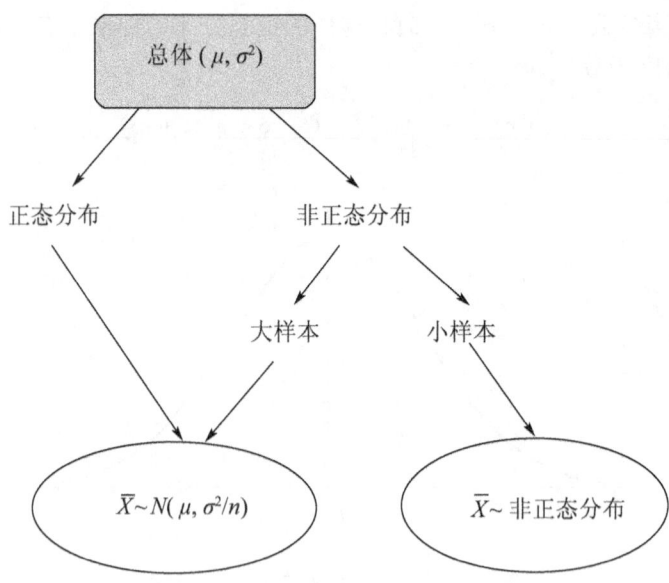

图 5-2 样本均值 $\bar{X}$ 的抽样分布图

根据本章第一节,在不重复抽样情形下,样本均值的抽样分布为:

$$\bar{X} \sim N\left(\mu, \frac{\sigma^2}{n} \frac{N-n}{N-1}\right) \tag{5.8}$$

【例 5-2】 假设在一个饭店门口等待出租车的时间是服从左偏分布的,均值为 12 分钟,标准差为 3 分钟。现从饭店门口随机抽取 100 名顾客并记录他们等待出租车的时间,考察 100 名顾客的平均等待时间的抽样分布。

解:依题意,总体均值 $\mu=12$,$\sigma=3$,根据中心极限定理可知,样本均值(100 名顾客的平均等待时间)的抽样分布为:

$$\bar{X} \sim N\left(\mu, \frac{\sigma^2}{n}\right)$$

即

$$\bar{X} \sim N\left(12, \frac{3^2}{100}\right)$$

【例 5-3】 人口普查发现,某地区成年男子的身高服从正态分布 $N(175, 6^2)$,采取重复抽样的方式从该地区抽取 64 名成年男子构成样本,求样本均值的平均数和方差。

解:依题意,总体服从正态分布,且 $\mu=175$,$\sigma^2=6^2$。根据正态分布的再生定理可知,样本均值 $\bar{X} \sim N\left(175, \frac{6^2}{64}\right)$,即样本均值的平均数 $\mu_{\bar{X}}=175$,样本均值的方差 $\sigma^2_{\bar{X}}=\frac{6^2}{64}=\frac{9}{16}$。

二、样本比例 p 的抽样分布

样本比例 p 的抽样分布，就是采取重复抽样的方式，选取容量为 n 的所有样本，由样本比例 p 的所有可能的取值形成的概率分布。它是推断总体比例 π 的理论基础。

可以看到，样本比例同时也是一种特殊形式的样本均值。从而，根据样本均值的抽样分布理论：当样本容量很大时，样本比例近似服从正态分布。其中，一般地，若能同时满足 $np \geqslant 5$ 和 $n(1-p) \geqslant 5$ [①]就可以认为样本容量很大。

与样本均值抽样分布理论类似，根据平均数和方差的性质，样本比例 p 的抽样分布为在满足条件的情况下：

$$p \sim N\left(\pi, \frac{\pi(1-\pi)}{n}\right) \tag{5.9}$$

在不重复抽样情形下，当样本容量很大时，样本比例的抽样分布为：

$$p \sim N\left(\pi, \frac{\pi(1-\pi)}{n} \cdot \frac{N-n}{N-1}\right) \tag{5.10}$$

需要说明的是，样本均值和样本比例抽样分布的方差，在不重复抽样情形下，对于无限总体也可以按重复抽样来处理，即方差不用修正；对于有限总体，则要用修正系数 $(N-n)/(N-1)$ 进行修正，另外，若此时 N 很大而抽样比 $\frac{n}{N} \leqslant 5\%$ 时，修正系数 $(N-n)/(N-1)$ 趋于 1，方差可以按重复抽样情形时（即不用修正）的公式计算。

三、样本方差 S^2 的抽样分布

样本方差 S^2 的抽样分布，就是采取重复抽样的方式，选取容量为 n 的所有样本，由样本方差 S^2 的所有可能的取值形成的概率分布。它是推断总体方差 σ^2 的理论基础。

设总体的均值为 μ，方差为 σ^2，$X_1, \cdots, X_n$ 为来自该总体的样本，则：

$$\frac{(n-1)S^2}{\sigma^2} \sim \chi^2(n-1) \tag{5.11}$$

称 $\dfrac{(n-1)S^2}{\sigma^2}$ 服从自由度为 $n-1$ 的 χ^2 分布（卡方分布）。

卡方分布：设 $X_1, \cdots, X_n$ 为来自标准正态总体 $N(0,1)$ 的样本，则 $X_1^2 + \cdots + X_n^2$ 服从自由度为 n 的 χ^2 分布，记为 $\chi^2(n)$，读作卡方分布。

χ^2 分布的概率密度函数图见图 5-3。

---

① 一般的经验规则为：若总体比例 π 已知，则条件为 $n\pi \geqslant 5$ 和 $nc(1-\pi) \geqslant 5$；若总体比例 π 未知，则条件为 $np \geqslant 5$ 和 $n(1-p) \geqslant 5$。具体可见参考文献 [2]、[3]、[7]、[10]。

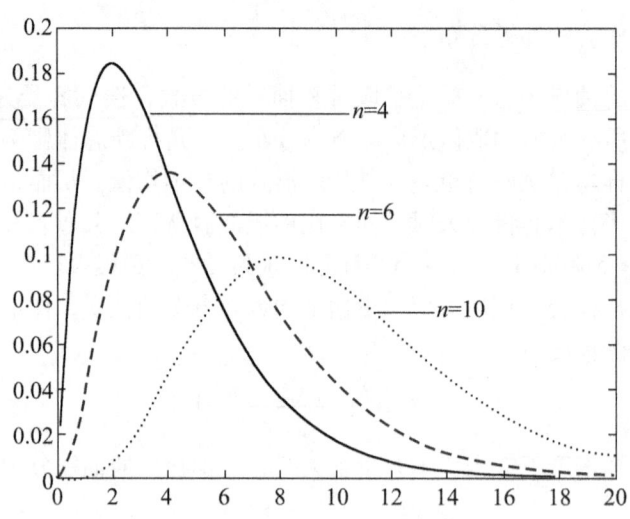

图 5-3 χ^2 分布的概率密度函数图

χ^2 分布的数字特征为：总体平均数 $E(\chi^2) = n$，方差 $D(\chi^2) = 2n$。
由 χ^2 分布的数字特征，可得：

$$E(S^2) = \sigma^2 \qquad D(S^2) = \frac{2\sigma^4}{n-1} \tag{5.12}$$

在不重复抽样情形下，方差为 $\frac{2\sigma^4}{n-1} \cdot \frac{N-n}{N-1}$。

四、t 分布和 F 分布

（一）t 分布

设 $X \sim N(0,1)$，$Y \sim \chi^2(n)$ 且 X、Y 相互独立，则称随机变量 $t = \dfrac{X}{\sqrt{Y/n}}$ 所服从的分布为自由度是 n 的 t 分布，记作 $t \sim t(n)$。

t 分布的概率密度函数图见图 5-4。

t 分布概率密度函数曲线是以纵轴为对称轴的单峰对称图形，其与标准正态分布曲线类似，t 分布曲线顶部略低，两尾部稍高而平。自由度 n 越大，t 分布越趋近于标准正态分布，当 $n \to \infty$ 时，t 分布与标准正态分布完全一致。

t 分布的数字特征为：总体平均数 $E(t) = 0$（$n \geq 2$），方差 $D(t) = \dfrac{n}{n-2}$（$n \geq 3$）。

t 分布的诞生对统计学中的小样本理论及其应用起着重要的作用。本书的第六、七章均要用到 t 分布。

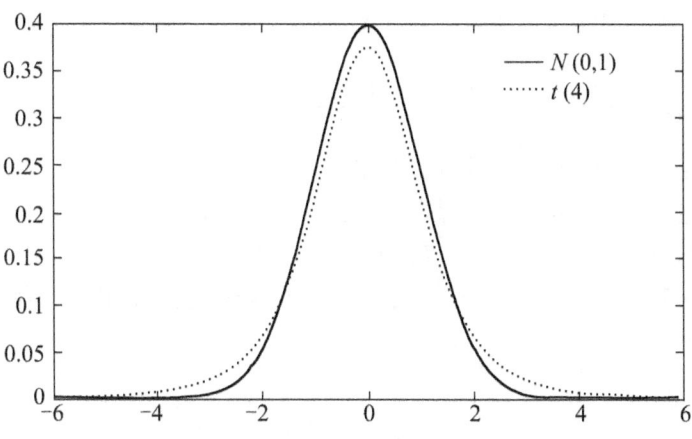

图 5-4 t 分布的概率密度函数图

(二) F 分布

若 $X \sim \chi^2(n_1)$，$Y \sim \chi^2(n_2)$，且 X、Y 相互独立，则称随机变量 $F = \dfrac{X/n_1}{Y/n_2}$ 所服从的分布为自由度是 n_1, n_2 的 **F 分布**，记作 $F \sim F(n_1, n_2)$。其中，n_1 称为第一自由度，n_2 称为第二自由度。

F 分布的概率密度函数图见图 5-5。

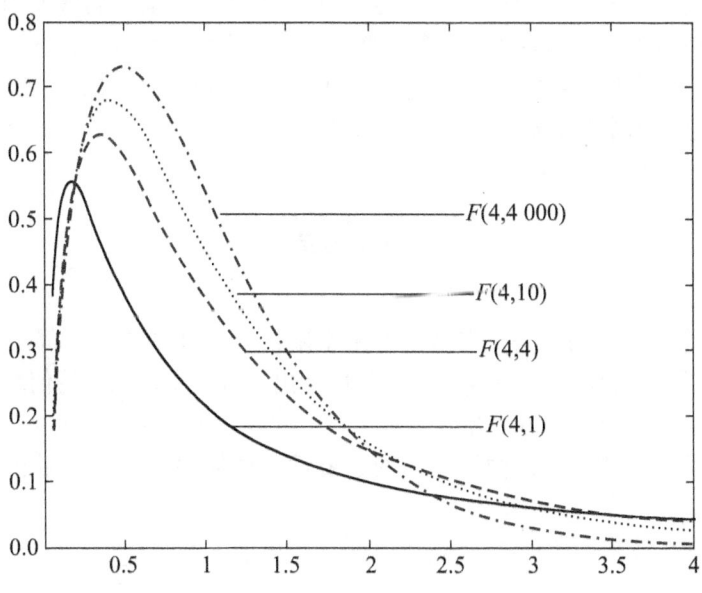

图 5-5 F 分布的概率密度函数图

F 分布的数字特征为：若随机变量 $X \sim F(n_1, n_2)$，则总体平均数 $E(X) = \dfrac{n_2}{n_2 - 2}$（$n_2 > 2$），方差 $D(X) = \dfrac{2n_2^2(n_1 + n_2 - 2)}{n_1(n_2 - 2)^2(n_2 - 4)}$（$n_2 > 4$）。

以下是关于 F 分布的两个常见结论。

对于给定的 $\alpha(0 < \alpha < 1)$，称满足条件：$P\{F > F_\alpha(n_1, n_2)\} = \alpha$ 的点 $F_\alpha(n_1, n_2)$ 为 F 分布上的 α 分位点。有结论：$F_{1-\alpha}(n_1, n_2) = 1/F_\alpha(n_2, n_1)$。

随机变量 $T \sim t(n)$，则 $T^2 \sim F(1, n)$。这个结论在后面回归分析的回归系数显著性检验中有用到。

小　　结

抽样分布这部分内容理论性较强，为了阐述抽样分布的必要性以及抽样分布理论在生活实践中的应用，本章由日常生活中的案例引入，以此激发读者对实践中同类问题的思考。

本章脉络如下：抽样分布即样本统计量的概率分布。统计量都是随机变量，随机变量就有概率分布，要研究概率分布就涉及数字特征，因此本章开篇按此思路介绍了与抽样分布相关的一些基本概念。由抽样分布内容可知，3 个样本统计量 $\bar{X}$、p、S^2 的平均数分别为 μ、π、σ^2，而且它们的方差都随着样本容量 n 的增大越来越小，样本统计量的取值越来越向着总体参数的真实值靠拢。由此为用 $\bar{X}$、p、S^2 分别去估计 μ、π、σ^2 的做法提供理论依据，这种做法就是第六章参数估计和第七章假设检验的基础。总而言之，本章为后续章节奠定了基础。

思 考 题

1. 典型案例 6 中的做法是在这批苹果中随机选出几个买下，都咬一口品尝后得出这几个苹果口感的均值和差异值，由此估计出这批苹果口感的均值和差异值。这种做法的理论依据是什么？为什么行得通？

2. 典型案例 6 告诉我们抽样分布的必要性，请你举出自己生活和学习中运用抽样分布的例子。

练 习 题

一、判断题

1. 样本统计量是随机变量。（   ）
2. $\bar{X}$、p、S^2 的抽样分布都与样本容量 n 有关。（   ）
3. 中心极限定理表明：无论总体服从什么分布，当 n 很大时，样本均值就会近似服从正态分布 $\bar{X} \sim N(\mu, \sigma^2)$。（   ）
4. 当样本容量很大时，样本比例 $p \sim N\left(\pi, \dfrac{\pi(1-\pi)}{n}\right)$。（   ）
5. 设从正态总体中采取重复抽样的方式抽取样本，则 $\dfrac{(n-1)S^2}{\sigma^2}$ 服从自由度为 $n-1$ 的 χ^2 分布。（   ）

二、单项选择题

1. 抽样分布是指（   ）。
    A. 样本数量的分布
    B. 一个样本各观测值的分布
    C. 样本统计量的概率分布
    D. 总体中各观测值的分布
2. 根据中心极限定理可知，当样本容量充分大时，样本均值的抽样分布为近似服从正态分布，其分布的平均数为（   ）。
    A. μ B. $\bar{X}$ C. σ^2 D. $\dfrac{\sigma^2}{n}$
3. 根据中心极限定理可知，当样本容量充分大时，样本均值的抽样分布为近似服从正态分布，其分布的方差为（   ）。
    A. μ B. $\bar{X}$ C. σ^2 D. $\dfrac{\sigma^2}{n}$
4. 从均值为 μ，方差为 σ^2（有限）的任意一个总体中抽取大小为 n 的样本，则（   ）。
    A. 当 n 充分大时，样本均值 $\bar{X}$ 近似服从正态分布
    B. 只有当 $n < 30$ 时，样本均值 $\bar{X}$ 近似服从正态分布
    C. 样本均值 $\bar{X}$ 的分布与 n 无关
    D. 无论 n 多大，样本均值 $\bar{X}$ 都服从非正态分布
5. 从服从正态分布的总体中分别抽取容量为 5，8，12 的样本，则样本均值 $\bar{X}$ 的标准差分别会（   ）。
    A. 保持不变   B. 逐渐增大   C. 逐渐减小   D. 无法确定
6. 假设总体比例为 0.4，采取重复抽样的方法从此总体中抽取容量为 100 的样

本，则样本比例的平均数为（　　）。

　　A. 0.3　　　　B. 0.4　　　　C. 0.5　　　　D. 0.45

7. 假设总体比例为0.55，从此总体中重复抽取容量为100的样本，则样本比例的标准差约为（　　）。

　　A. 0.01　　　B. 0.05　　　C. 0.06　　　D. 0.55

8. 当总体服从正态分布时，$\dfrac{(n-1)S^2}{\sigma^2}$ 服从（　　）。

　　A. 正态分布　　B. χ^2 分布　　C. F 分布　　D. t 分布

三、案例分析题

美国汽车联合会（AAA）是一个拥有90家俱乐部的非营利联盟，它对其成员提供旅行、金融、保险以及与汽车相关的各项服务。1999年5月，AAA通过对会员调查得知一个4口之家出游中平均每日餐饮和住宿费用大约是213美元（《旅行新闻》，1999年5月11日）。假设这个花费的标准差是15美元，并且AAA所报道的平均每日消费是总体均值。采取重复抽样的方式选取49个4口之家构成一个样本，并对其在1999年6月期间的旅行费用进行记录。请给出 $\overline{X}$（49个家庭平均每日餐饮和住宿的消费）的抽样分布。若采取的抽样方式是不重复抽样，该抽样分布会有什么不同呢？

第六章 参数估计

【典型案例7】

二战中苏军破解了德军坦克产量的秘密

二战期间，希特勒单方撕毁《苏德互不侵犯条约》，向苏联的整个西线发动了蓄谋已久的"闪电战"，战场上德军坦克战斗力很强，为了保家卫国和打败侵略者，苏军非常想知道：德军总共生产了多少辆坦克？

前苏军检查缴获的德军坦克

为解决此问题，苏军了解到德国人在生产坦克方面是从1开始连续编号，即坦克编号服

英国统计学家费歇尔

从均匀分布。在战争过程中，苏军缴获了一些德军坦克，并收集了它们的生产编号。苏联统计专家发现：德国坦克生产总数 N 用最大似然法无偏性后的点估计结果较好（费歇尔，1925），即 $N=(1+1\div n)\times$ 缴获坦克的最大编号，n 是缴获的坦克数。如缴获了50辆坦克，它们的最大生产编号是3 000，那么坦克生产总数的点估计是 $N=(1+1\div 50)\times 3\,000=3\,060$。以此类推，苏军估计了德军飞机、大炮、枪支数量，并由此推知了德国的军事力量。于是，苏军积蓄了充足的军力，联合盟军一起打败了二战中疯狂的德军并占领了柏林。

从战后发现的德军记录来看，苏军的这些估计值非常接近真实值，比其他情报方式（如间谍）做出的估计要大大接近于真实数目。

这就是统计学帮助了苏军打败德军的典型案例，是军事问题与点估计相结合的成果。点估计迄今是统计学的重要方法，是本章要学习的内容。

总体中的参数通常是不知道的，如典型案例7中的德国坦克生产总数 N 等，但它恰恰是我们决策中要了解的。参数估计就是从总体中抽取样本，构造相应的统计量去估计总体的参数。

设从总体中抽取容量为 n 的样本观测量是 $(X_1,\cdots,X_n)$，在参数估计中，用于估计总体参数 θ 的统计量 $\hat{\theta}=\hat{\theta}(X_1,\cdots,X_n)$ 称为 θ 的估计量，它是一个随机变量。根据一个样本观测值 $(x_1,\cdots,x_n)$ 计算出的估计量值 $\hat{\theta}(x_1,\cdots,x_n)$ 称为总体参数的估计，记为 $\hat{\theta}$。参数估计有点估计和区间估计两种方法。

第一节 点估计

我们用样本均值作为总体均值的估计，用样本比例作为总体比例的估计，用样本方差作为总体方差的估计等，这就是点估计。一般地，点估计是用对应的估计量值 $\hat{\theta}$ 作为相应总体参数 θ 的估计。如对某大学一年级新生的平均月消费 μ 进行估计，随机抽取100名学生，测得其平均月消费 $\bar{x}=1\,200$ 元，用 $\bar{x}$ 作为该大学一年级新生的平均月消费 μ，即是点估计。

点估计的求解方法很多，这里主要介绍矩估计法和最大似然估计法。

一、矩估计法

矩估计法是一种常用的估计方法，其基本思想是，用样本原点矩作为总体原点矩的估计。

设 k 个参数 $\theta = (\theta_1, \theta_2, \cdots, \theta_k)'$，求 k 个参数 θ。矩估计 $\hat{\theta} = (\hat{\theta}_1, \hat{\theta}_2, \cdots, \hat{\theta}_k)'$ 需要建立 k 个方程，方法是：设总体的一个样本观测值是 $(x_1, x_2, \cdots, x_n)$，其 l 阶原点矩 $A_l = \frac{1}{n} \sum_{i=1}^{n} x_i^l$，总体观测量 X 的 l 阶原点矩 $m_l = E(X^l) = m_l(\theta)$，用样本原点矩 A_l 作为总体原点矩 m_l 的估计，得出 k 个方程 $A_l = m_l(\hat{\theta})$ ($l = 1, \cdots, k$)，解此方程组得出的 $\hat{\theta}$ 即为参数 θ 的矩估计。

【例6-1】设总体 X 的均值 μ 及方差 σ^2 都存在但均未知，设来自总体 X 的一个样本是 $(x_1, x_2, \cdots, x_n)$，求 μ，σ^2 的矩估计 $\hat{\mu}$，$\hat{\sigma}^2$。

解：这里有两个待估参数，故需要建立两个方程。

因为
$$\begin{cases} m_1 = E(X) = \mu \\ m_2 = E(X^2) = D(X) + [E(X)]^2 = \sigma^2 + \mu^2 \end{cases}$$

令
$$\begin{cases} A_1 = \hat{\mu} \\ A_2 = \hat{\sigma}^2 + \hat{\mu}^2 \end{cases}$$

得
$$\begin{cases} \hat{\mu} = A_1 \\ \hat{\sigma}^2 = A_2 - A_1^2 \end{cases}$$

即
$$\begin{cases} \hat{\mu} = \bar{x} \\ \hat{\sigma}^2 = \frac{1}{n} \sum_{i=1}^{n} (x_i^2) - \bar{x}^2 = \frac{1}{n} \sum_{i=1}^{n} (x_i - \bar{x})^2 \end{cases}$$

即总体均值的矩估计是样本均值，而总体方差（即总体的二阶中心矩）的矩估计是样本二阶中心矩。上述结果表明，求总体均值与方差的矩估计无需知道总体服从什么分布。

二、最大似然估计法

最大似然估计法是由英国统计学家 R. A. Fisher（费歇尔）提出的。

设总体观测量 X 的分布律为 $P(X = x) = p(x, \theta)$（对于连续性随机变量，则利用其密度函数），$\theta = (\theta_1, \theta_2, \cdots, \theta_k)'$ 为待估参数，$x_1, x_2, \cdots, x_n$ 是来自总体的一个样本观察值，则样本观测量 $(X_1, \cdots, X_n)$ 取到 $(x_1, x_2, \cdots, x_n)$ 的概率为

$$p = \prod_{i=1}^{n} p(x_i, \theta)$$

它是关于 θ 的函数，令 $L(\theta) = L(x_1, x_2, \cdots, x_n, \theta) = \prod_{i=1}^{n} p(x_i, \theta)$，我们称 $L(\theta)$ 为似然函数（这里的 $x_1, x_2, \cdots, x_n$ 是已知的样本观测值，它们都是常数）。

最大似然方法的基本思想是，固定样本观测值 $(x_1, x_2, \cdots, x_n)$，在 $\hat{\theta}$ 可能的取值中，挑选使似然函数 $L(\hat{\theta})$ 达到最大（从而概率 p 达到最大）的 $\hat{\theta}$ 作为参数 θ 的估计。这样得到的 $\hat{\theta}$ 称之为参数 θ 的最大似然估计。因此，求参数 θ 的最大似然估计问题就转化为求似然函数 $L(\theta)$ 的最大值问题了。

【例 6-2】设 $X \sim N(\mu, \sigma^2)$，μ，σ^2 未知，$(x_1, x_2, \cdots, x_n)$ 是来自总体的一个样本观测值，求 μ，σ^2 的极大似然估计。

解：有两个参数，故需要建立两个方程。

$$\because X \sim f(x, \mu, \sigma) = \frac{1}{\sqrt{2\pi}\sigma} e^{-\frac{(x-\mu)^2}{2\sigma^2}} \quad x \in R$$

$$\therefore L(\mu, \sigma^2) = \prod_{i=1}^{n} \frac{1}{\sqrt{2\pi}\sigma} e^{-\frac{(x_i-\mu)^2}{2\sigma^2}} = (2\pi\sigma^2)^{-\frac{n}{2}} e^{-\frac{1}{2\sigma^2}\sum_{i=1}^{n}(x_i-\mu)^2}$$

$L(\mu, \sigma^2)$ 取对数后，分别对 μ，σ^2 求偏导数并令其为 0，将 μ、σ^2 取为 $\hat{\mu}$、$\hat{\sigma}^2$，得两个方程，解此方程组得 μ，σ^2 的最大似然估计：

$$\hat{\mu} = \bar{x}, \quad \hat{\sigma}^2 = \frac{1}{n}\sum_{i=1}^{n}(x_i - \bar{x})^2$$

上述结果表明，求总体均值与方差的最大似然估计需要知道总体分布。

三、估计量的优良性标准

对同一参数，用不同的估计方法，可以得到不同的估计量，如典型案例 6 中德国坦克生产总数 N 的矩估计量、最大似然估计量就不同。那么，哪个估计方法更好呢？这里给出参数估计量的评价标准：无偏性、有效性和一致性，我们称之为估计量的优良性标准。

1. 无偏性

设 θ 为总体参数，$\hat{\theta}$ 为 θ 的一个估计量，如果 $E(\hat{\theta}) = \theta$，则称 $\hat{\theta}$ 是 θ 的无偏估计量，即 θ 是 $\hat{\theta}$ 重心，$\hat{\theta}$ 与 θ 的距离最近。

2. 有效性

设 $\hat{\theta}_1$、$\hat{\theta}_2$ 为 θ 的两个无偏估计量，如果有：$D(\hat{\theta}_1) < D(\hat{\theta}_2)$，则称 $\hat{\theta}_1$ 比 $\hat{\theta}_2$ 有效。即对于同一总体参数的两个无偏估计量来说，方差越小的估计量越有效。

3. 一致性

设 $\hat{\theta}$ 为 θ 的一个估计量，若当 $n \to \infty$ 时，$\hat{\theta}$ 依概率收敛于 θ，则称 $\hat{\theta}$ 为 θ 的一致估计量。此即随着样本容量 n 的增大，点估计量 $\hat{\theta}$ 越来越接近被估总体参数 θ。

可以证明，估计量样本平均 $\bar{X}$、样本比例 p、样本方差 S^2 分别是总体平均 μ、总体比例 π、总体方差 σ^2 的无偏、有效、一致估计量。

第二节 区间估计

点估计的优点是简洁明了，给出了具体的估计值；缺点是无法提供估计量的精度和概率可靠程度，这是区间估计解决的问题。

以下我们从一个实际问题的解决，了解区间估计的概念。

【例 6-3】已知某企业生产的灯管寿命服从正态分布，现从一大批灯管中随机抽取 $n = 16$ 只，分别测得寿命（单位：小时）如下：

3 510　3 450　3 480　3 460　3 520　3 496　3 490　3 460
3 464　3 526　3 530　3 470　3 516　3 520　3 494　3 470

在概率可靠程度 $1 - \alpha = 95\%$ 下，求这批灯管平均寿命 μ 的区间估计。

该例总体服从正态分布，总体方差未知，小样本。此时，可算得总体均值点估计量 $\bar{x}$，样本标准差 s，对 $\bar{x}$ 进行标准化，即

$$t = \frac{\bar{x} - \mu}{s/\sqrt{n}} \sim t(n-1)$$

对于概率可靠程度 $1 - \alpha$，有：

$$P\left\{ |t| \leq t_{\alpha/2}(n-1) \right\} = 1 - \alpha \tag{6.1}$$

将 $t = \dfrac{\bar{x} - \mu}{s/\sqrt{n}}$ 代入上式，经过不等式的等价变形，得：

$$P\left(\bar{x} - t_{\alpha/2}(n-1)\frac{s}{\sqrt{n}} \leq \mu \leq \bar{x} + t_{\alpha/2}(n-1)\frac{s}{\sqrt{n}} \right) = 1 - \alpha$$

$t_{\alpha/2}(n-1)$ 查 t 分布表可得，即总体均值 μ 在概率 $1 - \alpha$ 下的区间估计为：

$$\bar{x} \mp t_{\alpha/2}(n-1)\frac{s}{\sqrt{n}} \tag{6.2}$$

解：可算得总体均值点估计：

$$\bar{x} = \frac{\sum_{i=1}^{n} x_i}{n} = 3\,491，且\ s = \sqrt{\frac{\sum_{i=1}^{n}(x_i - \bar{x})^2}{n-1}} \approx 24.8$$

由 $1-\alpha = 95\%$，有 $\alpha = 0.05$，查 t 分布表得：

$$t_{\alpha/2}(n-1) = 2.131\,4$$

总体均值 μ 在概率 $1-\alpha = 95\%$ 下的区间估计：

$$\bar{x} \mp t_{\alpha/2}(n-1)\frac{s}{\sqrt{n}} = 3\,491 \mp 2.131\,4 \times \frac{24.8}{\sqrt{16}} = (3\,477.8,\ 3\,504.2)$$

即在概率可靠程度95%下，此次抽样得该批灯管平均寿命的区间估计为（3 477.8，3 504.2）小时之间。

一、区间估计的概念

从例 6-3 可看出，区间估计就是总体参数 θ 落在区间估计量 $(\hat{\theta}_1, \hat{\theta}_2)$ 内的概率为 $1-\alpha$，即 $P(\hat{\theta}_1 \leq \theta \leq \hat{\theta}_2) = 1-\alpha$。称区间 $(\hat{\theta}_1, \hat{\theta}_2)$ 为总体参数 θ 的置信度为 $1-\alpha$ 的置信区间。

对给定的抽样方法，不同的抽样，就有不同的估计区间 $(\hat{\theta}_1, \hat{\theta}_2)$，设这些区间共有 M 个，置信度（也称置信水平）$1-\alpha$ 就是这些所有估计区间 $(\hat{\theta}_1, \hat{\theta}_2)$ 中，有 $M(1-\alpha)$ 个包含参数 θ，有 $M\alpha$ 个不包含参数 θ。如 $1-\alpha = 95\%$，即 $\alpha = 5\%$，表示所有的置信区间 $(\hat{\theta}_1, \hat{\theta}_2)$ 中，包含参数 θ 的有 95%，不包含参数 θ 的有 5%。

构造参数的区间估计时，要权衡以下两个方面，一是估计量的精度要求，二是估计量的可靠性程度。所谓精度要求就是要把估计误差控制在一定的范围内，我们用极限误差 $\Delta = \dfrac{\hat{\theta}_2 - \hat{\theta}_1}{2}$ 来反映。Δ 越小，表示估计的精度越高；Δ 越大，表示估计的精度越低。极限误差的大小要根据研究目的和研究对象的变异程度来确定。例如，对航天元器件的估计误差，要严格控制在极小的范围内；而对于诸如灯管的使用寿命的区间估计，其精度要求就可以低一些，估计误差就可以控制在较大的范围内，因为这种误差，不会造成严重后果。所谓可靠性是指区间估计结果正确的概率保证，我们用置信度来反映。在区间估计中，置信度与精度都很重要，它们相互影响、相互制约，只有精度没有置信度的估计当然毫无意义，但只有置信度没有精度的估计同样毫无意义。例如，同学们统计学期末考试平均成绩（百分制）的区间估计为（0，100），这个估计区间的置信度为100%，但无精度可言，因而是无意义的。我们还要注意到，置信度和精度往往难以兼顾，要想提高置信度，置信区间就会增大，精度就会下降；

要想提高精度,置信度就会下降。在实际应用中,通常是根据实际问题和研究的需要,选择合适的置信度和精度。

在研究一个总体时,人们关心的参数主要有总体均值 μ、总体比例 π 和总体方差 σ^2。下面讨论如何构造这几个参数的置信区间。

二、总体均值的区间估计

(1) 总体服从正态分布,总体方差 σ^2 已知。

根据正态分布再生定理,样本均值 $\overline{X} \sim N\left(\mu, \dfrac{\sigma^2}{n}\right)$,将 $\overline{X}$ 标准化,记 $z = \dfrac{\overline{X} - \mu}{\sigma/\sqrt{n}} \sim N(0,1)$。与式(6.2)的证法同理,总体均值 μ 在置信度 $1-\alpha$ 下的置信区间为:

$$\overline{x} \mp z_{\alpha/2} \cdot \dfrac{\sigma}{\sqrt{n}} \tag{6.3}$$

$z_{\alpha/2}$ 可查标准正态分布表得。

【例6-4】假定某地区企业总经理的年收入服从正态分布,随机抽取 $n = 25$ 个企业,得到25个企业总经理的年平均收入 $\overline{x} = 135\,000$ 元。已知总体的标准差为 $\sigma = 55\,000$ 元,试求该地区企业总经理的年平均收入 μ 在置信度 $1-\alpha = 95\%$ 的置信区间。

解:总体服从正态分布,且方差 σ^2 已知,因此,总体均值 μ 在置信度 $1-\alpha$ 下的置信区间为:

$$\overline{x} \mp z_{\alpha/2} \cdot \dfrac{\sigma}{\sqrt{n}} = 135\,000 \mp 1.96 \times \dfrac{55\,000}{\sqrt{25}} = (113\,440, 156\,560)$$

即在95%的概率可靠程度下,此次抽样得该地区企业总经理的年平均收入的置信区间为 (113 440, 156 560) 元。

(2) 对于总体分布未知,大样本 ($n \geq 30$),根据中心极限定理,样本均值近似服从 $N\left(\mu, \dfrac{\sigma^2}{n}\right)$,因而同样可以用式(6.3)得出估计区间。

(3) 总体分布未知,方差 σ^2 未知,大样本。

此时,我们用总体方差 σ^2 的无偏估计量 s^2 代替,运用中心极限定理,与式(6.3)的证法同理有:总体均值 μ 在置信度 $1-\alpha$ 下的置信区间为:

$$\overline{x} \mp z_{\alpha/2} \cdot \dfrac{s}{\sqrt{n}}$$

【例6-5】在一项对大学生资助贷款的研究中,从全国各地随机抽取 $n = 100$ 名贷款的大学生作为样本,得到毕业前的平均欠款余额 $\overline{x} = 20\,000$ 元,标准差 $s = 1\,000$ 元。试求贷款学生总体中平均欠款额 μ 的 $1-\alpha = 95\%$ 的置信区间。

解:该题总体分布未知,方差 σ^2 未知,大样本。因此,总体均值 μ 在置信度 $1-\alpha = 95\%$ 下的置信区间为:

$$\overline{x} \mp z_{\alpha/2} \cdot \dfrac{s}{\sqrt{n}} = 20\,000 \mp 1.96 \times \dfrac{1\,000}{\sqrt{100}} = (19\,804, 20\,196)$$

即在置信度95%下，此次抽样得全国贷款学生平均欠款额的置信区间为（19 804，20 196）元。

（4）总体服从正态分布，总体方差 σ^2 未知，小样本情况下，总体均值 μ 在置信度 $1-\alpha$ 下的置信区间见式（6.2）。

三、总体比例的区间估计

总体比例，是指总体中，具有某种特征的单位个数与全部单位数之比，记为 π。现实中，这种问题很多。比如，产品的合格率、考试及格率、市场占有率问题等。样本比例，是指样本中，具有某种特征的单位个数与样本容量之比，记为 p。

当样本量 n 充分大（$np \geq 5$ 和 $n(1-p) \geq 5$）时，样本比例 p 近似服从正态分布 $N\left(\pi, \dfrac{\pi(1-\pi)}{n}\right)$，将 p 标准化后有：

$$z = \frac{p-\pi}{\sqrt{\dfrac{\pi(1-\pi)}{n}}} \quad 近似服从 n(0,1)$$

与式（6.3）的证法同理有：总体比例 π 在置信度 $1-\alpha$ 下的置信区间为：

$$p \mp z_{\alpha/2} \cdot \sqrt{\frac{\pi(1-\pi)}{n}}$$

总体比例 π 是未知的，通常用样本比例 p 来代替总体比例 π。这时，总体比例 π 在置信度 $1-\alpha$ 下的置信区间为：

$$p \mp z_{\alpha/2} \cdot \sqrt{\frac{p(1-p)}{n}} \tag{6.4}$$

【例6-6】估计某市居民家庭电脑的普及率，随机抽取 900 户居民调查，其中 675 户居民拥有个人电脑。以概率 95.45% 的保证程度，估计该市居民电脑普及率的置信区间。

解：样本比例：$p = \dfrac{n_1}{n} = \dfrac{675}{900} = 0.75$，$np \geq 5$ 和 $n(1-p) \geq 5$，所以

$$p \mp z_{\alpha/2} \cdot \sqrt{\frac{p(1-p)}{n}} = 0.75 \mp 2 \times \sqrt{\frac{0.75(1-0.75)}{900}} = 0.75 \mp 0.029$$
$$= (72.1\%, 77.9\%)$$

即以概率 95.45% 的保证程度，此次抽样得该市居民电脑的普及率的区间估计为 72.1% ~ 77.9%。

四、总体方差的区间估计

总体方差是总体的另一个重要参数，反映总体的离散程度的大小。下面只介绍正态总体方差的估计问题。

根据样本方差的抽样分布可知，当总体服从正态分布 $N(\mu, \sigma^2)$ 时，

$$\chi^2 = \frac{(n-1)s^2}{\sigma^2} \sim \chi^2(n-1)$$

因此，可用 χ^2 分布来构造总体方差 σ^2 的置信区间。

由置信区间的定义，对给定的置信度 $1-\alpha$，有：

$$P(\chi^2_{(1-\alpha/2)}(n-1) < \chi^2 < \chi^2_{\alpha/2}(n-1)) = 1-\alpha$$

代入 $\chi^2 = \frac{(n-1)s^2}{\sigma^2}$，将括号里的不等式等价变形，有：

$$P\left\{\frac{(n-1)s^2}{\chi^2_{\alpha/2}(n-1)} < \sigma^2 < \frac{(n-1)s^2}{\chi^2_{(1-\alpha/2)}(n-1)}\right\} = 1-\alpha$$

所以，在给定置信度 $1-\alpha$ 下，总体方差 σ^2 的置信区间为：

$$\left(\frac{(n-1)s^2}{\chi^2_{(\alpha/2)}(n-1)}, \frac{(n-1)s^2}{\chi^2_{(1-\alpha/2)}(n-1)}\right) \tag{6.5}$$

$\chi^2_{\alpha/2}(n-1)$、$\chi^2_{(1-\alpha/2)}(n-1)$ 可查 χ^2 分布表得。

【例 6-7】 某公司生产一种罐装食品，设每罐食品的重量服从正态分布。为了解罐装食品重量的总体方差，现从生产线上抽查了 $n=10$ 罐食品，求得其样本方差 $s^2=9.2$，试对总体方差进行置信度为 0.95 的区间估计。

解：查表可知：$\chi^2_{(1-\alpha/2)}(n-1) = 2.7 \qquad \chi^2_{(\alpha/2)}(n-1) = 19.02$

因此，置信度为 0.95 的置信区间为：

$$\left(\frac{(n-1)s^2}{\chi^2_{(\alpha/2)}(n-1)}, \frac{(n-1)s^2}{\chi^2_{(1-\alpha/2)}(n-1)}\right) = \left(\frac{9 \times 9.2}{19.02}, \frac{9 \times 9.2}{2.7}\right) = (4.35, 30.67)$$

即置信度为 0.95 时，此次抽样得罐装食品重量总体方差的区间估计为（4.35，30.67）。

当然，还有给定置信度、极限误差下样本容量的确定，两个总体的参数估计的内容，可参考相关教材。

小　　结

典型案例 7 阐述了参数估计的基本思想，给出了参数估计的基本思路。参数估计有点估计和区间估计两种方法。本章介绍了点估计的两种方法——矩估计法和最大似然估计法，并给出了估计量的优良性标准——无偏性、有效性、一致性。本章通过举例分别介绍了总体均值、总体比例、总体方差的区间估计。

思 考 题

1. 点估计中两种方法的基本思想是怎样的？

2. 点估计优劣的评价标准是如何提出来的？
3. 构造参数的置信区间时，要权衡哪几个方面？

练 习 题

一、单项选择题

1. 95%的置信水平是指（　　）。
   A. 总体参数落在一个特定的样本所构造的区间内的概率为95%
   B. 总体参数落在一个特定的样本所构造的区间内的概率为5%
   C. 在用同样方法构造的总体参数的多个区间中，包含总体参数的区间比率为95%
   D. 在用同样方法构造的总体参数的多个区间中，包含总体参数的区间比率为5%

2. 当样本单位数充分大时，样本估计量充分地靠近总体指标的可能性趋于1，称为抽样估计量的（　　）。
   A. 无偏性　　　B. 有效性　　　C. 一致性　　　D. 充分性

3. 评价一个点估计量是否优良的标准有（　　）。
   A. 无偏性、有效性、一致性　　　B. 无偏性、一致性、准确性
   C. 准确性、有效性、及时性　　　D. 准确性、及时性、完整性

4. 样本统计量和总体参数相比（　　）。
   A. 前者是一个确定值，后者是随机变量
   B. 前者是随机变量，后者是一个确定值
   C. 两者都是随机变量
   D. 两者都是确定值

5. 若甲估计量的方差小于乙估计量的方差，则称（　　）。
   A. 甲是无偏估计量　　　B. 乙是一致估计量
   C. 乙比甲有效　　　D. 甲比乙有效

二、判断题

1. 区间估计能给出参数估计的精度和可靠程度。（　　）
2. 区间估计表明的是一个绝对可靠的范围。（　　）
3. 抽样平均误差反映抽样的可能误差范围，实际上每次的抽样误差可能大于抽样平均误差，也可能小于抽样平均误差。（　　）
4. 无偏性是指作为估计量的方差比其他估计量的方差小。（　　）
5. 在其他条件不变的情况下，置信度增大，抽样极限误差减小。（　　）

三、计算题

1. 为估计某电子邮箱用户每周平均收到的邮件数,抽取了 20 周收到的邮件数,计算出了 20 周平均每周收到 48 封邮件,标准差为 9 封,则其每周平均收到的邮件数的 95% 的置信区间是多少?设每周收到的邮件数服从正态分布。

2. 某厂生产某种电子元件的厚度服从正态分布,现从某批电子元件中随机抽取 50 件,测得平均厚度为 4.8 cm,标准差为 0.6 cm。试求在 95% 置信水平下,该批电子元件平均厚度的区间估计。

3. 某种零件的长度服从正态分布,从某天生产一批零件中按重复抽样方法随机抽取 9 个,测得其平均长度为 21.4 cm,已知总体标准差为 $\sigma = 0.15$ cm,试估计该批零件平均长度的置信区间,置信水平为 95%。

4. 某学校进行一次英语测验,为了解学生的考试情况,随机抽取部分学生进行调查,所得资料如下表所示:

考试成绩(分)	60 以下	60~70	70~80	80~90	90~100
学生人数(人)	10	20	22	40	8

试以 95.45% 的可靠性估计该校学生英语考试的平均成绩的范围及该校学生成绩在 80 分以上的学生所占的比重的范围。

第七章　假设检验

【典型案例 8】

t 检验，20 世纪产品质量改进的第一次大贡献

产品质量是企业老板的良心，更是千家万户老百姓都关心的事。产品质量的检验经常是破坏性的，如药品、灯管寿命、轿车行驶里程的检验等。

20 世纪前，产品质量检验是抽出大量产品（大样本）进行检验后得出结论，这浪费了大量的人力、物力和财力，于是人们提出：对被随机抽出的少数产品（小样本），能否得出检验结论呢？

众所周知，菜的盐量有个合适的均值 μ_0，有个咸或淡的范围，品尝几口菜（小样本）的盐量得到其均值（检验统计量），用咸或淡的范围（拒绝域）比较判断：如果品尝的盐量均值落入拒绝域，则菜的盐量均值 μ 不合适，否则，不能否认菜的盐量均值 μ 合适，这就是小样本检验，根本不用尝很多口菜（大样本）才有结论。将此一般化，在产品质量服从正态分布的总体中，随机抽取少数产品（小样本），用 t 分布（戈塞特，1908）、区间估计（奈曼，1934）中区间事件的余集是小概率事件和小概率原理，得出了量化的检验统计量 t 及拒绝域，在样本有代表性时，用统计量 t 和拒绝域可得出检验的更好决策。

英国统计学家戈塞特

波兰统计学家奈曼

该方法称为 t 检验，其使产品质量检验由大样本被小样本替代，为产品质量检验节省了大量的人力、物力和财力，极大地提高了产品质量检验的效率，迄今仍是消费者、质量监督部门和企业质量检验的有效方法。这是 20 世纪质量改进的第一次大贡献，是产品质量问题、假设检验相结合的重大成果。假设检验将是本章学习的内容。

第一节　假设检验的基本原理

以下我们从一个实际问题的解决,了解假设检验的基本原理。

【例7-1】 某笔记本电脑的质量规定标准为平均寿命 $\mu_0 = 5$ 年。为检验某厂的笔记本电脑寿命质量,从该厂生产的笔记本电脑中随机抽出 $n = 25$ 台,测得平均寿命 $\bar{x} = 4.5$ 年,标准差 $s = 0.4$ 年,设该厂生产的笔记本电脑寿命服从正态分布,在置信度 $1 - \alpha = 95\%$ 下,检验该厂生产的笔记本电脑是否符合规定标准。

解:这里"笔记本电脑的质量规定标准为平均寿命5年"是一个原假设,记为 $H_0: \mu = \mu_0$;如果否定此假设,则为 $H_1: \mu \neq \mu_0$,称为备择假设。问题成为检验 H_0、H_1 哪一个成立。

总体服从正态分布,方差未知,小样本。

如果 $H_0: \mu = \mu_0$ 为真,由区间估计公式 $(\bar{X} - t_{\alpha/2}\frac{S}{\sqrt{n}}, \bar{X} + t_{\alpha/2}\frac{S}{\sqrt{n}})$,对于给定的置信度 $1 - \alpha$,有:

$$P\{|t| \leq t_{\alpha/2}(n-1)\} = 1 - \alpha, \quad t = \frac{\bar{X} - \mu_0}{\frac{S}{\sqrt{n}}} \sim t(n-1)$$

对 $|t| \leq t_{\alpha/2}(n-1)$ 取余集有:

$$P\{|t| \geq t_{\alpha/2}(n-1)\} = \alpha$$

$t_{\alpha/2}(n-1)$ 可查表得出,即 $|t| \geq t_{\alpha/2}(n-1)$ 是小概率事件。

假设检验依据的是小概率原理,即小概率事件在一次试验中是几乎不可能发生的,如果小概率事件发生了,我们拒绝 H_0,即 H_1 成立;否则,我们不能拒绝 H_0。将 t 称为检验统计量,α 称为显著性水平,$|t| \geq t_{\alpha/2}(n-1)$ 称为拒绝域,整理得到例7-1解答步骤:

(1) 建立假设 $H_0: \mu = \mu_0 = 5$　　$H_1: \mu \neq \mu_0 = 5$;

(2) 确定检验统计量及其分布并计算检验统计量的值 $t = \frac{\bar{x} - \mu_0}{s/\sqrt{n}} = \frac{4.5 - 5}{0.4/\sqrt{25}} = -6.25$;

(3) 给定显著性水平 $\alpha = 0.05$,查表得拒绝域:

$$|t| \geq t_{\alpha/2}(n-1) = 2.064 \text{ (小概率事件)};$$

(4) 判断。$t = -6.25$ 落入拒绝域,拒绝 H_0,即此次抽样认为该厂生产的笔记本电脑不符合规定标准。

通过上面的例子,可引出假设检验的一些基本概念和基本步骤。

一、假设检验的概念

（1）假设是指对总体参数或其分布所做的一种陈述。总体参数包括总体均值、总体比例（成数）、总体方差等。原假设是指待检验的假设，研究者想收集证据予以反对的假设，表示为 H_0。通常有 =（双侧），≤或≥（单侧）三种形式。【例7-1】中 H_0：$\mu = 5$。备择假设是指与原假设对立的假设，研究者想收集证据予以支持的假设，表示为 H_1。其通常对应原假设也有三种形式：≠，>或<三种。【例7-1】中 H_1：$\mu \neq 5$。

原假设与备择假设相互排斥，肯定原假设，意味着放弃备择假设；否定原假设，意味着接受备择假设。

建立单侧假设时，一般把明确的陈述作为原假设，把不明确的陈述作为备择假设。

所谓"明确的陈述"是指原有的理论、原有的看法、原有的状况，或者说是那些历史的、经验的，以及在此之前被大多数人所认可的、所接受的东西，在没有充分证据证明其错误时，总是被假定是正确的，处于原假设被保护的位置。而那些"不明确的陈述"是指新的、可能的、猜测的，处于备择假设的位置。例如某公司，以前生产的产品的废品率不低于18%，是明确的陈述，因此，H_0：$\pi \geq 18\%$；该公司对生产设备进行改造后，生产的产品的废品率下降是不明确的陈述，因此，H_1：$\pi < 18\%$。

假设检验是指利用样本统计量的取值，来检验事先对总体参数或总体分布所做的假设是否成立的一种统计推断方法。假设检验可分为参数检验和非参数检验。本章主要讲参数检验，参数检验通常包括总体平均数的检验、总体比例（成数）的检验与总体方差的检验等。例7-1是对总体平均数的检验。

（2）检验统计量是指用于假设检验决策的统计量。选择统计量时，需考虑的是总体是否服从正态分布，从总体中抽得的是大样本还是小样本，总体方差是否已知。例7-1是从正态总体中抽得小样本（$n < 30$），且总体方差 σ 未知，则选择 t 分布为检验统计量，称为 t 检验。

（3）显著性水平 α，即指拒绝原假设的概率，α 通常很小，而 $1 - \alpha$ 就很大。若总体没有发生显著性变化，则样本统计量应该落在以总体待估参数为中心的概率为 $1 - \alpha$ 的区域内，该区域称为抽样分布的接受域；否则，总体就发生了显著性变化，样本统计量应该落在概率为 $1 - \alpha$ 的区域外，该区域被称为抽样分布的拒绝域。因此，α 被称为显著性水平。常用的 α 值有 0.01，0.05，0.10。而接受域和拒绝域的分界点的数值就称为临界值。根据不同的显著性水平值，可得到不同的统计量临界值。这些临界值可通过查表得到。例7-1中 $\alpha = 0.05$，查表得拒绝域：$|t| \geq t_{\alpha/2}(n-1) = 2.064$。

（4）检验规则，第一种是根据拒绝域，将检验统计量的值与 α 水平的临界值进行比较，得出是否拒绝 H_0 的结论，称为临界值规则，例7-1解答用了临界值规则。

第二种是将检验统计量值对应的概率 P 与显著性水平 α 进行比较，若 $P < \alpha$，则检验统计量落入拒绝域，拒绝 H_0；否则，不能拒绝 H_0，称这种检验规则为 P 值规则，计算机软件中通常用 P 值规则。例 7-1 中可根据得到的 t 值在 Excel 2010 中利用 TDIST.2T 函数计算概率 $P = 0 < \alpha$，所以 t 检验统计量落入拒绝域，拒绝 H_0。

二、假设检验的基本步骤

（1）建立假设——原假设和备择假设。

（2）确定适当的检验统计量及其分布，并计算其值。

（3）给定显著性水平 α，确定拒绝域。

（4）判断。

三、假设检验中的两类错误

对于原假设提出的命题，需要判断其是否成立，主要依据样本提供的信息进行判断，也就是由部分来推断总体。因而判断有可能正确，也有可能错误，也就是说，我们会面临犯错误的可能，所犯的错误有两种类型。

第 I 类错误是指原假设 H_0 为真，却拒绝 H_0 的错误，也叫弃真错误或 α 错误。比如例 7-1 中，若原假设该厂生产的笔记本电脑的平均使用寿命符合规定标准，则我们应该接受原假设，但实际却拒绝了，这时就犯 α 错误。

第 II 类错误是指原假设 H_0 为假，却接受 H_0 的错误，也叫取伪错误或 β 错误。比如例 7-1 中，若原假设该厂生产的笔记本电脑的平均使用寿命符合规定标准是不成立的，则我们应该拒绝原假设，但实际却接受了，这时就犯 β 错误。

犯弃真错误的概率用 α 表示；当 H_0 为真，我们没有拒绝 H_0，则表明做出了正确的决策，其概率为 $1-\alpha$。犯取伪错误的概率用 β 表示；当 H_0 为伪，我们拒绝 H_0，则表明做出了正确的决策，其概率为 $1-\beta$。正确决策和犯错误的概率可以归纳如表 7-1 表示。

表 7-1 假设检验中各种可能结果的概率

项 目	没有拒绝 H_0	拒绝 H_0
H_0 为真	$1-\alpha$（正确决策）	α（弃真错误）
H_0 为假	β（取伪错误）	$1-\beta$（正确决策）

对于这两类错误，人们总是希望 α、β 越小越好。但当样本容量 n 一定时，不能同时做到 α、β 都很小，若减少犯第一类错误的概率 α，则犯第二类错误的概率 β 往往增大（见图 7-1），即此时 α、β 反向变化。若要使犯两类错误的概率都减小，只能增加样本容量。

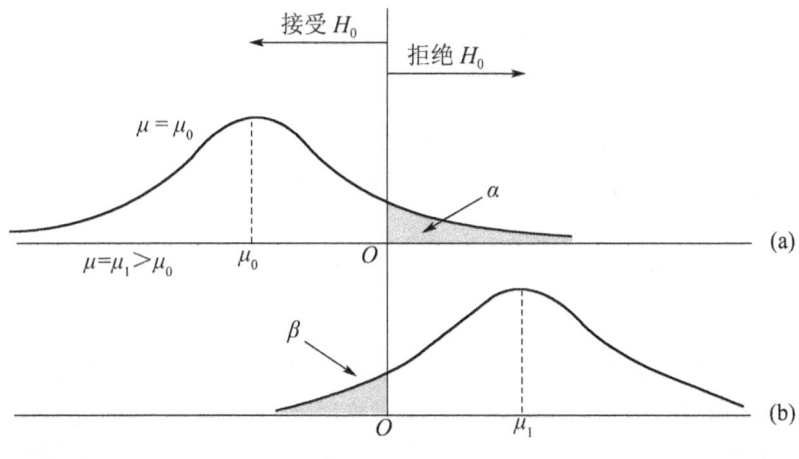

图 7-1 两类错误的关系

一般来说，哪一类错误所带来的后果越严重，危害越大，在假设检验中就应当把哪一类错误作为首要的控制目标。在假设检验中，人们往往认为第一类错误 α 后果更严重，而第二类错误 β 后果的严重性会低一些。因此在实际检验中，犯第一类错误 α 的概率总是要优先加以控制的。

第二节 一个总体参数的检验

一、总体均值的检验

对总体均值进行检验时，检验统计量的选择往往与总体的分布、从总体中抽出的样本量大小、总体的标准差 σ 是否已知有关。

（一）小样本（$n < 30$），总体服从正态分布

1. 总体标准差 σ 未知时，用 t 检验

对于单侧检验，可分为左单侧检验（拒绝域在左侧的检验）与右单侧检验（拒绝域在右侧的检验），与双侧检验同理可得出检验步骤：

（1）建立假设：

H_0：① $\mu = \mu_0$　　H_1：$\mu \neq \mu_0$（双侧检验）
　　　② $\mu \leq \mu_0$　　　　$\mu > \mu_0$（右单侧检验）
　　　③ $\mu \geq \mu_0$　　　　$\mu < \mu_0$（左单侧检验）

（2）确定检验统计量：

$$t = \frac{\overline{X} - \mu_0}{S/\sqrt{n}} \tag{7.1}$$

（3）给定显著性水平 α，得拒绝域（小概率事件）：

① $|t| \geq t_{\alpha/2}(n-1)$ （双侧检验）
② $t \geq t_{\alpha}(n-1)$ （右单侧检验）
③ $t \leq -t_{\alpha}(n-1)$ （左单侧检验）

（4）判断。如果 t 落入拒绝域，拒绝 H_0；如果 t 不落入拒绝域，不能拒绝 H_0。或者根据 t 值可计算出相应的概率 P 值，若检验中 $P < \alpha$ 时，表明 t 落入拒绝域，拒绝 H_0；反之，则不能拒绝 H_0。

一般来说，单侧检验临界值拒绝域不等式的方向，与备择假设的不等式方向一致。

【例 7-2】我国运动员四步助跑的跳高成绩服从正态分布。已知我国女子优秀跳高运动员平均成绩不低于 $\mu_0 = 3.10$ 米，某省抽取 $n=9$ 名女运动员，测得跳高平均成绩 $\bar{x} = 3.04$ 米，标准差 $s = 0.36$ 米，问该省运动员的成绩是否低于我国优秀运动员？（$\alpha = 0.05$）

解："我国女子优秀跳高运动员平均成绩不低于 3.10 米"是明确的陈述，此为原假设 H_0，为左单侧检验。该题总体服从正态分布、标准差 σ 未知、小样本，故有：

（1）建立假设：$H_0: \mu \geq 3.10 \quad H_1: \mu < 3.10$。

（2）确定检验统计量并计算检验统计量值：

$$t = \frac{\bar{x} - \mu_0}{s/\sqrt{n}} = \frac{3.04 - 3.10}{0.36/\sqrt{9}} = -0.5$$

（3）给定显著性水平 α（$\alpha = 0.05$），查 t 分布表，得拒绝域：

$$t \leq -t_{\alpha}(n-1) = -1.86$$

（4）判断。因为 $t = -0.5 > -t_{\alpha}(n-1) = -1.86$，所以 t 不落入拒绝域，不能拒绝 H_0。即此次抽样认为该省运动员的成绩不低于我国优秀运动员。

如果使用 P 值进行决策时，可以在 Excel 2010 中利用 TDIST 函数计算得到 P 值。具体操作路径见附录 2，经计算得到 t 统计量对应的概率 $P = 0.3153 > \alpha = 0.05$，所以不能拒绝 H_0，即认为该省运动员的成绩不低于我国优秀运动员。

2. 总体标准差 σ 已知时，用 z 检验

对于双侧检验和单侧检验，检验步骤如下：

（1）建立假设：

$H_0:$ ① $\mu = \mu_0 \quad H_1: \mu \neq \mu_0$ （双侧检验）
② $\mu \leq \mu_0 \quad \mu > \mu_0$ （右单侧检验）
③ $\mu \geq \mu_0 \quad \mu < \mu_0$ （左单侧检验）

（2）确定检验统计量并计算检验统计量值：

$$Z = \frac{\bar{X} - \mu_0}{\sigma/\sqrt{n}} \tag{7.2}$$

（3）给定显著性水平 α，得拒绝域（小概率事件）：

① $|z| \geq z_{\alpha/2}$ （双侧检验）

② $z \geq z_\alpha$ （右单侧检验）

③ $z \leq -z_\alpha$ （左单侧检验）

（4）判断。如果 z 落入拒绝域，拒绝 H_0；如果 z 不落入拒绝域，不能拒绝 H_0。或者根据 z 值可计算出相应的概率 P 值，若检验中 $P < \alpha$ 时，表明 z 落入拒绝域，拒绝 H_0；反之，则不能拒绝 H_0。

【**例 7 - 3**】某地区水稻的一般生产水平为亩产 500 千克，其标准差为 50 千克。现用一种化肥进行试验，从 16 个小区抽样，平均亩产为 560 千克，已知该地区的水稻产量服从正态分布。则这种化肥是否能使水稻明显增产？（$\alpha = 0.05$）

解：该题中"化肥使水稻明显增产"是不明确的陈述，此为备择假设 H_1，需要用右单侧检验，该题总体服从正态分布、标准差 σ 已知、小样本，故有：

（1）建立假设：

$$H_0: \mu \leq 500 \qquad H_1: \mu > 500$$

（2）确定检验统计量并计算检验统计量的值：由于是小样本，正态总体，总体标准差 σ 已知，因此选用 z 检验统计量，且已知：$\bar{x} = 560$，$\mu_0 = 500$，$\sigma = 50$，$n = 16$，则

$$z = \frac{\bar{x} - \mu_0}{\sigma/\sqrt{n}} = \frac{560 - 500}{50/\sqrt{16}} = 4.8$$

（3）给定显著性水平 α（$\alpha = 0.05$），查 z 分布表，得拒绝域：

$$z \geq z_\alpha = z_{0.05} = 1.645$$

（4）判断。因为 $z = 4.8 > z_{0.05}$，所以 z 落入拒绝域，拒绝 H_0，即此次抽样认为该种化肥可使水稻明显增产。

如果使用 P 值进行决策时，可以在 Excel 2010 中利用 NORMSDIST 函数计算得到 P 值。具体操作路径见附录 2。经计算得到 z 统计量相应的概率为：$P = 1 - 1 = 0 < \alpha = 0.05$，所以拒绝 H_0，得到与前面相同的结论。

（二）大样本（$n \geq 30$）

1. 总体标准差 σ 未知时，同理用 z 检验

对于双侧检验和单侧检验，检验步骤如下：

（1）建立假设：

H_0：①$\mu = \mu_0$　　H_1：$\mu \neq \mu_0$（双侧检验）

②$\mu \leq \mu_0$　　　　$\mu > \mu_0$（右单侧检验）

③$\mu \geq \mu_0$　　　　$\mu < \mu_0$（左单侧检验）

（2）确定检验统计量并计算检验统计量值：

$$Z = \frac{\bar{X} - \mu_0}{S/\sqrt{n}} \tag{7.3}$$

（3）给定显著水平 α，得拒绝域（小概率事件）：

① $|z| \geq z_{\alpha/2}$ （双侧检验）

② $z \geq z_\alpha$　　（右单侧检验）
③ $z \leq -z_\alpha$　　（左单侧检验）

（4）判断。如果 z 落入拒绝域，拒绝 H_0；如果 z 不落入拒绝域，则不能拒绝 H_0。或者根据 z 值可计算出相应的概率 P 值，若检验中 $P < \alpha$ 时，表明 z 落入拒绝域，拒绝 H_0；反之，则不能拒绝 H_0。

【例7-4】某品牌电视规定无故障时间为 10 000 小时，厂家采取改进措施，现在从新批量电视中抽取 100 台，测得平均无故障时间为 10 150 小时，标准差为 500 小时，能否据此判断该品牌电视无故障时间有显著增加（$\alpha = 0.05$）？

解：该题中"厂家改进措施后使某品牌电视无故障时间超过 10 000 小时"是不明确的陈述，是可能的陈述，此为备择假设 H_1，因此要采用右单侧检验，该题中总体标准差 σ 未知，大样本，故有：

（1）建立假设：
$$H_0: \mu \leq 10\ 000\ ; H_1: \mu > 10\ 000$$

（2）确定检验统计量并计算检验统计量值，由于是大样本，故选用 z 检验统计量，且已知：$\bar{x} = 10\ 150$，$n = 100$，$\mu_0 = 10\ 000$，$s = 500$，所以有：
$$z = \frac{\bar{x} - \mu_0}{s/\sqrt{n}} = \frac{10\ 150 - 10\ 000}{500/\sqrt{100}} = 3$$

（3）给定显著性水平 α（$\alpha = 0.05$），查 z 分布表，得拒绝域：
$$z \geq z_\alpha = z_{0.05} = 1.645$$

（4）判断。因为 $z = 3 > z_\alpha$，所以 z 落入拒绝域，拒绝 H_0，即此次抽样认为该品牌电视无故障时间有显著增加。也可根据 z 的值计算出相应的概率 $P = 1 - 0.998\ 7 = 0.001\ 3 < \alpha$，所以拒绝 H_0，得到与前面相同的结论。

2. 总体标准差 σ 已知时，用 z 检验

由于从总体中抽得大样本时，其样本均值的抽样分布仍然服从正态分布，所以其检验统计量仍然为 z 统计量，且 σ 也已知，因此其检验步骤与前面的正态总体中抽得小样本 σ 已知的检验步骤完全相同。

【例7-5】某罐头食品公司生产果酱，标准规格是每罐净重 250 克。根据以往经验，标准差是 4 克。现在从该公司生产的一批这种果酱中抽取 100 罐检验，得到它们的平均重量为 251 克，按规定，显著性水平 $\alpha = 0.05$，问该批果酱是否合乎标准？

解：该题中"果酱标准规格是每罐净重 250 克"是明确的陈述，此为原假设 H_0，因此要采用双侧检验，该题中总体标准差 σ 已知，大样本，故有：

（1）建立假设：
$$H_0: \mu = 250\ ; H_1: \mu \neq 250$$

（2）确定检验统计量并计算检验统计量值，由于是大样本，故选用 z 检验统计量，且已知：$\bar{x} = 251$，$n = 100$，$\mu_0 = 250$，$\sigma = 4$，所以有：
$$z = \frac{\bar{x} - \mu_0}{\sigma/\sqrt{n}} = \frac{251 - 250}{4/\sqrt{100}} = 2.5$$

（3）给定显著性水平 α（$\alpha = 0.05$），查 z 分布表，得拒绝域：
$$|z| \geq z_{\alpha/2} = z_{0.025} = 1.96$$

（4）判断。因为 $|z| = 2.5 > z_{\alpha/2}$，所以 z 落入拒绝域，拒绝 H_0，即此次抽样认为该批果酱不符合标准要求。也可根据 z 的值计算出相应的概率：$P = (1 - 0.9938) \times 2 = 0.0062 < \alpha$，所以拒绝 H_0，得到与前面相同的结论。

二、总体成数（或总体比例）的检验

若总体中只有两种结果，即服从两点分布，在抽取大样本情况下，即满足 $n\pi_0 \geq 5$，$n(1 - \pi_0) \geq 5$ 时可用正态分布来近似。对于双侧检验，单侧检验有如下检验步骤：

（1）建立假设：

H_0：① $\pi = \pi_0$　　　H_1：$\pi \neq \pi_0$（双侧检验）

　　　② $\pi \leq \pi_0$　　　　　$\pi > \pi_0$（右单侧检验）

　　　③ $\pi \geq \pi_0$　　　　　$\pi < \pi_0$（左单侧检验）

（2）确定检验统计量并计算检验统计量值：

$$z = \frac{p - \pi_0}{\sqrt{\dfrac{\pi_0(1 - \pi_0)}{n}}} \sim N(0,1) \tag{7.4}$$

式中，p 为样本成数（样本比例），π_0 为总体成数（总体比例）π 的假设值。

（3）给定显著性水平 α，得拒绝域（小概率事件）：

① $|z| \geq z_{\frac{\alpha}{2}}$　（双侧检验）

② $z \geq z_\alpha$　（右单侧检验）

③ $z \leq -z_\alpha$　（左单侧检验）

（4）判断。如果 z 落入拒绝域，拒绝 H_0；如果 z 不落入拒绝域，不能拒绝 H_0。或者根据 z 值可计算出相应的概率 P 值，若 $P < \alpha$ 时，表明 z 落入拒绝域，拒绝 H_0；反之，则不能拒绝 H_0。

【例 7 - 6】 某企业的人力资源管理部门估计该企业 80% 的员工有潜力可挖。为检验这一说法是否可靠，随机抽取了 100 名员工，经过严格的考评，结果显示大约有 75% 的员工存在不同程度的潜力。问：该企业的人力资源管理部门所说情况是否属实？（$\alpha = 0.1$）

解： 该题中"某企业的人力资源管理部门估计该企业 80% 的员工有潜力可挖"是明确的陈述，此为原假设 H_0，需用双侧检验，故有：

（1）建立假设：H_0：$\pi = 80\%$；H_1：$\pi \neq 80\%$。

（2）确定检验统计量并计算检验统计量值：已知 $\pi_0 = 80\%$，$n = 100$，$p = 75\%$，则

$$z = \frac{p - \pi_0}{\sqrt{\dfrac{\pi_0(1 - \pi_0)}{n}}} = \frac{75\% - 80\%}{\sqrt{\dfrac{80\% \times (1 - 80\%)}{100}}} = \frac{-5\%}{4\%} = -1.25$$

(3) 给定显著性水平 α（$\alpha = 0.1$），查 z 分布表，得拒绝域：
$$|z| \geqslant z_{\alpha/2} = z_{0.05} = 1.645$$

(4) 判断。因为 $|z| = 1.25 < z_{\alpha/2}$，所以 z 不落入拒绝域，不能拒绝 H_0，即此次抽样认为该企业的人力资源管理部门所说情况是属实的。也可根据 z 的值计算出相应的概率 $P = 0.10565 \times 2 > \alpha$，不能拒绝 H_0，即认为该企业的人力资源管理部门所说情况属实。

三、总体方差的检验

当一个总体近似服从正态分布时，可检验其方差或标准差。检验步骤如下：

(1) 建立假设：

H_0：① $\sigma^2 = \sigma_0^2$　　H_1：(1) $\sigma^2 \neq \sigma_0^2$（双侧检验）
　　② $\sigma^2 \leqslant \sigma_0^2$　　　　(2) $\sigma^2 > \sigma_0^2$（右单侧检验）
　　③ $\sigma^2 \geqslant \sigma_0^2$　　　　(3) $\sigma^2 < \sigma_0^2$（左单侧检验）

(2) 确定检验统计量并计算检验统计量值：
$$\chi^2 = \frac{(n-1)S^2}{\sigma_0^2} \tag{7.5}$$

(3) 给定显著性水平 α，得拒绝域（小概率事件）：

① $\chi^2 > \chi_{\alpha/2}^2(n-1)$ 或 $\chi^2 \leqslant \chi_{(1-\alpha/2)}^2(n-1)$（见图 7-2）　（双侧检验）
② $\chi^2 \geqslant \chi_\alpha^2(n-1)$　　　　　　　　　　　　　　　　　（右单侧检验）
③ $\chi^2 \leqslant \chi_{(1-\alpha)}^2(n-1)$　　　　　　　　　　　　　　　（左单侧检验）

(4) 判断。如果 χ^2 落入拒绝域，拒绝 H_0；如果 χ^2 不落入拒绝域，则不能拒绝 H_0。

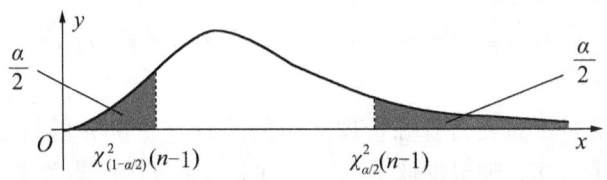

图 7-2　卡方检验示意图

【例 7-7】根据长期正常生产的资料可知，某厂生产的维尼纶纤度服从正态分布，其方差为 0.0025。现从某日生产的产品中随机抽出 25 根，测得样本方差为 0.0036。试判断该日纤度的波动与平时有无显著差异（$\alpha = 0.01$）？

解：该题中"根据长期正常生产的资料可知，某厂生产的维尼纶纤度的方差为 0.0025"是明确的陈述，此为原假设 H_0，因此用双侧检验，故有：

(1) 建立假设：$H_0: \sigma^2 = 0.0025$；$H_1: \sigma^2 \neq 0.0025$。

(2) 确定检验统计量并计算检验统计量值：已知 $\sigma_0^2 = 0.0025$，$s^2 = 0.0036$，$n = 25$，则

$$\chi^2 = \frac{(n-1)s^2}{\sigma_0^2} = \frac{(25-1) \times 0.0036}{0.0025} = 34.56$$

(3) 给定显著性水平 α ($\alpha = 0.01$),查得 χ^2 分布表,得拒绝域:
$$\chi^2 > \chi^2_{\alpha/2}(n-1) = \chi^2_{0.005}(24) = 45.5585$$
或
$$\chi^2 \leq \chi^2_{(1-\alpha/2)}(n-1) = \chi^2_{0.995}(24) = 9.8862$$

(4) 判断。因为 $\chi^2_{(1-\alpha/2)}(n-1) < \chi^2 < \chi^2_{\alpha/2}(n-1)$,$\chi^2$ 不落入拒绝域,不能拒绝 H_0,即此次抽样认为该日纤度的波动与平时无显著差异。

如果使用 P 值进行决策,可以在 Excel 2010 中利用 CHISQ.DIST.RT 函数计算得到 P 值。具体操作路径见附录 2。经计算得到 χ^2 统计量相应的概率为:$P = 0.075 \times 2 > \alpha$,$\chi^2$ 不落入拒绝域,不能拒绝 H_0,与前面方法得到相同的结论。

小　　结

本章首先给出了假设检验中涉及的相关概念、基本原理与检验步骤,在此基础上,具体针对一个总体参数,主要包括总体均值、总体成数(比例)、总体方差进行检验。通过这些检验在一定程度上为社会生活中一些产品质量的管理提供参考。

思 考 题

1. 给出假设检验的基本思想。
2. 如何建立假设?
3. t 检验与 3σ 质量管理原则有何区别?

练 习 题

一、单项选择题

1. 在假设检验中,原假设和备择假设(　　)。
    A. 有可能同时成立
    B. 有可能同时不成立
    C. 只有一个成立而且必有一个成立
    D. 原假设一定成立,备择假设不一定成立
2. 当样本容量一定时,在假设检验中,犯两类错误的可能情况是(　　)。

A. α 增大，β 增大 　　　　　　　B. α 减小，β 减小
C. α 减小，β 增大 　　　　　　　D. 无法确定

3. 进行假设检验时，在其他条件不变的情况下，增加样本容量，检验结论犯两类错误的概率会（　　）。

A. 都减小 　　　　　　　　　　　　　B. 都增大
C. 都不变 　　　　　　　　　　　　　D. 一个增大，一个减小

4. 一项新的减肥计划声称，在计划实施的第一周内，参加者的体重平均至少可以减轻 8 磅，随机抽取 36 名参加该项计划的减肥者，测得他们的平均体重减少 7 磅，标准差为 3.2 磅，则其原假设和备择假设是（　　）。

A. $H_0:\mu \leq 8$　　$H_1:\mu > 8$　　　　B. $H_0:\mu \geq 8$　　$H_1:\mu < 8$
C. $H_0:\mu \leq 7$　　$H_1:\mu > 7$　　　　D. $H_0:\mu \geq 7$　　$H_1:\mu < 7$

5. 某一贫困地区估计营养不良人数高达 20%，然而有人认为这个比例实际上还更高，要检验该说法是否正确，则假设形式为（　　）。

A. $H_0:\pi \leq 20\%$　　$H_1:\pi > 20\%$　　B. $H_0:\pi \geq 20\%$　　$H_1:\pi < 20\%$
C. $H_0:\pi \leq 30\%$　　$H_1:\pi > 30\%$　　D. $H_0:\pi \geq 30\%$　　$H_1:\pi < 30\%$

二、判断题

1. 若当 $n \geq 30$ 时，对一个总体均值进行检验的假设为：$H_0:\mu \leq \mu_0$；$H_1:\mu > \mu_0$。则其拒绝域为：$z \geq z_\alpha$。（　　）

2. 原假设的接受与否，与选择的检验统计量有关，与显著性水平 α 无关。（　　）

3. 对一个总体比例进行检验时，若根据其检验统计量计算出相应的概率 P 值，并得到 $P < \alpha$，则不应拒绝原假设 H_0。（　　）

4. 检验一个正态总体的方差时所使用的分布是 χ^2 分布。（　　）

三、计算题

1. 加工某零件的标准口径服从均值为 20 毫米，标准差为 0.3 毫米的正态分布。现从生产的零件中随机抽取 36 件，测得它们的均值为 20.5 毫米，试以 0.05 的显著性水平检验生产的零件是否符合标准要求？

2. 已知普通成年人安静时的心率服从正态分布，其平均数是 72 次/min。现从某体院随机抽测 64 名男生，测得安静时心率平均数为 68 次/min，标准差为 6.4 次/min，试问某体院男生安静时心率与普通成年人的心率有无差异？（$\alpha = 0.01$）

3. 根据过去大量资料，HL 厂生产的保温产品的使用寿命服从正态分布 $N(1\,020, 100^2)$。现从最近生产的一批产品中随机抽取 16 件，测得样本平均寿命为 1 080 小时。试在 0.05 的显著性水平下判断这批产品的使用寿命是否有显著提高？

4. 某车间用一台包装机包装葡萄糖，包得的袋装糖重是一个随机变量，它服从正态分布。当机器正常时，其均值为 0.5 千克。某日开工后为检验包装机是否正常，随机地抽取它所包装的糖 9 袋，称得净重为（千克）：0.498、0.508、0.518、0.524、

0.499、0.513、0.521、0.515、0.512，问机器是否正常？（$\alpha = 0.05$）

5. 某厂家向一百货商店长期供应某种货物，双方根据厂家的传统生产水平，定出质量标准，即若次品率超过 5%，则百货商店可拒收该批货物。今有一批货物，随机抽 100 件检验，发现有次品 4 件，问应如何处理这批货物？（$\alpha = 0.05$）

6. 某厂生产的某种型号的电池，其寿命（单位：小时）长期以来服从方差 5 000 的正态分布。现有一批这种电池，从它的生产情况来看，寿命的波动性有所变化。现随机抽取 26 只电池，测出其寿命的样本方差为 9 200，问根据这一数据能否推断这批电池寿命的波动性较以往有显著的变化（$\alpha = 0.05$）？

四、案例分析题

一家大型超市连锁店上个月接到许多消费者投诉某种品牌炸土豆片中 60g 一袋的土豆片的重量不符。店方猜想引起这些投诉的原因是运输过程中沉积在食品袋底部的土豆片碎屑，但为了使顾客们对花钱买到的土豆片感到物有所值，店方仍然决定对来自一家最大的供应商的下一批袋装土豆片的平均重量（单位：g）进行检验，假设陈述如下：

$$H_0: \mu \geq 60 \; ; \; H_1: \mu < 60$$

如果有证据可以拒绝原假设，店方就拒绝这批炸土豆片并向供应商提出投诉。

1. 与这一假设检验问题相关联的第 I 类错误是什么？
2. 与这一假设检验问题相关联的第 II 类错误是什么？
3. 你认为连锁店的顾客们会将哪类错误看得较为严重？而供应商会将哪类错误看得较为严重？

第八章 相关与回归分析

【典型案例9】

高尔顿测出了父辈身高与儿子身高趋势的关系

我们通常会观察到：父亲高一点、儿子就高一点，父亲矮一点、儿子就矮一点，这称为正相关关系。对于矮父亲来说，由于高一点会有更多机会，矮父亲希望儿子高一点，即矮父亲的问题是：儿子身高有高于父亲的趋势吗？同样，对于高父亲来说，由于矮一点生活更方便，高父亲希望儿子矮一点，即高父亲的问题是：儿子身高有矮于父亲的趋势吗？

为解决此问题，高尔顿（1886）设父亲的身高为自变量x、儿子的身高为因变量y，收集了父亲和他们成年儿子的身高数据，从(x, y)的散点图、直线模型得到直观启发，将最小二乘法（高斯，1801）用到身高数据中，结果是：矮于父辈平均身高父亲的儿子有高于父亲的趋势，而高于父辈平均身高父亲的儿子有矮于父亲的趋势，即有"回归"到父辈平均身高的趋势，这就是统计学上"回归"最早的涵义。父辈为了调整儿子的身高，可由此得出更好的决策。

英国统计学家高尔顿

高尔顿创立了回归分析，成为生物统计学的奠基人，开创了生物统计学研究的先河。

1969年，挪威人弗里希和荷兰人丁伯根，用回归分析建立和发展了经济计量学，获得了首次诺贝尔经济学奖。1980年，美国人克莱因因创造性地将经济计量学应用于经济预测和经济政策，获得了诺贝尔经济学奖。2003年，美国人恩格尔和英国人格兰杰，因在经济计量学中发明了处理许多经济时间序列两个关键特性的统计方法：时间变化的变更率和非平稳性，获得诺贝尔经济学奖。

德国数学家高斯

回归分析（regression analysis）是确定两个或两个以上变量间相互依赖的定量关系的一种重要统计分析方法，回归分析对科学和社会经济的发展产生了巨大的作用，做出了巨大的贡献，其是经济学、统计学、数学相结合的成果。相关与回归分析是本章要学习的内容。

第一节 相关分析

一、函数关系与相关关系

在生产经营或日常生活当中，我们经常要对变量之间的关系进行分析，如在商业活动中，需要分析广告投入费用与商品销售额之间的关系，以便通过给定的广告投入来预测未来的商品销售额。变量之间的关系可划分为两种：函数关系与相关关系。

变量之间有确定的关系，称为函数关系。如销售额与价格、销售量的关系，圆的面积与半径的关系等，这些可由数学来给出描述。

变量之间有关系，但不确定，称为相关关系。如典型案例9中，父辈身高与儿子身高有关系，但给定相同的父辈身高，儿子身高往往不相同；反之，身高相同的儿子，他们父辈的身高也往往不相同。又如学生的学习时间与考试成绩有关系，但给定相同的学习时间，学生的考试成绩往往不相同；反之，考试成绩相同的学生，他们的学习时间也往往不相同。还有，居民消费与居民家庭收入的关系、受教育年限与工资水平的关系、储蓄利率与银行年末储蓄额度之间的关系等。对具有相关关系的变量，显然不能运用函数关系进行描述，但也并非毫无规律可言。通过对大量数据的观察与分析，我们就会发现变量之间存在一定的客观规律性。如典型案例9通过很多父辈身高与儿子身高的观察，会发现父亲高一点、儿子就高一点的规律；通过大量居民收入、消费数据的收集会发现：居民收入较高时，其消费一般也较高。

二、相关关系的描述与度量

所谓相关分析，就是对相关关系进行描述与测度，寻找变量之间数量方面的相互变动规律，为进一步研究现象之间的内在联系提供定量参考。相关分析一般按照以下步骤进行：

（1）确认变量之间是否存在关系，如果存在关系，确认它们之间是否是相关关系。

（2）如果是相关关系，确认变量之间关系的类型、方向与强度。

相关关系中，两个变量之间的相关关系是基础，因此，本书主要讨论这种相关关系。

1. 散点图

使用相关关系分析解决实际问题时，通常通过绘制两个变量之间的散点图，初步直观地判断变量之间相关关系的类型、方向和强弱程度。

对变量 x 与 y，设收集到 n 对数据，记为 (x_i, y_i)（$i = 1, 2, \cdots, n$）。用直角坐标系的横坐标轴代表 x，纵坐标轴代表 y，(x_i, y_i) 在坐标系用一个点表示，n 对数据在坐标系中形成的 n 个点称为散点，由坐标及其散点形成的二维数据图就是散点图，如图 8-1 所示。

从图8-1可以看到，相关关系的表现形态可以进行如下划分：

（1）从相关的方向来看，相关关系可以分为正相关和负相关。当一个变量的数量增加（或减少），另一个变量也随之增加（或减少），称为正相关，如图8-1a所示。如考试成绩一般随着复习时间的增加而提高，因此成绩与复习时间是正

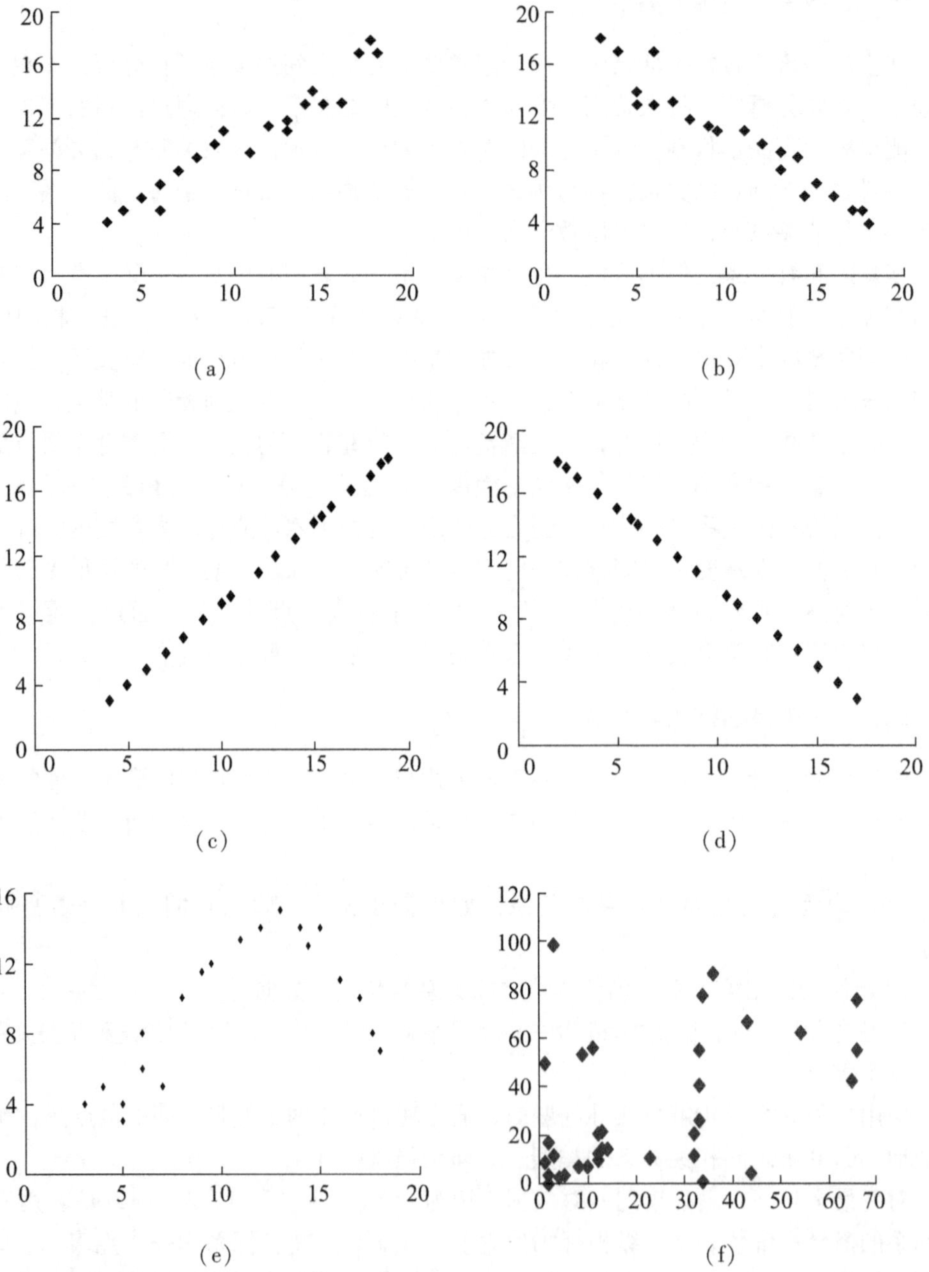

图8-1 散点图

相关关系。当一个变量的数量增加（或减少），而另一个变量的数量向相反的方向变动，则称为负相关，如图8-1b所示，商品的销售价格与其销量之间的关系一般是负相关关系。

（2）从相关的形式来看，相关关系可以划分为线性相关与非线性相关。当变量之间的关系大概呈现出线性关系时，称之为线性相关，比如，父辈身高与子辈身高一般呈现线性相关。当变量之间的关系大概呈现出某种曲线方程的关系，称之为非线性相关。线性相关关系如图8-1a所示，非线性相关关系如图8-1e所示。

（3）从相关关系的强弱来看，相关关系可以划分为完全相关、不完全相关与不相关。完全相关是指一个变量的取值完全取决于另外一个变量，实际上此时可以将变量之间的关系理解为函数关系，见图8-1c和图8-1d。如果两个变量的观测点很凌乱，毫无规律可循，那么两个变量就存在不相关的关系，见图8-1f。很自然地，如果两个变量之间的相关程度介于完全相关与不相关之间，那么称之为不完全相关。

【例8-1】假如某公司想研究与客户的联系次数和销售额之间是否存在某种关系，收集了如表8-1所示 $n=10$ 个月的样本信息，其中 x 列表示某月与客户的联系次数，y 列给出的是该月公司的销售额（单位：百万元），绘制 x，y 的散点图（见图8-2）。

表8-1 某公司与客户的联系次数与销售额数据

y（各月的销售额）	x（各月的客户联系次数）
189	11
156	13
205	15
353	27
467	26
684	30
457	30
374	22
452	27
743	45

根据表8-1的数据，绘制散点图8-2（操作路径见附录2）。

从图8-2可以看到，客户联系次数与销售额之间存在较强的正线性相关关系。

2. 相关系数

虽然我们可以通过描绘散点图，观察两个变量之间有无相关关系，并对两个变量的关系形式、关系方向以及关系强弱进行大致的判断，但这种观察与判断是初步的，而且难免带有一定的主观任意性，难以得出精确的定量分析结果。那么，应该如何更准确地测度两个变量之间的相关关系呢?

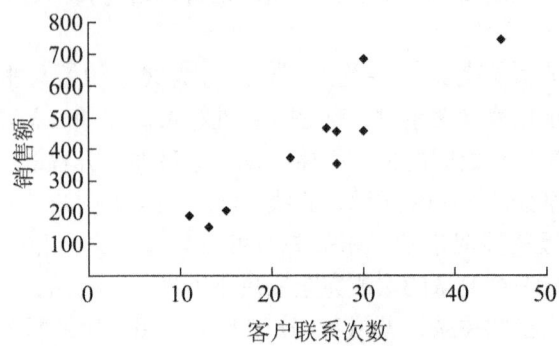

图 8-2　客户联系次数 x 与销售额 y 散点图

相关系数是测度线性相关关系方向与强弱程度的常用方法。

相关系数分为两种:一种是总体相关系数,其是用于测度 x 和 y 之间真实的线性相关程度,一般用 ρ 来表示,相关系数计算公式为:

$$\rho = \frac{\mathrm{Cov}(X,Y)}{\sqrt{\mathrm{Var}(X)}\sqrt{\mathrm{Var}(Y)}}$$

其中,$\mathrm{Cov}(X,Y)$ 表示变量 x 和 y 的协方差;$\mathrm{Var}(X)$、$\mathrm{Var}(Y)$ 分别表示变量 x 和 y 的方差。

总体相关系数是表述两个变量之间线性相关程度的一个数值,是一个常数,但由于现实中难以对总体变量 x 和 y 的全部数值进行一一观察,因此,总体相关系数通常是未知的。一般我们从总体中随机抽取一定样本容量 n 的样本,利用 x 和 y 的样本相关系数作为总体相关系数的估计。样本相关系数 r 的计算公式为:

$$r = \frac{\sum(x_i - \bar{x})(y_i - \bar{y})}{\sqrt{\sum(x_i - \bar{x})^2 \sum(y_i - \bar{y})^2}} \tag{8.1}$$

在实际计算中,有时候为了配合通常提供原始数据资料的惯例,也可以按照式 (8.1) 的变形公式 (8.2) 进行计算。

$$r = \frac{n\sum x_i y_i - \sum x_i \sum y_i}{\sqrt{n\sum x_i^2 - (\sum x_i)^2}\sqrt{n\sum y_i^2 - (\sum y_i)^2}} \tag{8.2}$$

上述样本相关公式又叫作样本线性相关公式。

为了更加深刻地理解相关系数 r,我们给出相关系数 r 的性质与特点。

(1) r 的取值范围介于 -1 与 1 之间,即 $r \in [-1,1]$。如果 $0 < r \leqslant 1$,说明 x 和 y 两个变量具有正线性相关关系;如果 $-1 \leqslant r < 0$,说明 x 和 y 两个变量具有负线性相关关系;如果 $r = 1$,说明 x 和 y 两个变量具有完全正线性相关关系,如果 $r = -1$,说明 x 和 y 两个变量具有完全负线性相关关系,因此,当 $|r| = 1$,x 和 y 两

个变量呈现线性函数关系，y 的取值完全由 x 的值决定；如果 $r=0$ 时，表明 x 和 y 的样本观测值之间没有线性相关关系。

（2）相关系数 r 具有对称性，即 x 和 y 之间的相关系数与 y 和 x 之间的相关系数相等。

（3）r 是一个相对数，其取值与 x 和 y 这两个变量具体的计量单位无关。

（4）r 是对变量之间线性相关关系的度量，$r=0$ 只是说明两个变量之间不具有线性相关关系，但这不意味着两个变量之间不存在其他类型的相关关系，比如说非线性相关关系，而这需要运用其他指标去描述和分析。

（5）r 仅仅是对两个变量之间线性关系的一个测度，即便是 $r \neq 0$，也只能从数量关系的角度反映两个变量之间的联系形式及其密切程度，但据此依然无法判断两个变量是否存在因果关系或者逻辑上的内在联系。从科学的角度看，要严谨判断和解释两个事物的内在关联与因果关系，一方面需要依靠实质性的相关科学领域的具体理论作为指导和支撑，即需要理论基础；另一方面，需要我们结合统计上的数据分析或经验分析来分析。如果对本来没有内在联系的两个现象，仅仅依靠相关分析以及后面的回归分析来分析，往往是一种"伪相关"或"伪回归"，这样的分析不但不具有科学性，反而会得出一些误导人们决策的荒谬结论。

【例 8-2】计算例 8-1 中与客户的联系次数和销售额的相关系数，说明其意义。

解：这里用式（8.2）计算，由表 8-1 的数据计算得：$\sum x_i = 246$，$\sum y_i = 4\,080$，$\sum x_i^2 = 6\,958$，$\sum y_i^2 = 2\,017\,714$，$\sum x_i y_i = 116\,952$，代入式（8.2）得客户联系次数与销售额数据的相关关系 r：

$$r = \frac{n\sum x_i y_i - \sum x_i \sum y_i}{\sqrt{[n\sum x_i^2 - (\sum x_i)^2][n\sum y_i^2 - (\sum y_i)^2]}}$$

$$= \frac{10 \times 116\,952 - 246 \times 4\,080}{\sqrt{[10 \times 6\,958 - 246^2][10 \times 2\,017\,714 - 4\,080^2]}} = 0.927$$

相关系数测算结果表明，与客户联系次数和销售额之间存在较强的正线性相关关系。

3. 相关系数检验

总体的变量 x 与 y 联合服从正态分布，对 x 与 y 的相关系数 ρ 是否等于 0 进行检验。步骤如下（推导略）：

（1）建立假设 $H_0: \rho = 0$；$H_1: \rho \neq 0$。

（2）检验统计量 $t = \dfrac{r\sqrt{n-2}}{\sqrt{1-r^2}} \sim t(n-2)$。

（3）给定显著性水平 α，查 t 分布表，得拒绝域（小概率事件）：

$$|t| \geq t_{\alpha/2}(n-2)$$

（4）判断。如果 t 落入拒绝域，拒绝 H_0，表明 x 与 y 存在显著的线性相关关系。

如果 t 不落入拒绝域，不能拒绝 H_0，表明 x 与 y 不存在线性相关关系。

【例 8-3】 在显著性水平 $\alpha = 0.05$ 下，检验例 8-1 相关系数 ρ 是否等于 0。

解：检验统计量 $t = \dfrac{r\sqrt{n-2}}{\sqrt{1-r^2}} = \dfrac{0.927\sqrt{10-2}}{\sqrt{1-0.927^2}} = 6.99$，查 t 分布表，得拒绝域：

$$|t| \geq t_{\alpha/2}(n-2) = 2.306$$

t 落入拒绝域，拒绝 H_0，表明客户联系次数 x 与销售额 y 之间存在显著正线性相关关系。

第二节 一元线性回归

一、一元线性回归方程

上一节介绍的相关分析可以用于测度变量之间数量方面的关系方向与强度，主要的分析工具是散点图、相关系数，但相关分析不能判断变量之间相关关系的具体数学形式，也无法通过一个变量的变化来预测另一个变量的变化情况，而回归分析则可以解决此问题。

下面我们通过一个实际问题的解决，来理解回归分析及其基本概念。

【例 8-4】 某食品连锁公司比萨饼的需求量 y 与其价格 x 的样本数据如表 8-2 所示，试用散点图作相关分析，并建立比萨饼需求量与其价格之间具体的估计数量关系。

解：首先，描绘样本数据的散点图（见图 8-3），可以看到 y 与 x 具有高度负的线性相关关系，通过检验可知，比萨饼需求量 y 与其价格 x 存在显著的负线性相关关系，我们推断总体中 y 与 x 具体的数量关系为：

表 8-2 比萨饼需求与其价格的数据

y（个）	x（元）
89	5
86	10
84	15
82	20
80	25
79	30
76	35
74	40
70	45
69	50

$$y_i = \beta_0 + \beta_1 x_i + u_i \quad (i = 1, 2, \cdots) \tag{8.3}$$

即 y 是 x 的线性函数 $\beta_0 + \beta_1 x$ 加上随机误差项 u，假定 $E(u_i) = 0$，式（8.3）称为一元线性总体回归模型。一般解释变量 x 为确定性变量，对式（8.3）取平均值有：$E(y_i) = \beta_0 + \beta_1 x_i (i = 1, 2, \cdots)$，略去角标 i，称：

$$E(y) = \beta_0 + \beta_1 x \tag{8.4}$$

为一元线性总体回归函数，未知参数 β_0 和 β_1 称为回归系数，它们只能从总体中抽取样本得到的数据去估计，设 $\hat{\beta}_0$、$\hat{\beta}_1$ 为 β_0、β_1 的估计，称：

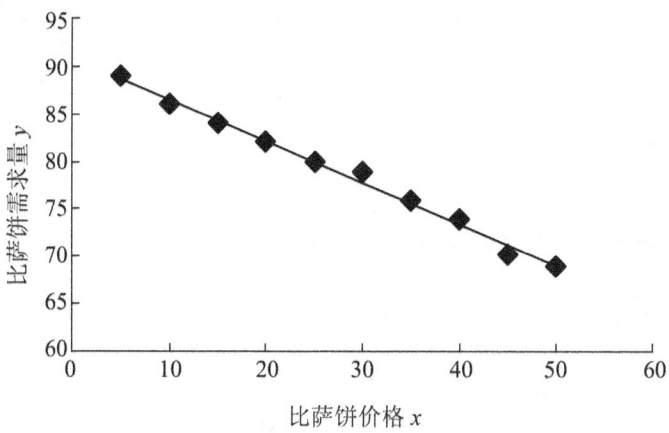

图 8-3 比萨饼价格 x 与需求量 y 的散点图

$$\hat{y} = \hat{\beta}_0 + \hat{\beta}_1 x \tag{8.5}$$

为 y 关于 x 的一元线性样本回归方程,或样本回归直线。其中 $\hat{\beta}_0$ 为样本回归直线的截距,$\hat{\beta}_1$ 为样本回归直线的斜率。如何更好地估计参数 $\hat{\beta}_0$ 和 $\hat{\beta}_1$?直观的思想是:使残差的平方和 $Q = \sum_{i=1}^{n}(y_i - \hat{y}_i)^2$ 达到最小来估计参数,这称为最小二乘估计法。

因为 $Q = \sum_{i=1}^{n}(y_i - \hat{y}_i)^2 = \sum_{i=1}^{n}(y_i - \hat{\beta}_0 - \hat{\beta}_1 x_i)^2$ 是 $\hat{\beta}_0$ 和 $\hat{\beta}_1$ 的二次函数且非负,故极小值存在且唯一。令 Q 对 $\hat{\beta}_0$ 和 $\hat{\beta}_1$ 的一阶偏导数为 0,得两个方程,解方程组得:

$$\hat{\beta}_1 = \frac{n\sum x_i y_i - \sum x_i \sum y_i}{n\sum x_i^2 - (\sum x_i)^2} = \frac{\sum(x_i - \bar{x})(y_i - \bar{y})}{\sum(x_i - \bar{x})^2} \tag{8.6}$$

$$\hat{\beta}_0 = \bar{y} - \hat{\beta}_1 \bar{x} \tag{8.7}$$

这就得到了 y 关于 x 的一元线性回归方程:$\hat{y} = \hat{\beta}_0 + \hat{\beta}_1 x$。

例 8-4 中比萨饼的需求量 y 与其价格 x 具体的估计数量关系:由表 8-2 数据有,$\bar{x} = 27.5$,$\bar{y} = 78.9$,$\sum(x_i - \bar{x})^2 = 2062.5$,$\sum(y_i - \bar{y})^2 = 398.9$,$\sum(x_i - \bar{x})(y_i - \bar{y}) = -902.5$,由式 (8.6)、式 (8.7) 得:

$$\hat{\beta}_1 = \frac{\sum(x_i - \bar{x})(y_i - \bar{y})}{\sum(x_i - \bar{x})^2} = -\frac{902.5}{2\,062.5} = -0.4376$$

$$\hat{\beta}_0 = \bar{y} - \hat{\beta}_1 \bar{x} = 78.9 - (-0.4376 \times 27.5) = 90.93$$

即比萨饼需求量 y 关于价格 x 的一元线性样本回归方程为:

$$\hat{y} = 90.93 - 0.4376x$$

当该方程能够通过检验时，$\hat{\beta}_1 = -0.4376$ 表示：价格 x 增加 1 元时，估计比萨饼需求量 y 平均减少 0.4376 个；价格 $x = 73$ 元时，估计比萨饼平均需求量为：

$$\hat{y}|_{x=73} = 90.93 - 0.4376 \times 73 = 58.99 \text{ 个}$$

在实际应用中，回归分析的参数估计使用 Excel 软件，本章最后将进行一些介绍。

二、一元线性回归方程的标准假定与优良性

估计回归系数 β_0 和 β_1 的方法不唯一，自然会有哪个方法更好或更合理的问题。方法更好或更合理是有条件的，这里给出误差项的标准假定：

(1) 误差项零均值假定，即：

$$E(u_i) = 0 \quad (i = 1, 2, \cdots)$$

其表明，尽管随机误差项 u_i 会随机取不同的值，可正可负，但平均地看，这些随机扰动项 u_i ($i = 1, 2, \cdots$) 的数学期望可以假定为零。

(2) 误差项同方差假定：

$$\text{Var}(u_i) = \sigma^2 \quad (i = 1, 2, \cdots)$$

其表明，给定解释变量 x 取不同值 x_i ($i = 1, 2, \cdots$) 时，u_i 相对于各自均值的离散程度相同。

(3) 误差项无序列相关假定

$$\text{Cov}(u_i, u_j) = 0, \quad i \neq j \quad (i, j = 1, 2, \cdots)$$

其说明，产生各个误差的因素是完全随机的，并且彼此之间不相关。

(4) 解释变量与误差项不相关假定：

$$\text{Cov}(x_i, u_i) = 0 \quad (i = 1, 2, \cdots)$$

其中，x_i 在重复抽样中是固定取值的，被视为确定性变量。

(5) 误差项正态性假定：误差项 u_i 服从正态分布 $N(0, \sigma^2)$。

满足以上标准假定的一元线性回归模型，称为标准的一元线性回归模型。

高斯 - 马尔可夫（Gauss - Markov）定理：在满足上述假设下，回归系数的最小二乘估计具有无偏性、方差最小性、一致性。即最小二乘估计与用其他参数估计方法求得的任何线性无偏估计相比，具有方差最小、一致的优良统计性质。通俗点讲，回归系数的最小二乘估计量在标准的假设条件下，是一种优良的参数估计方法，但需要强调的是，这并不意味着根据最小二乘估计方法计算的每一个具体的估计值都要比根据其他方式计算的具体估计值更接近真值，而只是表明如果可以反复进行估计值计算或扩大样本容量进行估计值计算，按照最小二乘估计方法得出的估计值接近真值的可能性最大。

在后面的回归系数显著性检验与回归模型预测中，我们需要对随机误差项的方差 σ^2 进行估计，数学上可以证明，σ^2 的无偏估计 S^2 可由下式给出：

$$S^2 = \frac{\sum_{i=1}^{n}(y_i - \hat{y}_i)^2}{n-2}$$

式中,分子是残差平方和 Q,分母是自由度,其中 n 是样本观测值的个数,2 是一元线性回归方程中回归系数的个数。S^2 的正平方根 S 称为回归估计标准误差。

在一元回归中,一般采用以下公式计算残差平方和(推导略):

$$Q = (1 - r^2)\sum_{i=1}^{n}(y_i - \bar{y})^2$$

根据例 8-4 中给出的数据和相关系数公式得 $r = 0.995$,计算比萨饼的需求 y 与其价格 x 的残差平方和 Q 和回归估计标准误差 s,可计算得:

$$Q = (1 - r^2)\sum_{i=1}^{n}(y_i - \bar{y})^2$$
$$= (1 - 0.995^2) \times 398.9 = 3.98$$
$$s^2 = 3.98 \div (10 - 2) = 0.80$$
$$s = 0.89$$

三、一元线性回归模型的统计检验

(一)回归模型检验的类型

上面求得了 $\hat{y} = \hat{\beta}_0 + \hat{\beta}_1 x$,其是用来估计一元线性回归模型,在一定程度上描述了变量 x 与 y 之间的数量关系。一元线性回归方程的重要应用是,可以根据自变量 x 的取值来预测因变量 y 的平均值,但在应用之前,还必须进行检验。如果发现模型有缺陷,还需要在模型的设定阶段、样本数据的质量、参数估计的方法选择等诸多方面寻找原因,重新建立模型。回归模型的检验包括理论意义检验、一级检验和二级检验。

理论意义检验主要是指参数估计值 $\hat{\beta}_0$、$\hat{\beta}_1$ 的符号与取值范围,若它们与实质性科学理论以及人们的实践经验不符,则表明该回归模型不能很恰当地解释现实现象。例如,在前面所举的比萨饼需求量 y 与其价格 x 的回归模型中,如果 $\hat{\beta}_1$ 为正数,则不符合微观经济学中的需求理论。一级检验又称为统计检验,它是利用统计学中的抽样理论来检验线性回归方程的可靠性,具体分为拟合优度检验和显著性检验。二级检验是对标准线性回归模型的假定条件能否满足进行检验,关于二级检验的问题在计量经济教科书中有详细介绍。下面介绍一级检验。

(二)回归模型的拟合优度检验:判定系数

我们用样本回归函数来估计总体回归模型,但并不是所有实际样本观测值 (x_i, y_i)($i = 1, \cdots, n$)都刚好落在样本回归直线上,即并非所有的残差 $e_i = y_i - \hat{y}_i$ 都为 0,见图 8-3。因此,为了辨别估计的样本回归直线拟合实际样本数据的优劣程度,我们需要计算判定系数,为了说明它的含义,需要对因变量 y 取值的总离差平方

和 $\sum (y_i - \bar{y})^2$ 进行分解。可以证明：

$$\sum (y_i - \bar{y})^2 = \sum (\hat{y}_i - \bar{y})^2 + \sum (y_i - \hat{y}_i)^2 \qquad (8.8)$$

其中，$\sum (y_i - \bar{y})^2$ 称为总离差平方和，用 SST 表示，它分为两部分：第一部分 $\sum (\hat{y}_i - \bar{y})^2$ 称为回归平方和，用 SSR 表示，其理解为由样本回归直线所能够解释的 y 的部分变异。第二部分 $\sum (y_i - \hat{y}_i)^2 = Q$，称为残差平方和，用 SSE 表示，它是除了 x 对 y 的线性影响之外的其他因素所能解释的 y 的一部分变异。即：SST = SSR + SSE。

我们把回归平方和与总离差平方和之比定义为判定系数，记为 R^2，由式 (8.8) 有：

$$R^2 = \frac{\sum (\hat{y}_i - \bar{y})^2}{\sum (y_i - \bar{y})^2} = \frac{SSR}{SST} = 1 - \frac{SSE}{SST} \qquad (8.9)$$

由此可以看出：判定系数的取值范围为：$0 \leq R^2 \leq 1$；如果判定系数越接近 1，说明样本回归直线与样本观测值拟合得越好，也可称为拟合优度越高。如果判定系数越接近于 0，说明样本回归直线与样本观测值拟合越差，或称为拟合优度越差。

在一元线性回归中，判定系数 $R^2 = r^2$，r 为 x 与 y 的相关系数。

【例 8-5】对例 8-4 进行拟合优度检验。

解：判定系数 $R^2 = r^2 = 0.995$。判定系数接近 1，说明样本回归直线与样本观测值拟合优度较高。

(三) 回归系数的显著性检验

判定系数 R^2 用来判断样本回归直线对样本观测值的拟合优度，但是 R^2 却不能告诉我们自变量 x 与因变量 y 是否具有统计意义上的显著影响，如果通不过回归系数的显著性检验，我们还是不能认为自变量 x 对因变量 y 具有显著的影响。

线性关系检验的步骤如下（推导略）：

(1) 提出假设 H_0：$\beta_1 = 0$，H_1：$\beta_1 \neq 0$。

(2) 在 H_0 成立时的检验统计量：

$$t = \frac{\hat{\beta}_1}{S(\hat{\beta}_1)} \sim t(n-2) \qquad (8.10)$$

其中，$S(\hat{\beta}_1)$ 为回归系数 $\hat{\beta}_1$ 的标准差，$S(\hat{\beta}_1)$ 的计算公式为：

$$S(\hat{\beta}_1) = \frac{S}{\sqrt{\sum (x_i - \bar{x})^2}}$$

$$S = \sqrt{\frac{\sum (y_i - \hat{y}_i)^2}{n-2}}$$

S 作为 σ 的估计，称为回归估计的标准误差。

（3）给定显著性水平 α，查 t 分布表，得拒绝域：
$$|t| \geq t_{\alpha/2}(n-2)$$

（4）判断。如果 t 落入拒绝域，拒绝 H_0，说明变量 x 与变量 y 有显著的线性关系。如果 t 不落入拒绝域，不能拒绝 H_0，表明变量 x 与变量 y 没有显著的线性关系。

【例 8-6】对例 8-4 比萨饼需求量 y 与价格 x 的线性关系进行检验，$\alpha = 0.05$。

解：$S(\hat{\beta}_1) = 0.0155$，$t = \hat{\beta}_1/S(\hat{\beta}_1) = -0.4376/0.0155 = -28.1465$，查 t 分布表，得拒绝域：
$$|t| \geq t_{\alpha/2}(n-2) = 2.306$$

t 落入拒绝域，拒绝 H_0，说明比萨饼需求量 y 与价格 x 有显著的线性关系。

四、一元线性回归模型的应用

当回归模型通过了理论意义检验、一级检验和二级检验，回归模型就可以应用了，应用有点预测和区间预测。

1. 点预测

给定 $x = x_0$ 时，将其代入样本回归函数 $\hat{y} = \hat{\beta}_0 + \hat{\beta}_1 x$，求出因变量 y 相应的平均预测值 $\hat{y}_0$。

【例 8-7】对例 8-4 假设价格 $x_0 = 60$ 元，比萨饼需求平均的点预测值为：
$$\hat{y}_0 = \hat{y}|_{x=60} = 90.93 - 0.4376 \times 60 = 64.674 \approx 65 (个)$$

2. 个别值的区间预测

在 $1-\alpha$ 置信度下个别值 y_0 的预测区间公式为（推导略）：
$$\hat{y}_0 \mp t_{\alpha/2}(n-2) S \sqrt{1 + \frac{1}{n} + \frac{(x_0 - \bar{x})^2}{\sum(x_i - \bar{x})^2}} \tag{8.11}$$

【例 8-8】对例 8-4 假设价格 $x_0 = 60$ 元，在置信度 95%（$\alpha = 0.05$），比萨饼需求个别值 y_0 的区间预测：

$$\hat{y}_0 \mp t_{\alpha/2}(n-2) S \sqrt{1 + \frac{1}{n} + \frac{(x_0 - \bar{x})^2}{\sum(x_i - \bar{x})^2}}$$
$$= 64.674 \mp 2.306 \times 0.706 \sqrt{1 + \frac{1}{10} + \frac{(60 - 27.5)^2}{2062.5}}$$
$$= (62.61, 66.75) \approx (62, 67)$$

即价格为 60 元时，比萨饼需求量个别值 y_0 置信度 95% 的预测区间为（62，67）个。

关于例 8-4 至例 8-8 的具体结果可在 Excel 2010 中实现，具体操作路径见附录 2-4。

小 结

本章通过父亲身高与儿子身高之间具有相关与回归关系的典型案例作为引入，以分析经济问题中变量之间的数量关系为目标，穿插阐述相关与回归分析的概念和方法，以让读者能掌握关于回归分析的基本方法，并能结合有关知识解决遇到的实际问题。

通过学习，我们会发现现实经济问题中，变量之间的关系往往并不是确定的函数关系，我们需要利用相关分析来判断变量之间数量方面的变动规律；如果根据理论分析或实践经验，我们发现变量之间不仅具有相关关系，而且存在内在的依存关系或因果关系，应该使用回归分析来进一步研究这种依存关系或因果关系。当然，需要强调的是，无论是相关分析还是回归分析，虽然可以有效刻画变量之间的统计关系，但这种统计关系背后的逻辑关系需要运用相关的实质性科学进行解释，切不可盲目将原本没有任何联系的变量放在一起进行相关与回归分析。

思 考 题

1. 给出最小二乘法的基本思想。
2. 指出回归分析结果达到优良性的条件。
3. 简述典型案例 9 中解决回归分析问题的科学家名字及其发现。
4. 请同学们通过查询资料，统计一下：截至目前，回归分析衍生出的计量经济学帮助经济学家一共拿了几个年度的诺贝尔经济学奖？

练 习 题

一、选择题

1. 当样本相关系数 $r=0.8$ 时，下列说法正确的是（   ）。
   A. 80% 的点都密集在一条直线的周围
   B. 80% 的点高度相关
   C. 其线性程度是 $r=0.4$ 的两倍
   D. 两变量高度正线性相关

2. 下面的陈述中，错误的是（   ）。
   A. 样本相关系数是度量两个变量之间线性关系程度的统计量
   B. 样本相关系数跟抽样有关，故其是一个随机变量
   C. 样本相关系数的绝对值不会大于 1
   D. 样本相关系数不会取负数

3. 在因变量的总离差平方和中，如果回归平方和所占比重大，残差平方和所占比重小，则两变量之间（   ）。

A. 相关程度高　　　　　　B. 相关程度低
C. 完全相关　　　　　　　D. 完全不相关

4. 已知变量 x 与 y 之间存在着负相关关系，指出下列样本回归直线中（　　）肯定是错误的。

A. $\hat{y} = -10 - 0.4x$　　　　B. $\hat{y} = 100 - 0.5x$
C. $\hat{y} = -50 + 0.2x$　　　　D. $\hat{y} = 25 - 0.7x$

5. 在样本回归直线 $\hat{y} = \hat{\beta}_0 + \hat{\beta}_1 x$ 中，估计的回归系数 $\hat{\beta}_1$ 表示（　　）。

A. 当 $x = 0$ 时 y 的期望值
B. x 变动一个单位时 y 的变动总额
C. y 变动一个单位时 x 的平均变动量
D. x 变动一个单位时 y 的平均变动量

二、判断题

1. 若两个变量间的相关系数为零，则意味它们间没有任何形式的相关关系。（　　）
2. 正相关是指自变量和因变量的数量变动方向都是上升的。（　　）
3. 在回归模型的参数估计中，最小二乘法一定优于其他估计方法。（　　）
4. 回归模型的参数一旦估计出来之后，不需要进行检验便可以马上进行各种应用。（　　）
5. 可以对任意两个我们感兴趣的变量建立回归模型，而不需要理论分析作为建立回归模型的基础。（　　）

三、计算题

1. 根据 $n = 8$ 个同类企业的生产性固定资产年均价值 x（万元）和工业增加值 y（万元）的资料计算的有关数据如下：

$\sum x_i = 4\,278$，$\sum y_i = 6\,958$，$\sum (x_i - \bar{x})^2 = 835\,769.5$，$\sum (y_i - \bar{y})^2 = 691\,519.5$，$\sum x_i y_i = 4\,423\,938$（提示，$\sum (x_i - \bar{x})(y_i - \bar{y}) = \sum x_i y_i - n\bar{x}\bar{y}$ 或 $\sum (x_i - \bar{x})^2 = \sum x_i^2 - n\bar{x}^2$、$\sum (y_i - \bar{y})^2 = \sum y_i^2 - n\bar{y}^2$），要求：

（1）计算相关系数，说明两变量相关的方向，并进行显著性检验（$\alpha = 0.05$）；

（2）估计以工业增加值为因变量 y、以生产性固定资产年均价值为自变量 x 的一元线性回归方程，说明回归系数的经济意义；

（3）对回归系数 $\hat{\beta}_1$ 进行显著性检验（$\alpha = 0.05$）；

（4）假定理论意义检验、一级检验和二级检验通过，确定生产性固定资产为 1 100 万元时，工业增加值的估计值；在置信度 95%（$\alpha = 0.05$），工业增加值个别值 y_0 的区间预测。

2. 设销售额 x 为自变量, 销售利润 y 为因变量。现根据某公司 12 个月的有关资料计算出以下数据(单位:万元)。

$\sum (x_i - \bar{x})^2 = 36784$, $\sum (y_i - \bar{y})^2 = 22234$, $\sum (x_i - \bar{x})(y_i - \bar{y}) = 26480$, $\bar{x} = 254$, $\bar{y} = 175$。

试利用以上数据计算:
(1) 建立销售额与销售利润的回归方程,并解释回归系数的经济意义;
(2) 计算样本决定系数和样本相关系数;
(3) 试问建立的样本回归模型是否必要对回归系数进行检验? 需要进行哪些检验? 请简单说明你给出答案的理由。

四、案例分析题

表 8-3 给出了 1978—2012 年城镇居民人均可支配收入和城镇居民人均生活消费支出数据,根据 Excel 实现回归模型的估计结果如图 8-4 所示,进行相关的显著性检验 ($\alpha = 5\%$),建立以消费支出为因变量 y,可支配收入为自变量 x 的回归方程,并对回归结果进行经济学理论意义检验和一级检验 ($\alpha = 5\%$),假定二级检验也通过,预测城镇居民人均可支配收入 $x_0 = 6860$ 元时,城镇居民人均生活消费支出的点预测、区间预测 ($1 - \alpha = 95\%$)。

表 8-3 1978—2012 年城镇居民人均可支配收入和城镇居民人均生活消费支出数据

年份	城镇居民人均可支配收入(元)	城镇居民人均生活消费支出(元)
1978	343.40	311.16
1979	397.45	355.05
1980	436.19	376.51
1981	445.97	406.87
1982	467.95	411.26
1983	485.98	433.09
1984	545.04	466.31
1985	550.78	501.46
1986	627.32	556.20
1987	641.54	565.89
1988	626.09	585.24
1989	626.81	551.97
1990	680.28	575.46
1991	729.28	622.43
1992	799.81	659.05
1993	876.12	716.75
1994	950.63	774.56

续表

年份	城镇居民人均可支配收入（元）	城镇居民人均生活消费支出（元）
1995	997.03	822.76
1996	1 035.56	837.85
1997	1 070.89	867.84
1998	1 133.01	903.53
1999	1 238.37	975.51
2000	1 317.59	1 047.88
2001	1 429.57	1 105.35
2002	1 621.30	1 268.11
2003	1 767.14	1 357.07
2004	1 903.12	1 449.14
2005	2 085.81	1 577.41
2006	2 303.18	1 701.56
2007	2 584.09	1 871.86
2008	2 801.11	1 993.41
2009	3 048.59	2 174.63
2010	3 391.96	2 388.54
2011	3 871.27	2 688.02
2012	4 360.25	2 956.42

资料来源：《新中国60年统计资料汇编》、历年《中国统计年鉴》。表中的数据已用相应的物价指数进行调整，1978年均为不变价。

回归统计	
Multiple	0.99901
R Square	0.99801
Adjusted	0.99795
标准误差	32.1083
观测值	35

方差分析

	df	SS	MS	F	significance F
回归分析	1	1.7E+07	1.7E+07	16572.3	3.6E-46
残差	33	34021.2	1030.95		
总计	34	1.7E+07			

	Coefficien	标准误差	t Stat	P-value	Lower 95%	Upper 95%	下限 95.0%	上限 95.0%
Intercep	134.915	8.96215	15.0538	2.4E-16	116.681	153.148	116.681	153.148
X Variab	0.66682	0.00518	128.733	3.6E-46	0.65628	0.67735	0.65628	0.67735

图8-4 利用Excel实现回归模型的估计结果

Multiple 是相关系数，R Square 是判定系数，Intercep 右边对应的 134.915 表示 $\hat{\beta}_0$，X Variab 右边对应的 0.666 82 表示 $\hat{\beta}_1$，t Stat 表示对应回归系数显著性检验的 t 检验值，可以看到对 $\beta_1 = 0$ 这个假设进行检验的 t 统计值为 128.733。回归平方和（SSR）= 1.7E + 07，残差平方和（SSE）= 34 021.2，总离差平方和（SST）= 1.7E + 07。

第九章 时间序列分析

【典型案例10】

中国GDP何时达到和超过美国?

2011年,《北京晨报》报道《中国跃居世界第二大经济体2010年GDP超日本》称"日本内阁府发布的数据显示,日本2010年名义GDP(国内生产总值)为54 742亿美元,比中国少4 044亿美元,中国GDP超过日本正式成为第二大经济体。"这是改革开放以来,中国经济沿途披荆斩棘,克服了一个个困难,经过30多年的快速增长,取得了举世瞩目的成绩,创造了"中国奇迹"。中国经济迈上了新台阶,从总量上看,已经仅次于美国。人们自然提出问题:中国GDP何时达到和超过美国,成为第一经济体呢?

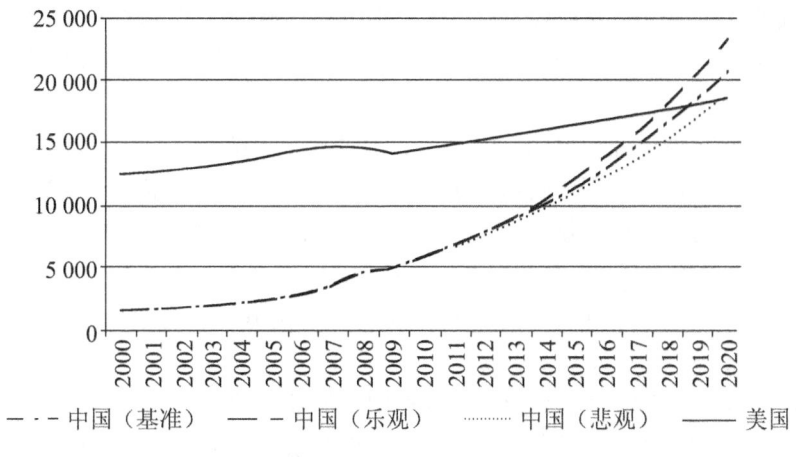

图9-1 我国GDP超过美国GDP的预测图(单位:十亿美元)

刘元春(2014)在其《"大改革"必将带来"大变化"》(http://finance.people.com.cn/n/2014/0326/c1045-24742059.html)一文中收集中国、美国2000—2010年GDP的数据,作出该数据的线图,推断我国未来经济增长将步入到中高速阶段,并在未来十年内成功赶超美国。他结合我国当前经济的发展情况和对未来的预测,给出了乐观(每年平均增长7%)、基准(每年平均增长6%)和悲观(每年平均增长5%)三种情形下我国GDP超过美国GDP的时间,分别是2018年、2019年和2020年(见图9-1)。此外,基准情形下我国人均GDP在2019年达到13 041美元(以2010年的不变美元计价),首次超过世界银行在2010年所设定的高收入国家标准,可以近似地认为步入高收入国家行列;在乐观和悲观情形下则分别是在2018

和 2020 年达到高收入国家标准。这些为我国经济的正常规划和发展，提供了可参考的决策依据。

该案例涉及的 2000—2010 年 GDP 数据是时间序列数据，其分析方法属于时间序列分析，描述性时间序列分析是时间序列分析的基础，是本章学习的内容。

第一节 时间序列的基本概念

一、时间序列的含义和作用

时间序列是不同时间上同一现象的观测数据按时间顺序排列而成的数据列。

从时间序列的概念中可以看出，时间序列包含着两大要素：时间和观测值。

时间序列数据随着时间而变化，是时间序列的重要特征，也是区别于其他数据的主要特征。这里的时间可以是"年"，也可以是"季度、月、天"，还可以是"小时、分钟、秒"。如某地区连续 10 年的 GDP 时间序列数据、某企业连续 4 季度的销售额时间序列数据、某只股票在某天中连续 8 小时的交易价格时间序列数据等。

在典型案例 10 中，中国、美国 2000—2010 年 GDP 数据是时间序列数据。对时间序列数据常从以下角度进行分析：

（1）可描述被研究现象的发展过程、历史状态和结果；

（2）可分析被研究现象的增加量、发展速度、趋势，探索其发展变化的规律；

（3）利用时间序列数据可建立计量模型，进行现象变动的趋势分析和预测，为更好决策提供依据；

（4）将不同但又相互联系的时间序列进行对比分析，可以研究同类现象在不同国家、地区之间的联系以及发展变化的差别。

时间序列数据在实际中有着广泛的应用，如经济学、金融学、医学、生物学、人口学、生态学、教育学、历史研究等。如分析股票的价格走势是时间序列在金融学的一个重要应用，利用时间序列的分析方法，找出股票的价格走势，并由此预测未来价格的变化情况，可为股票投资决策提供依据；记载生物生长过程的各项指标，分析生物各阶段生长的规律，可为生物的疾病预防等提供预测；利用时间序列分析方法分析历史事件，可以发现很多历史事件的出现有着类似的规律，可为人们研究历史提供一个有益的角度。

二、时间序列的分类

虽然时间序列数据都是不同时间相继观测的数据，但根据数据获取情况或意义的不同，可以将时间序列数据分成绝对数时间序列、相对数时间序列和平均数时间序列三大类。

（一）绝对数时间序列

绝对数时间序列也叫总量指标时间序列，其描述了现象总量指标的变化，反映了各时间某个指标发展的绝对水平。如典型案例10中的GDP数据就属于绝对数时间序列。根据绝对数时间序列的时间不同，我们又可以将绝对数时间序列分为时期时间序列和时点时间序列。

时期指标表示某段时期内的总量，将不同时期的时期指标按时间顺序排列而成的数据列称为时期时间序列。如典型案例10中2000—2010年的中国GDP，表示了2000—2010年我国每年创造的产品和服务的市场价值总和；某企业连续12个月的利润额；某业务员连续12个月的销售额等。

时点指标表示某个时点上所处的状态和所达到的水平，将不同时点上的指标按时间顺序排列而成的数据列称为时点时间序列。如连续12个月月初工厂上班的工人人数；连续12个月月末银行存款余额；某股票在连续5天的开盘价格等。

时期时间序列和时点时间序列的区别：

（1）定义上。时期时间序列反映现象在各个时期内达到的总量，因此实际中又称其为流量数据；时点时间序列反映现象在各个时点上所处的状态和所达到的水平，因此实际中又称其为存量数据。

（2）可加性上。时期时间序列具有可加性，相加后表示更长一段时期的总量，如2013年GDP、2014年GDP相加后是2013年和2014年的GDP；时点时间序列不具有可加性，如2013年末人口数、2014年末人口数相加后没有意义。

（3）数值大小与时间的长短关系上。时期时间序列数值大小与时间的长短有关，时间越长，同一现象同一总量指标的时期时间序列数据就越大；时点时间序列数值大小与时间的长短没有关系，如12个月月末银行存款余额与时间的长短没有关系。

（4）数据收集上。时期时间序列的每个数据是每段时期内连续登记的结果；时点时间序列只需要收集事物代表性时点上的数据。

（二）相对数时间序列

不同时间上的相对指标按时间顺序排列而成的数据列称为相对数时间序列，其反映了不同现象的对比关系或同一现象不同时间上的发展情况。如居民消费价格指数（CPI）时间序列、第一产业产值比重时间序列、企业年末资产负债率时间序列等。由于相对数时间序列的比较基数不同，相对数时间序列不具有可加性。

（三）平均数时间序列

不同时间上的平均指标按时间顺序排列而成的数据列称为平均数时间序列，其反映了事物平均水平的发展情况。如平均工资时间序列、平均成绩时间序列、平均销售额时间序列、人均利润时间序列等。与相对数时间序列类似，由于其比较的基数不同，平均数时间序列也不具有可加性。

三、时间序列的编制原则

由于时间序列有不同的类型，因此在收集时间序列数据时，我们需要区别不同时间序列，以保证时间序列的数据具有可比性、便于分析，具体需要做到以下方面的一致。

（一）时间一致

由于时间序列是随着时间的变化而变化，因此只有时间一致才能保证数据之间具有可比性。时点时间序列要求时点间隔要尽可能相同，时期时间序列要求各项数据的时期长度相同。一般来说，时点时间序列的时间往往取期初或期末作为时间点，如我国人口数取年末人口数，某只股票价格取开盘价或收盘价；时期时间序列的时间取连续的年或月或日，如我国的GDP取连续的年，某企业的产量取连续的月，某商店销售额取连续的日等。

（二）范围一致

时间序列数据描述的是某事物在某时间点或时间段的总量变化、相对变化和平均变化，因此数据所属的范围要一致，这样才能使得数据之间具有可比性。如计算某地区GDP的时间序列时，要保证该地区的所属范围一致，如果该地区出现了区域的调整，则需要对过去的核算结果进行调整，编制相同所属范围的GDP，这样才能保证GDP前后的值具有可比性，从而更好地反映其发展变化规律。

（三）内容、计算口径和计算方法一致

时间序列描述了事物某些特征的变化，因此在编制时间序列时，要保证核算内容、计算口径和计算方法一致，在其出现不一致时，需要进行调整才能保证数据的可比性。

第二节 时间序列的描述性分析

一、时间序列的图形分析

由于时间序列是随着时间的变化而变化，而时间的发展是有特定方向的，因此，我们可以借助一个重要的统计工具——"线图"来描述时间序列数据的变化规律。

线图是统计中用于描述时间序列的一个重要图形，简单的线图由两个坐标轴构成，横轴表示时间，纵轴表示事物的取值情况。

【例9-1】表9-1收集了自改革开放以来至2013年我国的GDP（亿元人民币）和消费者物价指数CPI（%）数据，GDP反映了中国经济的年产值总量，CPI反映了历年物价的变动情况。

要求：画出从1978年到2013年我国GDP和CPI的线图，并解释线图所表示的GDP和CPI的变化特点和变化规律。

表9-1 1978—2013年中国GDP和CPI数据

年份	GDP（亿元）	CPI（%）	年份	GDP（亿元）	CPI（%）	年份	GDP（亿元）	CPI（%）	年份	GDP（亿元）	CPI（%）
1978	3 645.2	100.7	1987	12 058.6	107.3	1996	71 176.6	108.3	2005	184 937.4	101.8
1979	4 062.6	102.0	1988	15 042.8	118.5	1997	78 973.0	102.8	2006	216 314.4	101.5
1980	4 545.6	106.0	1989	16 992.3	117.8	1998	84 402.3	99.2	2007	265 810.3	104.8
1981	4 891.6	102.4	1990	18 667.8	103.1	1999	89 677.1	98.6	2008	314 045.4	105.9
1982	5 323.4	101.9	1991	21 781.5	103.4	2000	99 214.6	100.4	2009	340 902.8	99.3
1983	5 962.7	101.5	1992	26 923.5	106.4	2001	109 655.2	100.7	2010	401 512.8	103.3
1984	7 208.1	102.8	1993	35 333.9	114.7	2002	120 332.7	99.2	2011	473 104.0	105.4
1985	9 016.0	108.8	1994	48 197.9	124.1	2003	135 822.8	101.2	2012	519 470.1	102.6
1986	10 275.2	106.0	1995	60 793.7	117.1	2004	159 878.3	103.9	2013	568 845.2	102.6

资料来源：《中国统计年鉴》2014，2002，2001。

解：用Excel的画图功能，得到图9-2和图9-3，分别表示我国GDP和CPI的线图。具体操作路径见附录2。观察图9-2 GDP的线图，可以看出，我国1978年到1988年的GDP处于一条较平的水平线（注：这里是相对于1988年到2013年的GDP而言，实际上，该期间GDP的增长速度并不慢，只是总量较小，在线图中变化不明显，处于为发展打基础的阶段，具体的增长速度可参照后面的速度分析），可以认为处于较低水平。从图中还可以看出，从1988年起，GDP进入快速发展阶段，到1995年，经济的增速（图中线的斜率）减缓，到1998年之后，增速重新加快，在2008年增速出现小幅波动，之后进入快速增长的阶段。

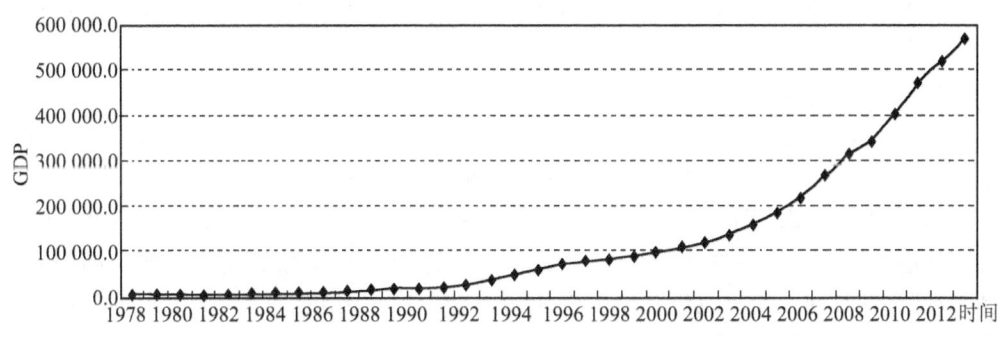

图9-2 1978年到2013年我国GDP（亿元人民币）的趋势线图

观察图9-3 CPI的线图，可以看出，我国CPI大体呈现平稳态势，其中部分年份存在较大幅度的变化，如1985年至1989年CPI较大，1988和1989年甚至一度超过110%；在1992年至1994年CPI一度飞涨，到1994年达到顶峰，之后回落，1997年回落到100%左右，在1998和1999年甚至出现低于100%的情形。之后CPI处于稳定在100%的水平，其中2008年略高于100%，2009年略低于100%。

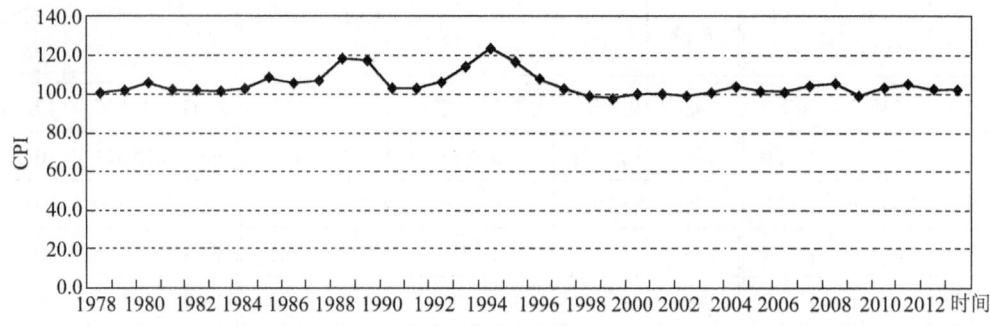

图9-3 1978年到2013年我国CPI（%）的趋势线图

通过观察GDP的线图，结合经济学的相关知识，我们容易发现中国经济的增长存在周期的现象，大致十年一个周期，逢尾数为8的年份经济出现增速降缓，尾数为3左右的年份经济增速提高，这是一种典型的经济周期现象。

通过观察CPI的线图，我们也会发现经济周期的现象，逢尾数为4或8左右的年份CPI较大或较小。

【画线图的Excel操作】

画线图的Excel操作如图9-4所示，具体步骤如下。

（1）在所要作线图的数据表中，选"插入"→"图表"（或点击 折线图 按钮）即可进入图表向导界面（对应的操作界面为以下对应序号的图，下同）。

（2）选择"折线图"，在空白模板中右击选择"选择数据"，进入选择数据的界面。

（3）在"图表数据区域"选择需要画折线图的数据，并把"水平（分类）轴标签"的数据修改成日期数据。

（4）点击确定，得到初步的线图。

（5）在初步的线图上右击，选"设置图表区格式"，对图的标题、边框、字体、颜色等进行设置，得到更美观的线图（见图9-2、图9-3）。

以上通过观察线图中各年取值点的位置和变化方向，我们可以看出GDP和CPI的变化趋势，通过观察线图中线的斜率可以看出GDP和CPI的变化幅度。那如何来精确衡量GDP和CPI的取值和值的变化幅度呢？这需要我们分别学习水平分析和速度分析，通过水平分析我们可以精确地衡量GDP和CPI的取值情况，通过速度分析我们可以精确地衡量GDP和CPI的变化幅度。

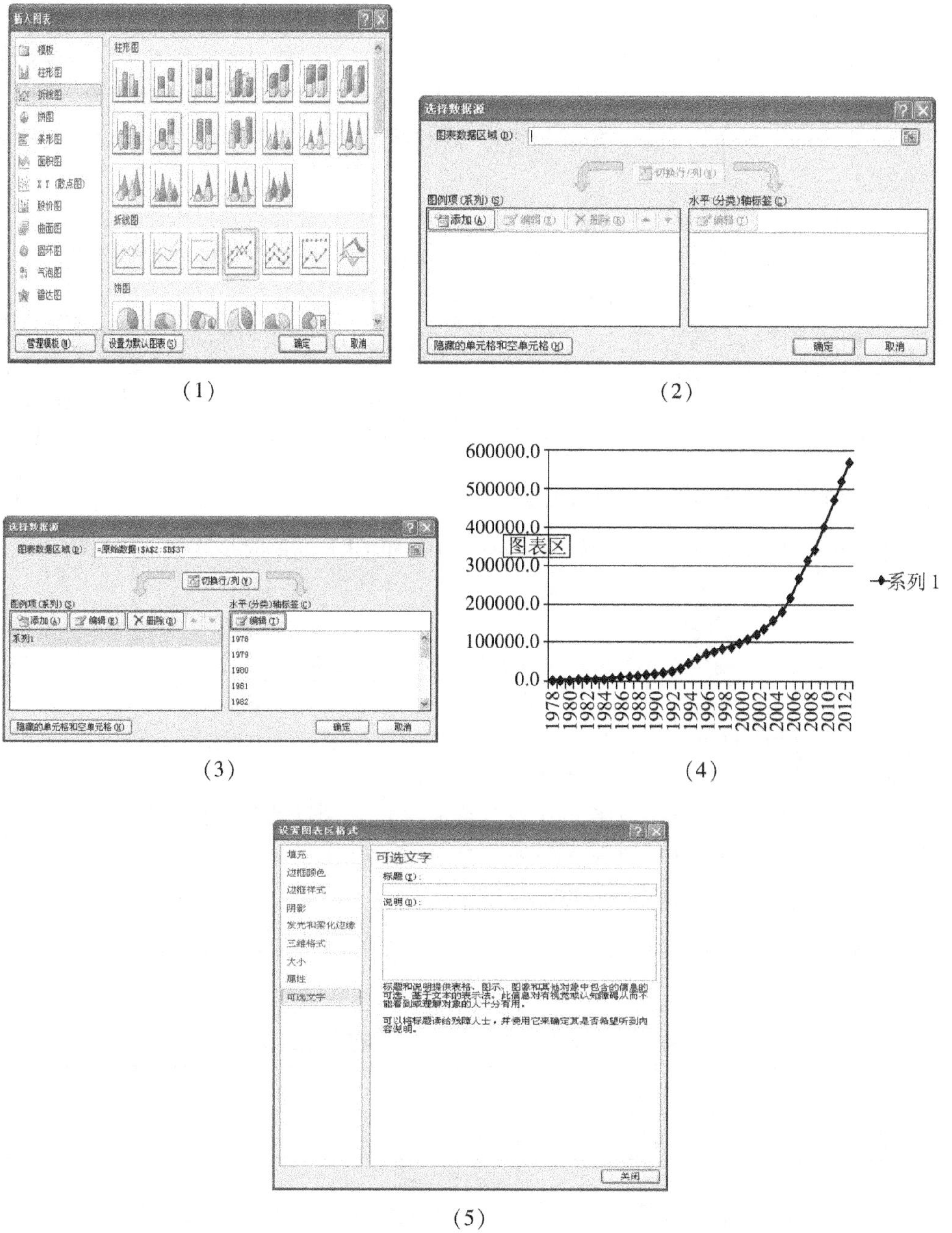

(1)　　　　　　　　　　(2)

(3)　　　　　　　　　　(4)

(5)

图9-4　画线图的Excel操作步骤

二、时间序列的水平分析

水平分析是指对事物变化的状态进行的分析。描述事物发展变化的指标有发展水平、序时平均数、增长量和平均增长量等，发展水平就是时间序列中各项数据。

（一）序时平均数

不同时间上的数据有高有低，为了反映现象在一段时期内的一般水平，需要计算序时平均数。序时平均数表示不同时间上数据的平均数，在具体计算序时平均数时，我们需要根据时间序列数据的类型分别计算绝对数、相对数和平均数时间序列的序时平均数。

1. 绝对数时间序列的序时平均数

绝对数时间序列有时期时间序列和时点时间序列，故其有两种序时平均数。

（1）时期时间序列的序时平均数。

时期时间序列具有可加性，相加后等于现象在一段时期内的总量，所以计算序时平均数采用简单算术平均法，公式为：

$$\bar{y} = \frac{y_1 + y_2 + \cdots + y_{n-1} + y_n}{n} \tag{9.1}$$

y_i 为第 i 时期的时期指标，n 为数据项数。

【例9-2】计算表9-1中我国1978—2013年GDP的序时平均数。

解：$\bar{y} = \dfrac{y_1 + y_2 + \cdots + y_{n-1} + y_n}{n}$

$= \dfrac{3\,645.2 + 4\,062.6 + \cdots + 519\,470.1 + 568\,845.2}{36}$

$= 126\,244.4$（亿元）。

（2）时点时间序列的序时平均数。

时点时间序列不具有可加性，因此其序时平均数的计算与时期时间序列不一样，其根据时间间隔是否相等有不同的计算方法。

①时间间隔相等的时点时间序列序时平均数。

【例9-3】某工厂2015年3—6月工人数见表9-2，计算该工厂第二季度平均工人数。

表9-2　某工厂2015年3—6月月末工人数

月末	3月	4月	5月	6月
工人数（千人）	20	40	36	28

解：根据平均数的计算，第二季度平均工人数 =（4—6月工人数之和）÷3。

表中给出了3—6月每月的月末工人数，由于各月份工人数有增或减，因此月末的工人数不能代表本月的工人数。

我们可以把该月月初和月末工人数的平均 $(y_i + y_{i+1})/2$ 作为该月工人数的估计值。表中并未给出各月的月初工人数，我们可以把上一月月末的工人数作为下一月月初的工人数进行计算（即认为第 i 期期末工人数 = 第 $i+1$ 期期初工人数）。

因此，该工厂第二季度平均工人数：

$$\bar{y} = \frac{\frac{y_0+y_1}{2}+\frac{y_1+y_2}{2}+\frac{y_2+y_3}{2}}{3} = \frac{\frac{y_0}{2}+y_1+y_2+\frac{y_3}{2}}{3}$$

$$= \frac{\frac{20}{2}+40+36+\frac{28}{2}}{3} = 33.3（千人）$$

注：表中 3 月没有期初工人数，不能用 3 月期初、期末工人数的平均来估计 3 月工人数，因此只能计算该工厂第二季度（4—6 月）的平均工人数，不能计算 3—6 月的平均工人数。即对间隔相等的时点时间序列数据，一般情况下，以每两个相邻时点指标的平均作为该时期内的估计值进行序时平均数计算，计算公式为：

$$\bar{y} = \frac{\frac{y_0}{2}+y_1+\cdots+y_{n-1}+\frac{y_n}{2}}{n} \tag{9.2}$$

其称为首末折半法，y_i 表示各时点的发展水平，n = 数据项数 -1。

②时间间隔不等的时点时间序列序时平均数。

【例 9-4】某工厂 2014 年产品库存额见表 9-3，计算该工厂全年的平均库存额。

表 9-3 某工厂 2014 年以下各时点产品库存额

时点	1 月初	4 月末	6 月末	9 月末	12 月末
产品库存额（万元）	12	34	45	56	23

解：根据平均数的计算，得：

该工厂全年的平均库存额 =（全年各月库存额之和）÷12

表中仅给出了全年部分时点的产品库存额，因此不能精确计算各月的库存额。与时间间隔相等时的计算类似，我们可以认为第 i 时段期末产品库存额 = 第 $i+1$ 时段期初产品库存额 y_{i+1}，并以各时段期初、期末产品库存额的平均（y_i+y_{i+1}）÷2 作为该时段产品库存额的估计值，把时段的时间间隔长度作为权数，则该工厂全年的平均产品库存额：

$$\bar{y} = \frac{\frac{y_0+y_1}{2}f_1+\frac{y_1+y_2}{2}f_2+\frac{y_2+y_3}{2}f_3+\frac{y_3+y_4}{2}f_4}{f_1+f_2+f_3+f_4}$$

$$= \frac{\frac{12+34}{2}\times 4+\frac{34+45}{2}\times 2+\frac{45+56}{2}\times 3+\frac{56+23}{2}\times 3}{4+2+3+3}$$

$$= 36.75（万元）$$

即对间隔不等的时点时间序列数据，一般情况下，以每两个相邻时点指标的平均作为该时段指标的估计值，把时段的时间间隔长度作为权数，用它们的加权算术平均数作为序时平均数。计算公式为：

$$\bar{y} = \frac{\frac{y_0+y_1}{2}f_1 + \frac{y_1+y_2}{2}f_2 + \cdots + \frac{y_{k-1}+y_k}{2}f_k}{f_1 + f_2 + \cdots + f_k} \qquad (9.3)$$

其中，y_k 表示各时点的发展水平，f_k 为对应时段的时间间隔长度。

2. 相对数时间序列的序时平均数

相对数时间序列中各相对数的分母通常不一致，在计算其序时平均数时，不能直接计算平均。我们按照以下步骤计算：

(1) 设相对数 $y = a/b$，先分别计算分子 a 和分母 b 的序时平均数，记为 $\bar{a}, \bar{b}$。

(2) 相对数时间序列的序时平均数 $\bar{y} = \bar{a} \div \bar{b}$。 (9.4)

计算中，对时期时间序列的序时平均数采用简单算术平均法，对时点时间序列的序时平均数采用首末折半法。

【例 9-5】已知某地区 2010—2014 年年末常住人口和 GDP 数据如表 9-4 所示。

表 9-4 某地区 2010—2014 年年末常住人口和 GDP

时间	2010	2011	2012	2013	2014
年末常住人口（万人）	32	36	37	39	40
GDP（亿元）	—	112.2	138.7	159.6	181.7

计算该地区 2011—2014 年的人均 GDP。

解：人均 GDP $y = a/b$，a 为 GDP，b 为人口数，GDP 是时期指标，采用简单算术平均公式计算 GDP 序时平均数：

$$\bar{a} = \frac{112.2 + 138.7 + 159.6 + 181.7}{4} = 148.05 \text{（亿元）}$$

人口数是时点指标，采用首末折半公式计算人口数序时平均数：

$$\bar{b} = \frac{32/2 + 36 + 37 + 39 + 40/2}{4} = 37 \text{（万人）}$$

因此，该地区 2011—2014 年的人均 GDP：

$$\bar{y} = \frac{\bar{a}}{\bar{b}} = \frac{148.05}{37} \approx 4 \text{（万元/人）}$$

注：表中 2010 年是第一期，2010 年没有期初人口数进行平均，作为 2010 年的人口数估计，故计算该地区人均 GDP 只能从 2011 年开始。

【例 9-6】已知某地区连续 5 年的 GDP 及第一产业比重数据如表 9-5 所示。

表 9-5 某地区连续 5 年的 GDP 及第一产业比重数据

时间	2010	2011	2012	2013	2014
GDP（亿元）	2 312	2 422	2 498	2 507	2 698
第一产业比重	25%	24%	24.8%	25.3%	23.2%

计算该地区这 5 年第一产业的平均比重。

解：第一产业比重 $y = a/b$，$a = by$ 为第一产业产值，b 为 GDP。第一产业产值、GDP 都是时期指标，都采用简单算术平均法计算序时平均数。

第一产业产值的序时平均数：

$$\bar{a} = \frac{2\,312 \times 25\% + 2\,422 \times 24\% + 2\,498 \times 24.8\% + 2\,507 \times 25.3\% + 2\,698 \times 23.2\%}{5}$$

$= 607.798$（亿元）

GDP 的序时平均数：

$$\bar{b} = \frac{2\,312 + 2\,422 + 2\,498 + 2\,507 + 2\,698}{5} = 2\,487.4\,(亿元)$$

因此，该地区这 5 年第一产业的平均比重：

$$\bar{y} = \frac{\bar{a}}{\bar{b}} = \frac{607.798}{2\,487.4} = 24.435\%$$

3. 平均数时间序列的序时平均数

其与相对数时间序列的序时平均数方法相同。

（二）增长量和平均增长量

1. 增长量

增长量刻画了事物报告期较基期增长变化的绝对量，计算公式：

$$增长量 = 报告期水平 - 基期水平$$

增长量为正，表示增加或上升；增长量为负，表示减少或下降。在具体计算时，根据基期水平的不同，增长量分为两种：

（1）逐期增长量 = 报告期水平 − 前期水平 = $y_i - y_{i-1}$（$i = 1, 2, \cdots, n$）

(9.5)

（2）累计增长量 = 报告期水平 − 固定基期水平 = $y_i - y_0$（$i = 1, 2, \cdots, n$）

(9.6)

逐期增长量与累计增长量的关系：

（1）逐期增长量的和 = 相应时期内累计增长量，即

$$(y_1 - y_0) + (y_2 - y_1) + \cdots + (y_n - y_{n-1}) = y_n - y_0 \quad (9.7)$$

（2）相邻两个累计增长量之差 = 逐期增长量，即

$$(y_i - y_0) - (y_{i-1} - y_0) = y_i - y_{i-1} \quad (9.8)$$

为了消除季节变动的影响，有：

$$同期增长量 = 报告期水平 - 上年同期水平$$

【例 9 − 7】根据 2009—2013 年我国 GDP 的数据，计算我国 2010—2013 年 GDP 的逐期增长量、累计增长量。

解：由上述逐期增长量、累计增长量公式计算，结果见表 9 − 6。

表 9-6 我国 2010—2013 年 GDP 逐期、累计增长量的计算表

单位：亿元

时间		2009	2010	2011	2012	2013
GDP		340 902.8	401 512.8	473 104.0	519 470.1	568 845.2
增长量	逐期	—	60 610.0	71 591.2	46 366.1	49 375.1
	累计	—	60 610.0	132 201.2	178 567.3	227 942.4

注：表 9-6 中第 0 期 2009 年没有前期水平，故不能计算 2009 年的增长量。

2. 平均增长量

平均增长量是指在各个时期增长量的平均值，第 1 至第 n 期的平均增长量为：

$$\overline{\Delta y} = \frac{(y_1 - y_0) + (y_2 - y_1) + \cdots + (y_n - y_{n-1})}{n} = \frac{y_n - y_0}{n} \quad (9.9)$$

其中，y_i 表示时间 i 上的发展水平，n = 数据项数 − 1。

【例 9-8】 计算表 9-6 中我国 2010—2013 年 GDP 的平均增长量。

解：

$$\overline{\Delta y} = \frac{60\,610 + 71\,591.2 + 46\,366.1 + 49\,375.1}{4} = \frac{227\,942.4}{4} = 56\,985.6 \text{（亿元）}$$

注：表 9-6 中第 0 期 2009 年没有前期水平，不能计算 2009 年的增长量，故不能计算 2009—2013 年的平均增长量。

三、时间序列的速度分析

水平分析刻画了事物变化的绝对值状态，在实际生活和工作中，我们还关心事物变化的快慢程度，即速度分析。描述事物变化的快慢程度指标有发展速度、增长速度、平均发展速度和平均增长速度。

（一）发展速度

发展速度描述了事物在报告期相对于基期发展的倍数，计算公式：

$$\text{发展速度} = \text{报告期水平} \div \text{基期水平}$$

发展速度 >1，表示增加或上升；发展速度 <1，表示减少或下降。在具体计算时，根据基期水平的不同，发展速度分为两种：

(1) 环比发展速度 = 报告期水平 ÷ 前期水平 = y_i/y_{i-1} （$i = 1, 2, \cdots, n$）

$$(9.10)$$

(2) 定基发展速度 = 报告期水平 ÷ 固定基期水平 = y_i/y_0 （$i = 1, 2, \cdots, n$）

$$(9.11)$$

在计算过程中，我们习惯把首期（第 0 期）作为固定基期。环比发展速度与定基发展速度的关系：

(1) 环比发展速度连乘积 = 相应时期内最后一期的定基发展速度，即

$$\frac{y_1}{y_0} \cdot \frac{y_2}{y_1} \cdot \cdots \cdot \frac{y_n}{y_{n-1}} = \frac{y_n}{y_0} \quad (9.12)$$

(2) 相邻两个定基发展速度之商 = 环比发展速度,即

$$\frac{y_i}{y_0} \div \frac{y_{i-1}}{y_0} = \frac{y_i}{y_{i-1}} \qquad (9.13)$$

此外,在对比连续年份的相同月份的时间序列时,为了消除季节变动的影响,我们还引入了同比发展速度,有:同比发展速度 = 报告期水平 ÷ 上年同期水平

【例9-9】计算表9-6中我国2010—2013年GDP的环比发展速度、定基发展速度。

解:由环比发展速度、定基发展速度公式计算,结果见表9-7。

表9-7 我国2010—2013年GDP环比、定基发展速度计算表

时间		2009	2010	2011	2012	2013
GDP（亿元）		340 902.8	401 512.8	473 104.0	519 470.1	568 845.2
发展速度	环比（%）	—	117.78	117.83	109.80	109.50
	定基（%）	—	117.78	138.78	152.38	166.86

注:表9-6中第0期2009年没有前期水平,故不能计算2009年的发展速度。

(二) 增长速度

增长速度表示事物报告期较基期增长的部分与基期的比值,计算公式:

增长速度 = 报告期增长量 ÷ 基期水平 = 发展速度 - 1

当增长速度大于0时,表示报告期水平比基期水平增加或提高的比例;当增长速度小于0时,表示报告期水平比基期水平减少或降低的比例。

在具体计算时,根据基期水平的不同,增长速度分为两种:

(1) 环比增长速度 = 逐期增长量 ÷ 前期水平 = 环比发展速度 - 1

$$= (y_i \div y_{i-1}) - 1 \quad (i = 1, 2, \cdots, n) \qquad (9.14)$$

(2) 定基增长速度 = 累计增长量/固定基期水平 = 定基发展速度 - 1

$$= (y_i / y_0) - 1 \quad (i = 1, 2, \cdots, n) \qquad (9.15)$$

为了消除季节变动的影响,有:

同比增长速度 = 同比发展速度 - 1

【例9-10】计算表9-6中我国2010—2013年GDP的环比增长速度、定基增长速度。

解:由上述环比增长速度、定基增长速度公式计算,结果见表9-8。

表9-8 我国2010—2013年GDP环比、定基增长速度计算表

时间		2009	2010	2011	2012	2013
GDP（亿元）		340 902.8	401 512.8	473 104.0	519 470.1	568 845.2
增长速度	环比（%）	—	17.78	17.83	9.80	9.50
	定基（%）	—	17.78	38.78	52.38	66.86

注：表9-6中第0期2009年没有前期水平，故不能计算2009年的增长速度。

（三）平均发展速度和平均增长速度

各期的发展速度有快有慢，因此需要计算某一发展阶段的平均速度进行比较和分析，平均速度有平均发展速度和平均增长速度。平均发展速度是环比发展速度的平均，表示所观察时间段内环比发展速度的一般水平。平均增长速度是环比增长速度的平均，表示所观察时间段内环比增长速度的一般水平，其不能直接用环比增长速度来平均，根据发展速度与增长速度的关系，有：

$$\text{平均增长速度} = \text{平均发展速度} - 1$$

由于各期环比发展速度的基数不同，不能用各期环比发展速度相加后计算平均发展速度，也不能采用相对数时间序列计算序时平均数的方法计算平均发展速度。其假定各期环比发展速度 $y_i/y_{i-1} = $ 平均发展速度 $\overline{G}$，这样来消除环比发展速度的差异，计算平均发展速度。平均发展速度的计算有几何平均法和累计法。

1. 几何平均法

由公式

$$\frac{y_1}{y_0} \cdot \frac{y_2}{y_1} \cdot \ldots \cdot \frac{y_n}{y_{n-1}} = \frac{y_n}{y_0}$$

代入假定 $y_i/y_{i-1} = \overline{G}$ 有：

$$\overline{G}^n = y_n/y_0$$

开 n 次方得：

$$\text{平均发展速度}\ \overline{G} = \sqrt[n]{\frac{y_n}{y_0}} = \sqrt[n]{\frac{y_1}{y_0} \cdot \frac{y_2}{y_1} \cdot \ldots \cdot \frac{y_n}{y_{n-1}}} \quad (9.16)$$

该方法称为几何平均法，其中 y_i 表示时间 i 上的发展水平，$n = $ 数据项数 -1。

于是平均增长速度：$\Delta \overline{G} = \overline{G} - 1$。

由 $\overline{G}^n = \frac{y_n}{y_0}$，得 $y_n = y_0 \overline{G}^n$，同理有预测公式：

$$y_{n+k} = y_n \overline{G}^k$$

这里的 $\overline{G}$ 是给定的平均发展速度。

【例9-11】计算表9-6中我国2010—2013年GDP的平均发展速度、平均增长速度；如果2014年起中国GDP按平均增长速度6%发展，预测2016年的中国GDP。

解：平均发展速度 $\overline{G} = \sqrt[n]{\frac{y_n}{y_0}} = \sqrt[n]{\frac{y_1}{y_0} \cdot \frac{y_2}{y_1} \cdot \ldots \cdot \frac{y_n}{y_{n-1}}}$

$= \sqrt[4]{\frac{568\,845.2}{340\,902.8}}$

$= \sqrt[4]{117.78\% \times 117.83\% \times 109.8\% \times 109.5\%}$

$= 113.66\%$

平均增长速度 $\overline{\Delta G} = \overline{G} - 1 = 13.66\%$

平均增长速度 $\overline{\Delta G}$ =6%时，由公式 $y_{n+k} = y_n \overline{G}^k$ 预测2016年的中国GDP，有：
$$y_{2016} = y_{2013} \overline{G}^3 = y_{2013}(\overline{\Delta G} + 1)^3 = 568\,845.2 \times (1 + 6\%)^3 = 677\,503.74$$

注：表9-6中第0期2009年没有前期水平，不能计算2009年的增长速度，故不能计算2009—2013年GDP的平均发展速度、平均增长速度。

几何平均法计算平均发展速度着眼于最末一期的水平，故又称为"水平法"。如果关心现象在最后一期应达到的水平时，采用水平法计算平均发展速度比较合适。几何平均法较为简单直观，既便于各种速度之间的推算，也便于预测未来某期的水平，因此有着广泛的应用。

2. 累计法

由公式 $y_n = y_0 \overline{G}^n$，有：
$$y_i = y_0 \overline{G}^i$$

将此代入各期实际水平的总和中有：
$$y_1 + y_2 + \cdots + y_n = y_0 \overline{G} + y_0 \overline{G}^2 + \cdots + y_0 \overline{G}^n = \sum_{i=1}^n y_i$$
$$\overline{G} + \overline{G}^2 + \cdots + \overline{G}^n = \sum_{i=1}^n y_i / y_0 \tag{9.17}$$

解上述方程，其正根为平均发展速度 $\overline{G}$。

【例9-12】用累计法计算表9-6中GDP的平均发展速度、平均增长速度。

解：根据累计法的计算公式，平均发展速度 $\overline{G}$ 满足 $\overline{G} + \overline{G}^2 + \overline{G}^3 + \overline{G}^4 = \sum_{i=1}^4 y_i / y_0$，代入数据有：
$$\overline{G} + \overline{G}^2 + \overline{G}^3 + \overline{G}^4 = (401\,512.8 + 473\,104.0 + 519\,470.1 + 568\,845.2) \div 340\,902.8$$
$$= 5.758\,04$$

解得：
$$\overline{G} = 115.12\%$$

所以，平均增长速度 $\overline{\Delta G} = \overline{G} - 1 = 15.12\%$。

累计法计算平均发展速度的特点：以所求平均发展速度代替各期环比发展速度，推算考察期内各期水平的累计总和与实际相等。当着眼于考察全期的累计水平时，就适合用累计法来计算平均发展速度。

四、水平分析与速度分析的结合应用

（一）正确选择基期

首先要根据研究目的，正确选择基期。基期的选择一般要避开异常时期。

（二）注意数据的同质性

不容许有0和负数，否则就不适宜计算速度，而只能直接用绝对数进行水平分析。如果现象在各阶段内的发展非常不平衡，大起大落，就会降低甚至丧失平均速度以及平均发展水平和平均增长量的代表性和意义。

（三）将总平均速度与分段平均速度及环比速度结合分析

在特殊阶段，可以计算分段平均速度及环比速度，对比不同阶段的速度，可以发现不同阶段之间的发展差异。将不同阶段的速度与总速度进行对比，可以发现事物发展的特殊阶段。

（四）将速度与水平结合起来分析

既要考虑速度的快慢，也要考虑实际水平的高低。把相对速度与绝对水平结合，可计算增长1%的绝对量。增长1%的绝对量是用来补充说明增长速度的。一般只对环比增长速度计算，其计算公式为：

$$增长1\%的绝对量 = \frac{y_i - y_{i-1}}{(\frac{y_i - y_{i-1}}{y_{i-1}}) \times 100} = y_{i-1} \div 100 \quad (i = 1, 2, \cdots, n) \quad (9.18)$$

【例9-13】 计算美国、中国2012—2013年的增长率、增长1%的绝对量。计算结果见表9-9。

表9-9　美国、中国增长速度、增长1%的绝对量结果

时间	GDP（亿美元（现价））		增长速度（%）		增长1%的绝对量（亿美元（现价））	
	美国	中国	美国	中国	美国	中国
2012年	161 632.00	82 294.90	—	—	—	—
2013年	167 681.00	92 402.70	3.74%	12.28%	1616.32	822.95

注：计算结果保留两位小数

说明：中国GDP增长速度比美国高了8.54个百分点，这是一方面，从增长1%的绝对量看，美国增长1%的绝对量比中国多793.37亿美元，即中国应在保护环境的前提下，保持合适的增长速度，尽可能地提高GDP的基数，这样经济发展会更好。

小　　结

本章以我国GDP何时达到和超过美国作为案例，以分析我国GDP发展特点和规律为目标，穿插阐述时间序列分析的概念和方法，以让读者能掌握时间序列分析的基本方法，并能用于解决遇到的实际问题。

我们可以用线图描述时间序列的变化规律，通过水平分析事物发展的状态、序时平均、增长量和平均增长量，通过速度分析事物的发展速度、平均发展速度、增长速度和平均增长速度。

思 考 题

1. 给出时间序列分析的基本思想及作用。
2. 列举日常生活中时间序列应用的例子。
3. 为什么平均发展速度的计算要用几何平均数？

练 习 题

一、选择题

1. 下列数据属于时间序列数据的是（　　）。
   A. 某次考试的 50 名同学的成绩
   B. 某地今年 1 – 12 月份的每月平均成交房价
   C. 1978—2005 年某省 20 个市的 GDP
   D. 某班 20 名同学的性别

2. 逐期增长量是（　　）。
   A. 报告期水平 – 前期水平
   B. 报告期水平/前期水平
   C. 报告期水平 – 固定基期水平
   D. 报告期水平/固定基期水平

3. 定基增长速度是（　　）。
   A. 报告期水平/前期水平
   B. 报告期水平/前期水平 – 1
   C. 报告期水平/固定基期水平
   D. 报告期水平/固定基期水平 – 1

4. 下列计算关系中不正确的是（　　）。
   A. 环比增长速度 = 环比发展速度 – 1
   B. 累计增长量 = 相应时期内的逐期增长量的和
   C. 逐期发展速度 = 相邻两个定基发展速度之商
   D. 平均增长速度 = 各期增长速度的算术平均

二、判断分析题

1. 判断下列哪些数据属于时间序列数据？
（1）某班 50 人"统计学"本学期的期末考试成绩。

（2）1978—2008 年广东省的财政收入。
（3）某人连续一年每月的月收入。
（4）某企业每月初在职职工人数。
（5）去年我国各省市固定资产投资额。

2. 指出下列时间序列数据的类型（哪些是时期数据？哪些是时点数据？）。
（1）1994—2014 年广州市税收收入。
（2）过去一年内某人每月的消费额。
（3）每月月初某企业账面负债。
（4）每月月末某人银行账户存款额。

三、计算题

1. 某公司 1—4 月月初在职人数如下表所示：

时间段	1 月	2 月	3 月	4 月
月初出勤人数（人）	610	612	620	640

试计算该公司第一季度的平均在职人数。（假定每月天数相同）

2. 某公司去年部分日期记录的职工人数如下表所示：

日期	1 月 1 日	3 月 31 日	9 月 1 日	10 月 31 日	12 月 31 日
人数（人）	90	50	100	80	40

试根据以上数据计算该公司全年的月平均人数。（假定每月天数相同）

3. 已知某家庭连续 5 年的恩格尔系数及家庭消费支出如下表所示：

时间	2010	2011	2012	2013	2014
家庭消费支出（元）	52 600	55 500	59 000	63 000	73 600
恩格尔系数	40%	38%	35%	33%	28%

计算该家庭这 5 年的平均恩格尔系数。

4. 已知某企业 2015 年 1—4 月销售某产品的月平均价格及对应的月销量数据如下表所示：

时间	2015.1	2015.2	2015.3	2015.4
销量（件）	234	243	253	261
平均价格（元）	400	420	430	410

计算该企业这 4 个月的总平均价格。

5. 已知某企业 2015 年 3—6 月的某产品月人均产量及月末工人数如下表所示：

时间	2015.3	2015.4	2015.5	2015.6
月人均产量（件）	2 000	2 050	2 030	2 080
月末工人数（人）	120	130	140	150

计算该企业 2015 年第二季度的人均产量。

6. 已知某地区 2001—2013 年的个人实际可支配收入数据如下表所示（单位：百元）：

年份	2001	2002	2003	2004	2005	2006	2007	2008	2009	2010	2011	2012	2013
可支配收入	239	248	258	272	268	280	279	282	285	293	291	294	302

画出该地区个人实际可支配收入的线图，并根据线图分析其特点。

7. 已知某企业 2006—2014 年年产值如下表所示（单位：万元）：

年份	2006	2007	2008	2009	2010	2011	2012	2013	2014
年产值	287	291	298	308	315	321	330	337	343

根据以上数据：

（1）对该企业 2006—2014 年年产值进行水平分析（逐期）；

（2）对该企业 2006—2014 年年产值进行速度分析（环比）；

（3）利用 2007—2014 年的平均增长速度，预测 2015 年和 2016 年该企业的年产值。

8. 已知某企业 2010—2014 年的销售额的部分数据，请利用时间序列各指标的关系，推算表中空缺的数字。

年份	销售额（万元）	序时平均数（万元）	逐期增长量（万元）	定基发展速度（％）	平均增长速度（％）	增长1％的绝对量（万元）
2010	200		—	—		—
2011			23			
2012				127		
2013						
2014			72			3.07

第十章 指数分析

【典型案例11】

如何测定价格变动?

18世纪后半叶,从美洲新大陆开发出的金银源源不断地涌入欧洲,欧洲物价骤然上涨,引起了人们的恐慌和社会的普遍关注。于是人们提出问题:如何测定价格变动?

为解决此问题,设商品价格为p,销售量为q,角标1为报告期,角标0为基期。众所周知,一种商品时,p_1/p_0反映了该种商品的价格变动。但市场上有多种商品,当用$\sum p_1 / \sum p_0$反映价格变动时,其会随着某一种商品计量单位改变(实质没有变)而改变,故p相加的对比没有意义。而销售额pq相加的对比有意义。德国经济学家帕歇(1874)用$I_p = \sum p_1 q_1 / \sum p_0 q_1$测定多种商品价格的综合变动程度,其经济意义是:销售额是消费者花的钱,如果消费者买同样多的商品,报告期花的钱比基期多(少),则价格涨(跌),其中q取报告期的原因是价格p为质量指标,这样做分析现实性更强。I_p称为帕氏价格指数,$I_p > 1$说明价格涨,$I_p = 1$说明价格不变,$I_p < 1$说明价格跌。I_p变动较大时应引起高度注意,看是哪些相关社会经济条件有较大变化,并解决由此产生的社会经济问题。

同理,可编制销售量指数等。如今指数的应用已相当普遍,已成为分析社会经济和预测经济景气度的重要工具。有些指数,如居民消费价格指数、房地产价格指数、消费者满意度指数等,同人们的生活休戚相关;有些指数,如生产者价格指数、采购经理人指数、股票价格指数等,则直接影响到人们的投资行为和企业的经营决策,成为社会经济发展的晴雨表。指数的基本知识是本章学习的内容。

第一节 指数的基本概念

指数的一些基本概念对一些初学者来说较难理解,为此,这里从一个实际问题的解决,引入指数的基本概念。

【例10-1】某超市三种商品的销售数据见表10-1,请:
(1)测定价格综合变动程度;
(2)测定销售量综合变动程度。

表 10-1 某超市三种商品销售数据

商品名称	计量单位	价格（元）		销售量	
		基期 p_0	报告期 p_1	基期 q_0	报告期 q_1
甲	件	200	220	1 000	1 100
乙	双	20	25	500	600
丙	套	250	200	80	100

解：(1) 由典型案例 11，用帕氏价格指数测定价格综合变动程度：

$$I_p = \frac{\sum p_1 q_1}{\sum p_0 q_1} = \frac{220 \times 1\,100 + 25 \times 600 + 200 \times 100}{200 \times 1\,100 + 20 \times 600 + 250 \times 100} = \frac{277\,000}{257\,000} = 107.78\%$$

$I_p - 1 = 7.78\%$，即价格报告期比基期增加 7.78%，这使得销售额增加：

$$\sum p_1 q_1 - \sum p_0 q_1 = 277\,000 - 257\,000 = 20\,000(元)$$

(2) 测定销售量综合变动程度。一种商品时，q_1/q_0 反映了该种商品的销售量变动，但该超市有 3（多）种商品，销售量 q 相加没有意义，故不能用 $\sum q_1 / \sum q_0$ 反映销售量综合变动。而销售额 pq 相加的对比有意义。德国经济学家拉斯贝尔斯（1864）用 $I_q = \sum p_0 q_1 / \sum p_0 q_0$ 测定销售量的综合变动程度，其经济意义是：如果价格不变，消费者报告期花的钱比基期多（少），则购买的商品多（少），其中价格 p 取基期的原因是 q 为数量指标，这样做可比性更强。I_q 称为拉氏销售量指数，$I_q > 1$ 说明销售量增加，$I_q = 1$ 说明销售量不变，$I_q < 1$ 说明销售量减少。

采用拉氏销售量指数测定销售量综合变动程度：

$$I_q = \frac{\sum p_0 q_1}{\sum p_0 q_0} = \frac{200 \times 1\,100 + 20 \times 600 + 250 \times 100}{200 \times 1\,000 + 20 \times 500 + 250 \times 80} = \frac{257\,000}{230\,000} = 111.74\%$$

$I_q - 1 = 11.74\%$，即销售量报告期比基期增加 11.74%，这使得销售额增加：

$$\sum p_0 q_1 - \sum p_0 q_0 = 257\,000 - 230\,000 = 27\,000 \ (元)$$

一、指数的含义与作用

指数，或称统计指数，其含义有广义和狭义两种理解。广义来说，凡是两个数值对比而形成的相对数都可以称为指数。狭义来说，指数是反映社会经济现象总体数量综合变动的相对数，反映数量上不能直接加总或加总后对比没有意义的多个个体或多个项目组成的总体的综合变动程度。如例 10-1 中的帕氏价格指数 $I_p = \sum p_1 q_1 / \sum p_0 q_1$ 和拉氏销售量指数 $I_q = \sum p_0 q_1 / \sum p_0 q_0$ 均为狭义指数。狭义指数是经常使用的，本章主要介绍狭义指数。

狭义指数的性质：

(1) 相对性。指数的含义指明指数是相对数，具有相对性。

（2）综合性。狭义指数综合反映多个个体构成的现象总体的数量变动。例如，帕氏价格指数 $I_p = \sum p_1q_1 / \sum p_0q_1$ 不是只说明某种商品的价格变动，而是反映多种商品价格水平的综合变动程度。

（3）平均性。反映现象总体综合变动程度的狭义指数具有平均的性质，它反映现象总体中各个个体变动的平均水平。例如，帕氏价格指数 $I_p = \sum p_1q_1 / \sum p_0q_1$ 所表明的是各种商品价格变动的平均水平。

指数作为分析社会经济现象数量变化的一种重要统计方法，具有重要的作用：

（1）综合反映社会经济现象总体的变动方向和程度。例如，通过帕氏价格指数 $I_p = \sum p_1q_1 / \sum p_0q_1$ 的大小可判断所有商品价格变动的方向和程度，例 10-1 中的价格指数 $I_p = 107.78\%$，$I_p - 1 = 7.78\%$，则反映所有商品的价格报告期比基期增加了 7.78%。

（2）利用指数体系进行因素分析。例如，商品销售额的变动是商品价格和销售量两因素共同变动影响的结果，那么，利用销售额指数与价格指数、销售量指数之间的关系，可分析价格与销售量这两种因素的变动对销售额变动的影响方向和程度。

（3）分析社会经济现象的长期发展趋势。例如，根据 2000—2014 年共 15 年的零售商品价格资料，编制 15 年的价格指数，构成价格指数的时间数列，可揭示价格的长期变动规律和趋势。应用第九章的时间序列分析方法，通过分析指数数列，可深入了解和掌握社会经济现象的发展变化。

（4）对社会经济现象进行综合评价和测定。近年来，指数分析方法常被应用于诸多领域进行综合评价和测定。例如，幸福指数、气象指数、保险指数、消费者满意度指数等，在许多领域发挥了重要的作用。

二、指数的分类

为了更好地理解和应用指数，需要从不同角度对指数进行分类。

（1）按所考察对象的范围不同，分为个体指数和总指数。

个体指数是考察单个个体或单个项目数量变动的相对数。例如，某种商品的价格指数 p_1/p_0、某种商品的销售量指数 q_1/q_0 等，都是个体指数。总指数是反映由多个个体或多个项目构成的总体数量综合变动的相对数。例如，反映多种商品价格综合变动的帕氏价格指数 I_p、反映多种商品销售量综合变动的拉氏销售量指数 I_q 等都是总指数。

（2）按指数化指标的性质不同，分为数量指标指数与质量指标指数。

在指数理论中，指数所要测定其变动程度的指标或变量称为指数化指标。例如，帕氏价格指数 $I_p = \sum p_1q_1 / \sum p_0q_1$ 的指数化指标就是价格 p，拉氏销售量指数 $I_q = \sum p_0q_1 / \sum p_0q_0$ 的指数化指标就是销售量 q。如果指数的指数化指标具有数量指标的特征（也即表现为总量或绝对数的形式），它就属于数量指标指数，如拉氏销售量指数、产品产量指数、工业生产指数等。如果指数的指数化指标具有质量指标的特征（也即表现为平均数或相对数的形式），它就属于质量指标指数，如帕氏价格指数、居民消费价格指数、股票价格指数、劳动生产率指数等。

（3）按所反映的时间状况不同，分为动态指数和静态指数。

动态指数，是同类现象在两个不同时间上的数量对比。例 10-1 中的帕氏价格指数 I_p 和拉氏销售量指数 I_q 都属于动态指数。根据所选择的基期不同，动态指数又可分为环比指数和定基指数。静态指数是同类现象在同一时间上的数量对比，主要包括空间指数和计划完成情况指数。空间指数是同一时间不同空间的同类现象的数量对比，如两个城市的同期物价水平的对比。计划完成情况指数则是现象的实际水平与计划水平对比的结果，反映计划的完成程度，如能耗降低计划完成指数。静态指数是动态指数应用上的拓展，所以其计算原理和分析方法都与动态指数基本相同。后面主要讨论动态指数的计算方法和具体应用。

第二节 综合指数

综合指数是设法将各个个体的数量先综合以后再通过两个时期的综合数值对比来计算的总指数，如例 10-1 中的帕氏价格指数 $I_p = \sum p_1 q_1 / \sum p_0 q_1$ 和拉氏销售量指数 $I_q = \sum p_0 q_1 / \sum p_0 q_0$。综合指数的编制特点是：先综合，后对比。先综合，即将总体中不能直接加总或加总后不能进行对比的不同度量现象，通过一个或一个以上因素的乘入，使其成为能够加总后进行对比的价值指标；后对比，即将乘入的因素固定在同一时期，将报告期与基期的价值指标进行对比。这样，对比结果得出的总指数就是所要研究的现象综合变动的程度。上述乘入的因素称为同度量因素，如帕氏价格指数中的同度量因素是销售量 q，拉氏销售量指数中的同度量因素是价格 p。同度量因素起着同度量化的作用，把不同使用价值和不同计量单位的数值转化为同度量的数值。

同度量因素解决了不能简单加总后对比计算总指数的问题。但是，同度量因素应该固定在基期还是报告期呢？关于同度量因素应固定在什么水平上的问题，衍生出了多个不同的指数计算公式，其中最主要、最常用的是帕氏指数和拉氏指数。

一、帕氏指数

德国经济学家帕歇（H. Paasche，1874）提出以报告期物量加权来计算物价指数，该方法可推广到各种质量指标指数和数量指标指数的计算。统计上把同度量因素固定在报告期所计算的综合指数称为帕氏指数。

帕氏质量指标综合指数（如例 10-1 的帕氏价格指数）为：

$$I_p = \frac{\sum p_1 q_1}{\sum p_0 q_1} \tag{10.1}$$

同样，还可以编制帕氏数量指标综合指数：

$$P_q = \frac{\sum p_1 q_1}{\sum p_1 q_0} (与 I_q 不同) \tag{10.2}$$

二、拉氏指数

德国经济学家拉斯贝尔斯（E. Laspeyres，1864）提出以基期价格加权来计算销售量指数，该方法可推广到各种数量指标指数和质量指标指数的计算。统计上把同度量因素固定在基期所计算的综合指数称为拉氏指数。

拉氏数量指标综合指数（如例 10-1 的拉氏销售量指数）为：

$$I_q = \frac{\sum p_0 q_1}{\sum p_0 q_0} \tag{10.3}$$

同样，还可以编制拉氏质量指标综合指数：

$$L_p = \frac{\sum p_1 q_0}{\sum p_0 q_0} (与 I_p 不同) \tag{10.4}$$

三、综合指数的编制步骤

1. 确定指数化指标

指标归纳起来有数量指标和质量指标，在编制综合指数时，如果反映数量指标综合变动，则指标化指标是数量指标；如果反映质量指标综合变动，则指标化指标是质量指标。

2. 选择同度量因素

总体的各个个体指数化指标不能直接加总或加总后不能进行对比，为此，在编制数量指标综合指数时，按研究目的选择对应的质量指标作为同度量因素。在编制质量指标综合指数时，按研究目的选择对应的数量指标作为同度量因素。

3. 固定同度量因素的时期

如果注重前后时期的对比，将同度量因素固定在基期。如在例 10-1 中，计算销售量指数时，将价格固定在基期，可以剔除价格变动的影响，准确反映销售量的变化。如果注重现实性的分析，将同度量因素固定在报告期。如在例 10-1 中，计算价格指数时，将销售量固定在报告期，反映了现实商品结构下价格的综合变动，商品结构变化的影响融合到了价格指数里，更能揭示价格变动后的实际影响。一般来说，编制数量指标综合指数采用拉氏指数；编制质量指标综合指数采用帕氏指数。

其他形式的综合指数还有马埃指数、理想指数、杨格指数，可参见文献 [3]。

第三节　平均指数

一、算术平均指数

为了更好地理解算术平均指数,先解决如下问题:

【例 10-2】 例 10-1 中的销售量个体指数,三种商品的基期销售额见表 10-2,计算拉氏销售量指数。

表 10-2　某超市三种商品的销售量个体指数及基期销售额

商品名称	计量单位	销售量个体指数 $k_q = \dfrac{q_1}{q_0}$	基期销售额(元)$p_0 q_0$
甲	件	110%	200 000
乙	双	120%	10 000
丙	套	125%	20 000
合计	—	—	230 000

解:$I_q = \dfrac{\sum p_0 q_1}{\sum p_0 q_0} = \dfrac{\sum (q_1/q_0) p_0 q_0}{\sum p_0 q_0} = \dfrac{\sum k_q p_0 q_0}{\sum p_0 q_0}$

$= \dfrac{1.1 \times 200\ 000 + 1.2 \times 10\ 000 + 1.25 \times 20\ 000}{200\ 000 + 10\ 000 + 20\ 000} = \dfrac{257\ 000}{230\ 000} = 111.74\%$

$I_q - 1 = 11.74\%$,即销售量报告期比基期增加 11.74%,这使得销售额增加:

$$\sum k_q p_0 q_0 - \sum p_0 q_0 = 257\ 000 - 230\ 000 = 27\ 000\ (元)$$

例 10-2 中的

$$I_q = \dfrac{\sum k_q p_0 q_0}{\sum p_0 q_0} \tag{10.5}$$

称为算术平均指数,其中 $k_q = q_1/q_0$ 为数量指标个体指数,$p_0 q_0$ 为权数,是基期的总量数据。实质上,该算术平均指数是拉氏数量指标综合指数的变形,计算结果、经济意义均一致,只不过给出的数据条件不同。若已知数量指标个体指数 k_q 及权数 $p_0 q_0$,可采用式(10.5)计算总指数。

同样,还可以编制拉氏质量指数的算术平均指数:

$$L_p = \dfrac{\sum k_p p_0 q_0}{\sum p_0 q_0} \tag{10.6}$$

其中 $k_p = p_1/p_0$ 为质量指标个体指数。

二、调和平均指数

为了更好理解调和平均指数,先解决如下问题:

【例10-3】例10-1中的价格个体指数,三种商品的报告期销售额见表10-3,计算帕氏价格指数。

表10-3 某超市三种商品的价格个体指数及报告期销售额

商品名称	计量单位	价格个体指数 $k_p = \dfrac{p_1}{p_0}$	报告期销售额(元)$p_1 q_1$
甲	件	110%	242 000
乙	双	125%	15 000
丙	套	80%	20 000
合计	—	—	277 000

解:

$$I_p = \frac{\sum p_1 q_1}{\sum p_0 q_1} = \frac{\sum p_1 q_1}{\sum \dfrac{1}{p_1/p_0} p_1 q_1} = \frac{\sum p_1 q_1}{\sum \dfrac{1}{k_p} p_1 q_1}$$

$$= \frac{242\,000 + 15\,000 + 20\,000}{\dfrac{242\,000}{1.1} + \dfrac{15\,000}{1.25} + \dfrac{20\,000}{0.8}} = \frac{277\,000}{257\,000} = 107.78\%$$

$I_p - 1 = 7.78\%$,即价格报告期比基期增加7.78%,这使得销售额增加:

$$\sum p_1 q_1 - \sum \frac{1}{k_p} p_1 q_1 = 277\,000 - 257\,000 = 20\,000 \text{(元)}$$

例10-3中的

$$I_p = \frac{\sum p_1 q_1}{\sum \dfrac{1}{k_p} p_1 q_1} \tag{10.7}$$

称为调和平均指数,其中 $k_p = p_1/p_0$ 为质量指标个体指数,$p_1 q_1$ 为权数,是报告期的总量数据。实质上,该调和平均指数是帕氏质量指标综合指数的变形,计算结果、经济意义均一致,只不过给出的数据条件不同。若已知质量指标个体指数 k_p 及权数 $p_1 q_1$,可采用式(10.7)计算总指数。

同样,还可以编制帕氏数量指数的调和平均指数

$$P_q = \frac{\sum p_1 q_1}{\sum \dfrac{1}{k_q} p_1 q_1} \tag{10.8}$$

其中 $k_q = q_1/q_0$ 为数量指标个体指数。

从上述算术平均指数、调和平均指数可看出:由于权数的不同,平均指数有算术

平均指数和调和平均指数。总指数具有平均的性质，其反映的是全部个体变化程度的平均水平。平均指数在实际中不仅作为综合指数的变形使用，而且它也有广泛的应用价值。平均指数的编制特点是：先对比，后平均，即先计算出个体指数，再利用一定的权数将个体指数加以平均求得总指数。

第四节　指数体系与因素分析

一、指数体系

在经济分析中，经常研究现象发展的总量变化及其原因。例如，销售总额变化及其原因，这就需要建立指数体系进行分析。不同时期总量的比值是一个相对数，属于广义指数范畴，通常称之为"总量指数"，其反映了总体在不同时期的总量水平的变动情况。如销售额指数：

$$I_{pq} = \frac{\sum p_1 q_1}{\sum p_0 q_0} \tag{10.9}$$

销售额指数 I_{pq} 与价格指数 I_p、销售量指数 I_q 有相对数关系：

$$\frac{\sum p_1 q_1}{\sum p_0 q_0} = \frac{\sum p_1 q_1}{\sum p_0 q_1} \times \frac{\sum p_0 q_1}{\sum p_0 q_0} \tag{10.10}$$

即

$$I_{pq} = I_p \times I_q$$

总量变化的绝对量与价格变化产生的绝对量、销售量变化产生的绝对量有关系式：

$$\sum p_1 q_1 - \sum p_0 q_0 = \left(\sum p_1 q_1 - \sum p_0 q_1\right) + \left(\sum p_0 q_1 - \sum p_0 q_0\right) \tag{10.11}$$

即

$$销售额 = 价格 \times 销售量$$

其变动受两个因素影响：一是价格，二是销售量，所以，由式（10.10）、（10.11），可进行总量变动的因素分析。

式（10.10）称为指数体系，指数体系是指几个指数之间在一定的经济联系基础上所构成的数量关系式。

因为：

$$总产值 = 产量 \times 产品价格$$
$$总成本 = 产量 \times 单位产品成本$$
$$总产量 = 员工人数 \times 劳动生产率$$
$$原材料消耗总额 = 产品产量 \times 单位产品原材料消耗量 \times 单位原材料价格$$

所以，常见的指数体系还有：

$$总产值指数 = 产量指数 × 产品价格指数$$
$$总成本指数 = 产量指数 × 单位产品成本指数$$
$$总产量指数 = 员工人数指数 × 劳动生产率指数$$
$$原材料消耗总额指数 = 产品产量指数 × 单位产品原材料消耗量指数$$
$$× 单位原材料价格指数$$

上述例子的总变动中,前三个受两个因素的变动影响:一个是数量指标因素,一个是质量指标因素。而最后一个受到不止两个因素的变动影响,属于多因素影响的问题。这里主要介绍总变动受两个因素的变动影响。

指数体系的分析作用主要有两个:一是进行"因素分析",即分析现象的总变动中各有关因素的影响程度;二是进行"指数推算",即根据已知的指数推算未知的指数。

二、总量变动的两因素分析

【例 10 - 4】根据表 10 - 1 给出的资料,对该超市三种商品销售总额的变动进行因素分析。

解:

(1) 销售额指数 $I_{pq} = \dfrac{\sum p_1 q_1}{\sum p_0 q_0} = \dfrac{277\,000}{230\,000} = 120.43\%$

销售额增减额 $= \sum p_1 q_1 - \sum p_0 q_0 = 277\,000 - 230\,000 = 47\,000$(元)

(2) 价格指数 $I_p = \dfrac{\sum p_1 q_1}{\sum p_0 q_1} = \dfrac{277\,000}{257\,000} = 107.78\%$

价格变动的影响额 $= \sum p_1 q_1 - \sum p_0 q_1 = 277\,000 - 257\,000 = 20\,000$(元)

(3) 销售量指数 $I_q = \dfrac{\sum p_0 q_1}{\sum p_0 q_0} = \dfrac{257\,000}{230\,000} = 111.74\%$

销售量变动的影响额 $= \sum p_0 q_1 - \sum p_0 q_0 = 257\,000 - 230\,000 = 27\,000$(元)

(4) 三者之间的数量关系为:
$$120.43\% = 107.78\% × 111.74\%$$
$$47\,000(元) = 20\,000(元) + 27\,000(元)$$

(5) 因素分析。三种商品的销售总额增加了 20.43%,增加的绝对值为 47 000 元,原因是:销售价格提高 7.78%,使得销售额增加 20 000 元;销售量增加 11.74%,使得销售额增加 27 000 元。

从上面的分析看出:总量变动的两因素分析是报告期总量 $\sum p_1 q_1$、基期总量 $\sum p_0 q_0$、假定的总量 $\sum p_0 q_1$ 三个数的除法、减法运算和结果描述。

三、平均数变动的因素分析

在平均数的变动及其原因分析中,需要建立平均数指数体系。不同时期平均数的比值是一个相对数,属于广义指数范畴,通常称为"平均数指数",反映了平均数在不同时期的变动情况。

设各组变量水平为 x,各组权数为 f,角标 1 为报告期,角标 0 为基期,$\bar{x}$ 的公式如下:

$$\bar{x} = \sum x \frac{f}{\sum f}$$

故平均数的变动,受两个因素影响:一是各组水平 x;二是各组结构,即各组比重 $\frac{f}{\sum f}$(频率)。所以,平均数变动的因素分析,就是从这两个因素入手进行的。

平均数指数:

$$I_{xf} = \frac{\sum x_1 f_1}{\sum f_1} \div \frac{\sum x_0 f_0}{\sum f_0} = \frac{\bar{x}_1}{\bar{x}_0} \tag{10.12}$$

与帕氏质量指数同理,有组水平指数(固定构成指数):

$$I_x = \sum x_1 \frac{f_1}{\sum f_1} \div \sum x_0 \frac{f_1}{\sum f_1} = \frac{\sum x_1 f_1}{\sum f_1} \div \frac{\sum x_0 f_1}{\sum f_1} = \frac{\bar{x}_1}{\bar{x}_{01}} \quad \text{(假定的平均数}$$

$$\bar{x}_{01} = \frac{\sum x_0 f_1}{\sum f_1}) \tag{10.13}$$

与拉氏数量指数同理,有结构影响指数:

$$I_f = \sum x_0 \frac{f_1}{\sum f_1} \div \sum x_0 \frac{f_0}{\sum f_0} = \frac{\sum x_0 f_1}{\sum f_1} \div \frac{\sum x_0 f_0}{\sum f_0} = \frac{\bar{x}_{01}}{\bar{x}_0} \tag{10.14}$$

平均数指数体系和绝对量的关系:

$$\bar{x}_1/\bar{x}_0 = (\bar{x}_1/\bar{x}_{01}) \times (\bar{x}_{01}/\bar{x}_0),\ 即\ I_{xf} = I_x \times I_f \tag{10.15}$$

$$\bar{x}_1 - \bar{x}_0 = (\bar{x}_1 - \bar{x}_{01}) + (\bar{x}_{01} - \bar{x}_0) \tag{10.16}$$

由此,可进行平均数变动的因素分析。

【例 10 – 5】根据表 10 – 4 给出的资料,对该高校总平均工资的变动进行因素分析。

表 10-4 某高校员工构成及工资水平统计表

员工结构	平均工资（元）		员工人数（人）	
	基期 x_0	报告期 x_1	基期 f_0	报告期 f_1
管理人员	8 000	15 000	20	40
教学人员	5 000	8 000	300	500
行政人员	3 000	6 000	60	80
合计	—	—	380	620

解：

基期平均工资 $\bar{x}_0 = \dfrac{\sum x_0 f_0}{\sum f_0} = \dfrac{8\,000 \times 20 + 5\,000 \times 300 + 3\,000 \times 60}{20 + 300 + 60} = 4\,842$（元/人）

报告期平均工资 $\bar{x}_1 = \dfrac{\sum x_1 f_1}{\sum f_1} = \dfrac{15\,000 \times 40 + 8\,000 \times 500 + 6\,000 \times 80}{40 + 500 + 80} = 8\,194$（元/人）

假定的平均工资 $\bar{x}_{01} = \dfrac{\sum x_0 f_1}{\sum f_1} = \dfrac{8\,000 \times 40 + 5\,000 \times 500 + 3\,000 \times 80}{40 + 500 + 80} = 4\,935$（元/人）

（1）平均工资指数（平均数指数）：

$$I_{xf} = \dfrac{\bar{x}_1}{\bar{x}_0} = \dfrac{8\,194}{4\,842} = 169.23\%$$

平均工资提高影响平均工资变动的绝对数：

$$\bar{x}_1 - \bar{x}_0 = 8\,194 - 4\,842 = 3\,352 \text{（元/人）}$$

（2）各组员工工资水平指数（组水平指数）：

$$I_x = \dfrac{\bar{x}_1}{\bar{x}_{01}} = \dfrac{8\,194}{4\,935} = 166.04\%$$

各组员工工资水平提高影响平均工资变动的绝对数：

$$\bar{x}_1 - \bar{x}_{01} = 8\,194 - 4\,935 = 3\,259 \text{（元/人）}$$

（3）员工人数结构变动影响指数（结构影响指数）：

$$I_f = \dfrac{\bar{x}_{01}}{\bar{x}_0} = \dfrac{4\,935}{4\,842} = 101.92\%$$

员工人数结构变动影响平均工资变动的绝对数：

$$\bar{x}_{01} - \bar{x}_0 = 4\,935 - 4\,842 = 93 \text{（元/人）}$$

（4）三者之间的数量关系为：

$$169.23\% = 166.04\% \times 101.92\%$$
$$3\,352\,(元/人) = 3\,259\,(元/人) + 93\,(元/人)$$

（5）因素分析。员工平均工资增加了69.23%，平均工资增加3 352元/人，原因是：各组员工工资水平提高了66.04%，使得平均工资增加3 259元/人；员工人数结构变动1.92%，使得平均工资增加93元/人。

从上面的分析看出：平均数变动的因素分析是报告期平均数 $\bar{x}_1$、基期平均数 $\bar{x}_0$、假定的平均数 $\bar{x}_{01}$ 三个数的除法、减法运算和结果描述。

第五节 几种常见的指数

一、股票价格指数

股票价格指数是反映股票市场上多种股票价格综合变动程度的指数。股票价格指数作为反映股票市场行情变化的重要指标，不仅是广大股票投资者进行投资决策的重要依据，而且也被视为一个国家或地区经济发展的晴雨表。股票价格指数一般采用综合指数的形式进行编制，以发行量（或流通量）为权数，通常采用帕氏公式进行计算。股票价格指数通常以"点"为单位，基期水平固定为100点或1 000点，股票价格比基期每变动1%或1‰，就称变动了1点。下面以我国的上证综合指数和深圳成分指数为例，简要介绍股票价格指数的编制。

上证综合指数是由上海证券交易所编制的股票价格指数，该指数于1991年7月15日正式发布，以1990年12月19日为基期，基期指数为100点，以所有在上海证券交易所挂牌上市的全部股票为样本，以报告期股票发行量为权数进行编制，计算公式为：

$$I_p = \frac{\sum p_1 q_1}{\sum p_0 q_1} \tag{10.17}$$

深圳成分指数是深圳证券交易所编制的一种以流通量为权数的成分股指数，该指数于1995年1月23日正式发布，以1994年7月20日为基期，基期指数为1 000点，初始样本股数量为40只。2015年5月20日，深圳证券交易所对深证成分指数正式实施样本股扩容，将样本股数量从40只扩大到500只，选样规则保持不变。经过扩容，新深证成分指数的板块分布更趋均衡合理，市场代表性大幅提升。新深证成分指数的行业结构与深圳市场高度吻合，与上证综合指数形成明显差异，凸显了深圳市场的结构特征。

二、居民消费价格指数

居民消费价格指数（Consumer Price Index，CPI）是度量居民消费品及服务项目价格水平随时间变动的相对数，反映居民家庭购买的消费品及服务项目价格水平的变动情况。居民消费价格指数与人民群众的生活密切相关，在整个国民经济价格体系中具有十分重要的地位，是进行经济分析和决策、价格总水平监测和调控的重要指标。

我国目前编制的居民消费价格指数是采用固定加权算术平均指数方法来编制的，其主要编制过程和特点是：首先，将各种居民消费划分为食品、衣着、居住、家庭设备用品及服务、医疗保健、交通和通信、娱乐教育文化用品及服务、其他商品和服务八大类，下面再划分为若干个中类和小类。其次，从以上各类中选定部分代表规格品入编指数，并进行定时定点采价，进而利用有关对比时期的价格资料分别计算个体价格指数；再次，依据有关时期内各种商品的销售额构成比例确定代表规格品的比重权数，按从低到高的顺序，采用固定加权算术平均公式，依次编制各小类、中类、大类的消费价格指数和总指数。计算公式为：

$$I_p = \frac{\sum iw}{\sum w} \qquad (10.18)$$

式中 i——代表规格品个体价格指数或各层的类指数；

w——固定权数。

小　　结

指数起源于人们对价格动态的关注，典型案例 11 阐述了指数的起源以及研究价格变动的基本思路，进而提出了指数分析的基本思想。编制总指数的基本方法有综合法和平均法两种，分别把这两种方法计算的总指数称为综合指数和平均指数。通过对社会经济现象总量或平均数的变动进行因素分析，可以测定各构成因素的变动对现象总变动的影响情况，并对社会经济现象发展变化做出综合评价。最后，通过熟悉几种常见的指数，进一步理解指数的基本思想和编制指数的基本原理，掌握指数分析方法的应用。

思 考 题

1. 典型案例 11 中解决问题的基本思想是怎样的？
2. 编制综合指数的基本思路是怎样的？
3. 如何利用指数体系对销售额的变动进行因素分析？

练 习 题

一、单项选择题

1. 综合指数是（   ）对比形成的指数。
   A. 两个相对指标   B. 两个平均指标
   C. 相邻个体指数   D. 两个总量指标

2. 某销售公司销售额2014年较2013年上升50%，同期销售量指数为120%，则销售价格指数是（   ）。
   A. 150%   B. 125%
   C. 120%   D. 110%

3. 数量指标指数和质量指标指数的划分依据是（   ）。
   A. 指数化指标的性质不同   B. 所反映的对象范围不同
   C. 所比较的现象特征不同   D. 编制指数的方法不同

4. 编制数量指标指数一般采用（   ）作为同度量因素。
   A. 基期质量指标   B. 报告期质量指标
   C. 基期数量指标   D. 报告期数量指标

5. 某市2010年社会商业零售总额为10 000万元，2014年增至15 000万元，这四年物价上涨了25%，则商业零售量指数为（   ）。
   A. 150%   B. 130%
   C. 125%   D. 120%

6. 与帕氏质量指标综合指数之间存在变形关系的调和平均指数的权数应是（   ）。
   A. $p_0 q_0$ B. $p_1 q_1$
   C. $p_0 q_1$ D. $p_1 q_0$

7. 某公司报告期新职工人数比重大幅度上升，为了准确反映全公司职工劳动效率的真实变化，需要编制有关劳动生产率变化的（   ）。
   A. 平均数指数   B. 组水平指数
   C. 结构影响指数   D. 数量指标综合指数

8. 我国深证100指数将基期股价水平定为1000。若某周末收盘指数显示为1122，此前一周末收盘指数显示为1100，即表示此周末收盘时股价整体水平比一周前上涨了（   ）
   A. 2%   B. 22%   C. 122%   D. 12.2%

9. 居民消费价格指数反映了（   ）。
   A. 城乡商品零售价格的变动趋势和程度
   B. 城乡居民购买生活消费品价格的变动趋势和程度

C. 城乡居民购买服务项目价格的变动趋势和程度

D. 城乡居民购买生活消费品和服务项目价格的变动趋势和程度

二、判断题

1. 综合指数是一种加权指数。（   ）
2. 综合指数是总指数的基本形式，是编制总指数的唯一方法。（   ）
3. 在实际应用中，计算价格综合指数一般采用基期数量指标为同度量因素。（   ）
4. 在编制综合指数时，虽然将同度量因素加以固定，但是同度量因素仍然起权数作用。（   ）
5. 在实际应用中，计算销售量综合指数，一般采用报告期质量指标为同度量因素。（   ）
6. 综合指数与平均指数具有不同的特点，两者之间不能相互转换。（   ）
7. 平均指数与平均数指数是同一个概念。（   ）
8. 如果各种商品价格平均上涨5%，销售量平均下降5%，则销售额指数不变。（   ）
9. 平均数变动的因素分析建立的指数体系由三个指数构成，即平均数指数、固定构成指数和结构影响指数。（   ）

三、计算题

1. 某商店三种商品基期和报告期的价格和销售量资料如下表所示，试求这三种商品的价格指数 I_p 和销售量指数 I_q。

商品名称	计量单位	价格（元）		销售量	
		基期 p_0	报告期 p_1	基期 q_0	报告期 q_1
甲	件	20	22	100	110
乙	双	20	25	50	60
丙	条	25	20	80	100

2. 某地区2013—2014年农产品的收购额及价格变动情况如下表所示，试计算该地区的农产品收购价格总指数，并据以分析农产品收购价格变化对农民收入的影响。

农产品	收购金额（万元）		价格指数
	2013年	2014年	
A	160	185	110%
B	120	110	95%
C	20	22	102%

3. 某企业三种产品的单位成本及产量资料如下表所示。试计算三种产品的总成本指数、单位成本指数、产量指数,并应用指数体系说明三者之间的关系。

商品名称	计量单位	单位成本(元)		产量	
		基期 p_0	报告期 p_1	基期 q_0	报告期 q_1
甲	件	350	320	50	60
乙	台	180	176	50	50
丙	吨	20	20	150	200

4. 某地区出口三种商品,有关统计资料见下表,请作出口额变动的因素分析。

商品	出口价(美元)		出口量	
	基期 p_0	报告期 p_1	基期 q_0	报告期 q_1
甲(件)	800	760	5 000	6 000
乙(吨)	2 500	2 500	800	820
丙(套)	1 000	1 100	4 000	3 800

5. 某企业某种产品基期和报告期的销售情况如下:

产品等级	单价(元/件)		销售量(件)	
	基期 p_0	报告期 p_1	基期 q_0	报告期 q_1
1	30	35	5 800	9 600
2	25	28	2 500	3 000
3	15	15	1 700	400

要求:对该产品平均价格的变动进行因素分析。

思考题与练习题
参考答案

【友情提示】请各位同学认真完成思考题和练习题后再认真对照参考答案。回答正确，值得肯定；回答错误，请找出原因更正，这样使用参考答案会令你答题能力提高得越来越快，智慧会越来越多。学而不思则罔，如果直接抄答案，对学习无益，危害甚大。想抄答案者，请三思而后行！

第一章 绪论

思考题参考答案

1. 不能，轰炸机面上的所有弹孔位置＝轰炸机的危险区域＋轰炸机的安全区域，因为危险区域被击中的轰炸机有的掉入敌占区，或因坠毁而无形等，不能找回进行调查；没有弹孔的轰炸机，战时也不可能自己拿来射击后进行调查。

2. 问题：轰炸机上什么区域应该加强钢板？瓦尔德解决问题的思想：在他的轰炸机模型上不重不漏地逐个标示返航轰炸机的弹孔位置，找出几乎布满弹孔的区域；发现：没有弹孔区域是轰炸机的危险区域。

3. 能，发展自己的参考路径为：①找出自己的优点，保护自己易受伤的地方；②明确自己大学阶段的最佳目标；③拟出一个发扬自己优点、实现自己大学阶段最佳目标的可行计划。

练习题参考答案

一、填空题

1. 调查
2. 探索、调查、发现
3. 目的

二、简答题

1. 答：瓦尔德；把剩下少数几个没有弹孔的区域加强钢板。
2. 答：统计学解决实际问题的基本思路，即基本步骤是：①提出与统计有关的实际问题；②建立有效的指标体系；③收集数据；④选用或创造有效的统计方法，整理、显示所收集数据的特征；⑤根据所收集数据的特征，结合定性、定量的知识做出合理推断；⑥根据合理推断给出更好决策的建议。不能解决问题时，重复第②～

⑥步。

3. 答：在结合实质性学科的过程中，统计学是能发现客观世界规律、更好决策、改变世界和培养相应领域领袖的一门学科。

4. 答：定类尺度是说明客观现象无序类别的计量。定序尺度是说明客观现象有序类别非数值的计量。定距尺度是说明客观现象数值间距有意义的计量。定比尺度是说明客观现象两个数值比有意义的计量。

三、案例分析题

1. 总体：我班所有学生；单位：我班每个学生；样本：我班部分学生；品质标志：姓名；数量标志：每个学生_____课程的成绩；指标：全班学生_____课程的平均成绩_____；指标体系：上学期全班同学学习的科目_____；统计量：我班部分同学_____课程的平均成绩_____；定性数据：姓名_____；定量数据：_____课程成绩_____；离散型变量：学习课程数；连续性变量：学生的学习时间；确定性变量：全班学生_____课程的平均成绩；随机变量：我班部分同学_____课程的平均成绩，每个同学进入教室的时间；横截面数据：我班学生_____月_____门课程的出勤率；时间序列数据：我班学生_____课程分别在第一个月、第二个月、第三个月、第四个月的出勤率；面板数据：我班学生_____课程分别在第一个月、第二个月、第三个月、第四个月的出勤率。选用描述统计。

2. （1）总体：广州市大学生；单位：广州市的每个大学生。（2）如果调查中了解的是价格高低，为定序尺度；如果调查中了解的是商品丰富、价格合适、节约时间，为定类尺度。（3）广州市大学生在网上购物的平均花费。（4）是用统计量作为参数的估计。（5）推断统计。

3. （1）10。（2）6。（3）定类尺度：汽车名称，燃油类型；定序尺度：车型大小；定距尺度：引擎的汽缸数；定比尺度：市区驾车的油耗，公路驾车的油耗。（4）定性变量：汽车名称，车型大小，燃油类型；定量变量：引擎的汽缸数，市区驾车的油耗，公路驾车的油耗。（5）40%；（6）30%。

第二章　收集数据

思考题参考答案

1. 答：二手数据的特点主要有：易获得；成本低；快速获得；相关性差；时效性差和可靠性低。对于任何一项研究，首先想到有没有现成的二手数据可用，实在没有或有但无法使用时才进行原始数据的收集。

2. 答：普查的特点是：一次性的；规定统一的标准时点调查期限；数据一般比较准确，规范化程度较高；使用范围比较窄；调查质量不易控制；工作量大，花费大，组织工作复杂；易产生重复和遗漏现象等特点。

抽样调查的特点是：经济性好；实效性强；适应面广；准确性高。

3．答：两者不能相互替代。因为两者的目的不同，调查对象不同，组织方式不同。经济普查的"全面"包括所有经济体，比如个体户，而全面统计报表中的"全面"是相对的，只有注册为公司或企业并具有一定经济规模的经济体，才是调查对象，并不包括个体经营户。

4．略。

练习题参考答案

一、判断题

1．× 2．× 3．√ 4．√ 5．× 6．√ 7．√ 8．√ 9．√ 10．×

二、单项选择题

1．C 2．B 3．C 4．A 5．D 6．C

三、略。

第三章 整理和显示数据

思考题答案

1．答：因为收集的数据符合数据通常要求后，往往杂乱无章，不可用，所以有必要对数据进行整理。

2．答：比如市场营销专业。为了解各种不同饮料在市场的占有率情况，于是采用了问卷调查方法，得到相关的数据结果，整理成如下所示频数分布表和复式条形图来显示结果。

计数项：饮料类型	顾客性别		
饮料类型	男	女	总计
百事可乐	3	6	9
汇源果汁	1	5	6
可口可乐	9	6	15
露露	5	4	9
旭日升冰茶	4	7	11
总计	22	28	50

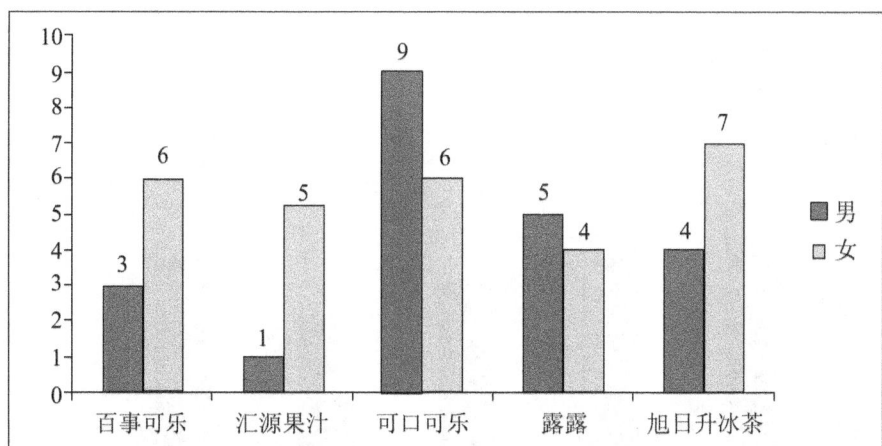

3. 答：洛伦兹曲线的思想是用人口累计率与收入累计率绘出散点图，并用平滑曲线来连接这些散点，形成洛伦兹曲线图，以此来描述一国财富或收入分配状况。其一般为一条向下弯曲的曲线，偏离45°角直线越小，表明该社会收入分配状况的平等化程度越高，偏离45°角直线越大，表明该社会收入分配状况的平等化程度越低。

练习题参考答案

一、单项选择题

1. C　2. D　3. A

二、简答题

1. 答：数值型数据的统计分组方法有两种，一种是单变量值分组，一种是组距式分组。单变量值分组就是将一个变量值作为一组，总体中有几个不同的变量值就分几个组，适合于离散型变量，且适合变量值较少的情况。组距式分组是将变量值的一个区间作为一组，适合于连续变量和变量值较多的离散型变量情况。

2. 答：（1）70应为第四组，因为是遵循"上组限不在组内"的原则。70只能作为下限值放在第四组。

（2）91没有被分入组内，是违背了"不重不漏"的原则。

三、实操题

1. 答：（1）上面数据属于分类型数据

（2）频数分布表如下表所示：

类别	频数	比例	百分比（％）
A	10	0.25	25
B	9	0.225	22.5
C	7	0.175	17.5
D	6	0.15	15
E	8	0.20	20

(3) 条形图如下所示：

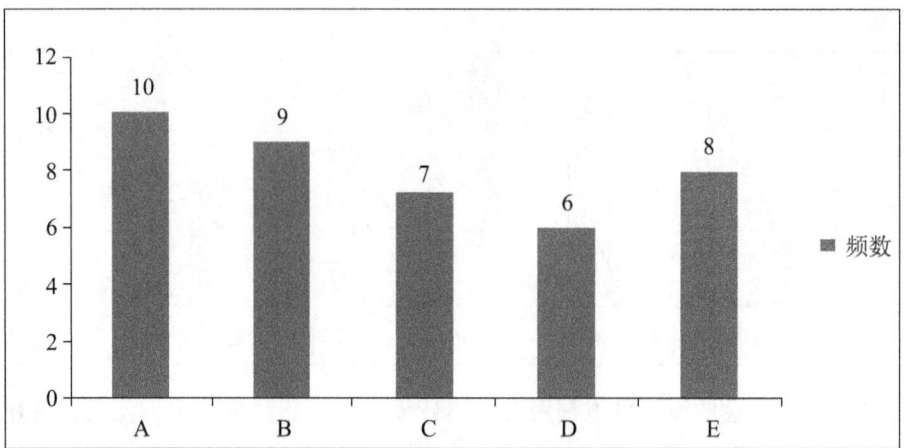

饼图如下所示：

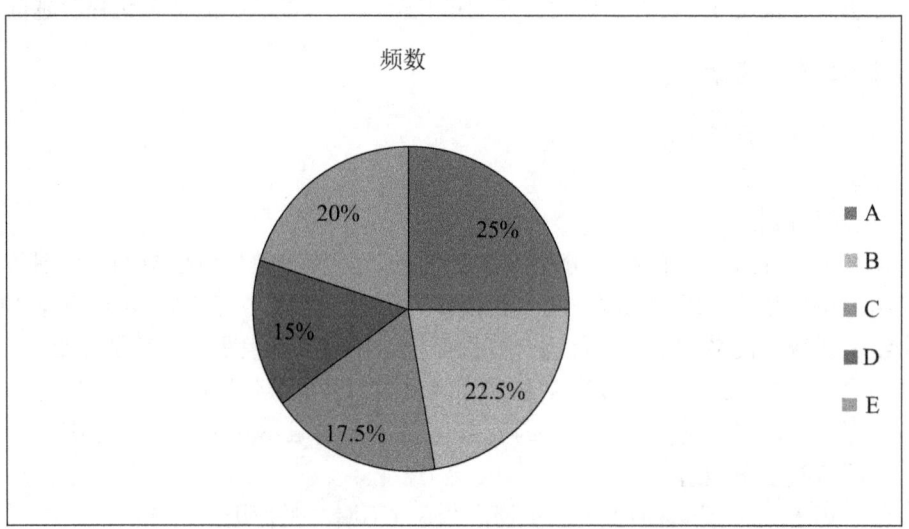

2. 解：频数分布表与直方图

（1）Excel 中得到的频数分布表：

贷款数据分组	频数	频率（%）	向上累计频率（%）
500 以下	6	15	15
500～1 000	16	40	55
1 000～1 500	8	20	75
1 500～2 000	6	15	90

思考题与练习题参考答案

续表

贷款数据分组	频数	频率（%）	向上累计频率（%）
2 000 以上	4	10	100
合 计	40	100	—

（2）在 Excel 中绘制的直方图：

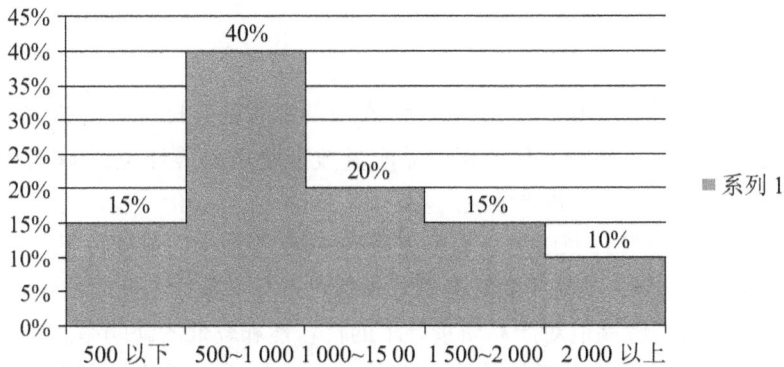

在 Excel 中绘制的累计频率分布折线图：

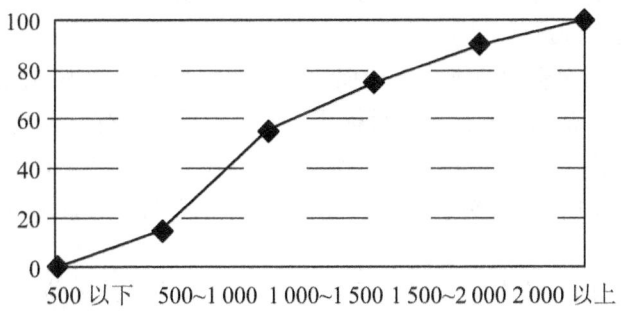

（3）钟形右偏分布。

3. 解：最低温度的茎叶图

频数	茎	&	叶
3	3		789
6	4		002 334
4	4		5 677
8	5		00 011 233
2	5		59
2	6		13
4	6		5 678

1	7	4
茎的宽度		10
每片叶子		个位数

第四章　数据分布的数字特征

思考题参考答案

1. 答：典型案例5中解决问题的科学家是日本质量管理学家田口玄一教授。解决的结果是：田口玄一教授发现：当产品质量数据服从以最佳位置 m 为中心的正态分布 $N[m,(T/3)^2]$ 时，产品质量最高。

2. 答：3σ 质量管理原则的基本思想：3σ 质量管理中的最佳位置 m 与平均数重合，$T/3$ 与标准差重合，产品质量数据的分布与正态分布重合，此时的产品质量最高。其中 3σ 质量代表了较高的对产品质量要求的符合性和较低的缺陷率。它把产品质量值的期望作为目标，并且不断超越这种期望，企业从 3σ 开始，然后是 4σ、5σ，最终达到 6σ。

对做人、做事的启示是：找到做人或做事的最佳目标，然后尽一切努力不断地靠近此目标，从而达到最佳状态。

3. 答：3σ 质量管理原则大到能拯救和强大一个国家，小到能拯救和强大自己。生活中，每个人都有自己的目标，目标或大或小，可能会有很多，但这些目标不可能全部实现，我们需要根据自己的实际情况选择一个合适的、最有可能实现的目标（最佳目标），然后尽一切努力，心无旁骛地、不断地靠近此目标，继而达到理想状态。

4. 答：煮饭的水位有一个最佳刻度值（最优目标），水位越靠近这个刻度值，则煮出的饭口感越好；水位越远离这个刻度值，则煮出的饭口感越差，这也体现了 3σ 质量管理原则的思想。

练习题参考答案

一、单项选择题

1. B　2. C　3. B　4. D　5. D　6. C

二、判断题

1. ×　2. ×　3. √　4. √　5. √

三、计算题

1. 解：(1) $M_0 = 161$；$M_e = 161.5$；$\overline{x} = \dfrac{\sum x_i}{n} \approx 160.27$

(2) Q_L 位置 $= \dfrac{n}{4} = 7.5$；Q_U 位置 $= \dfrac{3n}{4} = 22.5$

所以 $Q_L = \dfrac{153 + 153}{2} = 153$；$Q_U = \dfrac{167 + 168}{2} = 167.5$

$Q_d = 167.5 - 153 = 14.5$

(3) $s = \sqrt{\dfrac{\sum (x_i - \bar{x})^2}{n-1}} \approx 9.06$。

(4) 因为是单峰分布，且满足 $\bar{x} < M_e$，所以该组数据近似左偏分布。

2. 解：(1) 因为该题中产品销售额和销售利润两组数据的变量值水平不同，所以比较产品销售额和销售利润的差异应该选用离散系数这个统计量。

(2) 因为 $\bar{x}_1 = \dfrac{\sum x_i}{n} = 584$；$s_1 = \sqrt{\dfrac{\sum (x_i - \bar{x}_1)^2}{n-1}} \approx 290.91$

$\bar{x}_2 = \dfrac{\sum x_i}{n} = 38.21$；$s_2 = \sqrt{\dfrac{\sum (x_i - \bar{x}_2)^2}{n-1}} \approx 24.02$

所以 $v_{s_1} = \dfrac{s_1}{\bar{x}_1} = \dfrac{290.91}{584} \approx 0.4981$　$v_{s_2} = \dfrac{s_2}{\bar{x}_2} = \dfrac{24.02}{38.21} \approx 0.6286$

因为 $v_{s_1} < v_{s_2}$，所以销售利润这组数据的差异大。

3. 解：(1) 假定数据对称分布，判断数据的百分比问题应该用经验法则。因为新员工的平均得分是 85 分，标准差是 5 分，所以可以判断 75～95 分正好对应着均值 ±2 倍的标准差范围，根据经验法则可知大约有 95% 的数据落在此范围内。

(2) 假定员工得分的分布未知，判断数据的百分比问题应该用切比雪夫不等式。因为新员工的平均得分是 85 分，标准差是 5 分，所以可以判断 75～95 分正好对应着均值 ±2 倍的标准差范围，根据切比雪夫不等式 $\left(1 - \dfrac{1}{k^2}\right.$，其中 k 为标准差前的倍数) 可知至少有 75% 的数据落在此范围内。

4. 解：根据题意，应用标准分数来比较。

第一学期小明微积分的标准分数：$z_1 = \dfrac{x_1 - \bar{x}_1}{s_1} = \dfrac{80 - 70}{5} = 2$；

第二学期小明微积分的标准分数：$z_2 = \dfrac{x_2 - \bar{x}_2}{s_2} = \dfrac{80 - 65}{10} = 1.5$；

因为 $z_1 > z_2$，所以小明第一学期的微积分成绩更理想。

5. 解：(1) $\bar{x}_甲 = \dfrac{\sum x_i f_i}{\sum f_i} = \dfrac{84\,400}{80} = 1\,055$　$\bar{x}_乙 = \dfrac{\sum x_i f_i}{\sum f_i} = \dfrac{85\,000}{80} = 1\,063$

因为 $\bar{x}_甲 < \bar{x}_乙$，所以供应商乙的灯泡平均寿命更长。

(2) 因为 $s_甲 = \sqrt{\dfrac{\sum (x_i - \bar{x}_甲)^2 f_甲}{n-1}} \approx 258.4765$

$$s_乙 = \sqrt{\frac{\sum(x_i - \bar{x}_乙)^2 f_乙}{n-1}} \approx 261.628\ 3$$

所以 $v_{s_甲} = \frac{s_甲}{\bar{x}_甲} = \frac{258.476\ 5}{1\ 055} \approx 0.245\ 0$ $\quad v_{s_乙} = \frac{s_乙}{\bar{x}_乙} = \frac{261.628\ 3}{1\ 063} \approx 0.246\ 1$

虽然 $v_{s_甲} < v_{s_乙}$，但差距较小，所以可认为甲乙灯泡寿命的稳定性差不多。

（3）因为是分组数据，所以偏度系数：

$$SK_甲 = \frac{a_3}{s^3} = \frac{-452\ 250}{17\ 268\ 850.98} \approx -0.026\ 2 \quad SK_乙 = \frac{a_3}{s^3} = \frac{2\ 782\ 031.25}{17\ 908\ 291.5} \approx 0.155\ 3$$

峰度系数：

$$K_甲 = \frac{a_4}{s^4} - 3 = \frac{10\ 292\ 898\ 125}{4\ 463\ 593\ 014} - 3 \approx -0.694\ 0$$

$$K_乙 = \frac{a_4}{s^4} - 3 = \frac{14\ 005\ 004\ 883}{4\ 685\ 315\ 855} - 3 \approx -0.010\ 9$$

（4）从（3）可知：$SK_甲 \approx -0.026\ 2 < 0$，可知供应商甲的灯泡使用寿命分布是左偏分布，但偏斜程度较小；$SK_乙 \approx 0.155\ 3 > 0$，可知供应商乙的灯泡使用寿命分布是右偏分布，但由于 $|SK_乙| > |SK_甲|$，所以供应商乙灯泡寿命的偏斜程度比供应商甲的要大；

$K_甲 < K_乙$，所以供应商乙的灯泡寿命分布要比甲的集中。

所以，选择供应商乙的灯泡更好些。

四、案例分析

从平均数的意义及计算范围上解释得通即可（开放式，答案不唯一）。

第五章　抽样分布

思考题参考答案

1. 答：这种做法的理论依据是统计量 $\bar{X}$ 和 S^2 的抽样分布。因为 $\mu_{\bar{X}} = \mu$，$\sigma_{\bar{X}}^2 = \frac{\sigma^2}{n}$，即 $\bar{X}$ 的平均数为 μ，方差随着 n 的增大越来越小，从而 $\bar{X}$ 的取值越来越向着 μ 靠拢，故用 $\bar{x}$ 去估计 μ 理论依据成立。同理，S^2 的平均数为 σ^2，方差随着 n 的增大越来越小，从而 S^2 的取值越来越向着 σ^2 靠拢，故用 s^2 去估计 σ^2 理论依据成立。

2. 答：比如：（1）哈佛大学每年收到 7 000 个优秀学生的入学申请，申请表中包含了大量申请人的信息，现入学主管需要知道一些基本信息比如 SAT 平均成绩，于是抽取一个样本容量为 50 的样本，以此样本的 SAT 平均成绩来估算 7 000 人的平均成绩。（2）为估计广州市大瓶装纯水市场的市场容量，计算各品牌纯水的知名度以及覆盖率，抽取一定数量的大瓶装纯水，计算其数字特征，以此估算全市情况。

练习题参考答案

一、判断题

1. √ 2. √ 3. × 4. √ 5. √

二、单项选择题

1. C 2. A 3. D 4. A 5. C 6. B 7. B 8. B

三、案例分析题

答：$\overline{X} \sim N(213, 4.5918)$。若是在不重复抽样情况下，方差需要用系数 $\left(\dfrac{N-n}{N-1}\right)$ 来进行修正，从而得抽样分布是：$\overline{X} \sim N\left(\mu, \dfrac{\sigma^2}{n} \dfrac{N-n}{N-1}\right)$。

第六章　参数估计

思考题参考答案

1. 答：矩估计法的基本思想是，用样本原点矩作为总体原点矩的估计。最大似然方法的基本思想是，在估计 $\hat{\theta}$ 取值的可能范围内，挑选使样本观测值出现概率达到最大的 $\hat{\theta}$ 作为参数 θ 的估计。

2. 答：对同一参数，用不同的估计方法，可以得到不同的估计量，哪个估计方法更好呢？

3. 答：构造参数的置信区间时，要权衡以下两个方面，一是估计量的精度要求，二是估计量的可靠性程度。所谓精度要求就是要把估计误差控制在一定的范围内，我们用极限误差 $\Delta = \dfrac{\hat{\theta}_2 - \hat{\theta}_1}{2}$ 来反映。Δ 越小，表示估计的精度越高；Δ 越大，表示估计的精度越低。极限误差的大小要根据研究目的和研究对象的变异程度来确定。

练习题参考答案

一、单项选择题

1. C 2. C 3. A 4. B 5. D

二、判断题

1. √ 2. × 3. √ 4. × 5. ×

三、计算题

1. 解：根据已知：$n = 20, \overline{x} = 48, s = 9, 1 - \alpha = 95\%, t_{\alpha/2}(n-1) = 2.093$，则：

$$\overline{x} \pm t_{\alpha/2}(n-1) \dfrac{s}{\sqrt{n}} = 48 \pm 2.093 \times \dfrac{9}{\sqrt{20}} = [43.79, 52.21]$$

即在置信度 95% 下，此次抽样得该邮箱每周平均收到邮件数的区间估计为（43，53）封。

2. 解：$n = 50, \bar{x} = 4.8, s = 0.6, z_{0.025} = 1.96$，

$$\bar{x} \mp z_{\alpha/2} \frac{s}{\sqrt{n}} = 4.8 \mp 1.96 \times \frac{0.6}{\sqrt{50}} = (4.63, 4.97)$$

即在 95% 置信水平下，此次抽样得该批电子元件平均厚度的区间估计为（4.63，4.97）cm。

3. 解：已知 $\sigma = 0.15, n = 9, \bar{x} = 21.4, 1 - \alpha = 95\%, z_{\alpha/2} = 1.96$

$$\bar{x} \pm z_{\alpha/2} \frac{\sigma}{\sqrt{n}} = 21.4 \pm 1.96 \times \frac{0.15}{\sqrt{9}} = (21.302, 21.498)$$

即在 95% 置信度下，此次抽样得该批零件平均长度的区间估计为（21.302，21.498）cm。

4. 解：平均数估计同 2. 题的作法（此略）。样本比例：$p = \frac{n_1}{n} = \frac{48}{100} = 0.48$，$np \geq 5$ 和 $n(1-p) \geq 5$，所以

$$p \mp z_{\alpha/2} \cdot \sqrt{\frac{p(1-p)}{n}} = 0.48 \mp 2 \times \sqrt{\frac{0.48(1-0.48)}{100}} = 0.48 \mp 0.09992$$
$$= (38.01\%, 57.99\%)$$

即在 95.45% 概率保证程度下，此次抽样得该校学生成绩在 80 分以上比重的区间估计为（38.01%，57.99%）。

第七章 假设检验

思考题参考答案

1. 答：区间估计中区间事件的余集是小概率事件和小概率原理。
2. 答：明确的陈述作为原假设，不明确的陈述作为备择假设。
3. 答：t 检验是事后控制，3σ 质量管理原则是按事先给出的产品设计进行操作，是事前控制。

练习题参考答案

一、单项选择题

1. C 2. C 3. A 4. A 5. A

二、判断题

1. √ 2. × 3. × 4. √

三、计算题

思考题与练习题参考答案

1. 解：根据题意，生产的零件是否符合标准要求，即加工某零件的标准口径的均值是否为 20 mm，因此采用双侧检验。

(1) 建立假设。
$$H_0: \mu = 20 \qquad H_1: \mu \neq 20$$

(2) 确定检验统计量，并计算检验统计量值。

因为 $\mu_0 = 20, \sigma = 0.3, \bar{x} = 20.5, n = 36$，所以采用 z 检验统计量。
$$z = \frac{\bar{x} - \mu_0}{\sigma/\sqrt{n}} = \frac{20.5 - 20}{0.3/\sqrt{36}} = 10$$

(3) 给定显著性水平 $\alpha = 0.05$，并查表，得拒绝域：
$$|z| \geq z_{\alpha/2} = z_{0.025} = 1.96$$

(4) 判断。因为 $|z| = 10 > z_{\alpha/2}$，z 落入了拒绝域，所以拒绝 H_0，即此次抽样认为生产的零件不符合标准要求。

2. 解：根据题意，要检验体院男生安静时心率与普通成年人的心率有无差异，即平均数是否达到 72 次/min，因此采用双侧检验。

(1) 建立的假设为：
$$H_0: \mu = 72 \qquad H_1: \mu \neq 72$$

(2) 确定检验统计量，并计算检验统计量值。

已知 $\mu_0 = 72, n = 64, \bar{x} = 68, s = 6.4, \alpha = 0.01$，因为是大样本，所以采用 z 检验统计量：
$$z = \frac{\bar{x} - \mu_0}{s/\sqrt{n}} = \frac{68 - 72}{6.4/\sqrt{64}} = -5$$

(3) 给定显著性水平 $\alpha = 0.01$，并查表，得拒绝域：
$$|z| \geq z_{\alpha/2} = z_{0.005} = 2.58$$

(4) 判断。因为 $|z| > z_{\alpha/2}$，z 落入拒绝域，所以拒绝 H_0，即此次抽样认为体院男生安静时心率与普通成年人的心率有差异。

3. 解：

(1) 建立假设：
$$H_0: \mu \leq 1\,020 \qquad H_1: \mu > 1\,020$$

(2) 确定检验统计量，并计算检验统计量值。

因为正态总体，$\mu_0 = 1\,020 \quad \sigma = 100 \quad \bar{x} = 1\,080 \quad n = 16$，所以采用 z 检验统计量：
$$z = \frac{\bar{x} - \mu_0}{\sigma/\sqrt{n}} = \frac{1\,080 - 1\,020}{100/\sqrt{16}} = 2.4$$

(3) 给定显著性水平 $\alpha = 0.05$，并查表，得拒绝域：
$$z \geq z_{\alpha} = z_{0.05} = 1.645$$

(4) 判断。因为 $z > z_{\alpha}$，z 落入拒绝域，所以拒绝 H_0，即此次抽样认为这批产品的寿命有显著提高。

4. 解：根据题意，要检验机器是否正常工作，即袋装糖重是否为 0.5 千克，因此采用双侧检验。

（1）建立的假设为：

$$H_0: \mu = 0.5 \qquad H_1: \mu \neq 0.5$$

（2）确定检验统计量，并计算检验统计量值。

因为正态总体，$\mu_0 = 0.5$，$n = 9$，σ 未知，所以采用 t 统计量。

$$\bar{x} = \frac{\sum_{i=1}^{n} x_i}{n} = 0.512$$

$$s = \sqrt{\frac{\sum_{i=1}^{9}(x_i - \bar{x})^2}{n-1}} \approx 0.009$$

$$t = \frac{\bar{x} - \mu_0}{s/\sqrt{n}} = \frac{0.512 - 0.5}{0.009/\sqrt{9}} = \frac{0.012}{0.009/3} = 4$$

（3）给定显著性水平 $\alpha = 0.05$，并查表，得拒绝域：

$$|t| \geq t_{\alpha/2}(n-1) = 2.306$$

（4）判断。因为 $|t| = 4 \geq t_{\alpha/2}(n-1)$，$t$ 落入拒绝域，所以拒绝 H_0，即此次抽样认为机器不正常。

5. 解：根据题意，要决定如何处理这批货物，也就是该百货商店要不要收这批货物，由次品率是否低于 5% 来决定，因此采用单侧检验。

（1）建立的假设为：

$$H_0: \pi \leq 5\% \qquad H_1: \pi > 5\%$$

（2）确定检验统计量，并计算检验统计量值。

已知 $\pi_0 = 5\%$，$p = \frac{4}{100} = 4\%$，$\alpha = 0.05$，采用 z 检验统计量。

$$z = \frac{p - \pi_0}{\sqrt{\frac{\pi_0(1-\pi_0)}{n}}} = \frac{4\% - 5\%}{\sqrt{\frac{5\% \times (1-5\%)}{100}}} \approx \frac{-1\%}{2.18\%} \approx -0.46$$

（3）给定显著性水平 $\alpha = 0.05$，并查表，得拒绝域：

$$z \geq z_\alpha = z_{0.05} = 1.645$$

（4）判断。因为 $z < z_\alpha$，z 不落入拒绝域，所以不能拒绝 H_0，即此次抽样认为可接受这批货物。

6. 解：（1）建立假设：

$$H_0: \sigma^2 = 5\,000^2 \,; \quad H_1: \sigma^2 \neq 5\,000^2$$

（2）确定检验统计量，并计算检验统计量值：

已知 $\sigma_0^2 = 5\ 000^2$, $s^2 = 9\ 200^2$, $n = 26$, 则

$$\chi^2 = \frac{(n-1)s^2}{\sigma_0^2} = \frac{(26-1) \times 9\ 200^2}{5\ 000^2} = 84.64$$

(3) 给定显著性水平的值,查χ^2分布表,得拒绝域:

$\alpha = 0.05$ 查χ^2分布表,得到

$$\chi^2_{\alpha/2}(n-1) = \chi^2_{0.025}(25) = 40.646\ 5$$
$$\chi^2_{(1-\alpha/2)}(n-1) = \chi^2_{0.975}(25) = 13.119\ 7$$

得到拒绝域为:

$$\chi^2 > \chi^2_{\alpha/2}(n-1) = \chi^2_{0.025}(25) = 40.646\ 5$$

或

$$\chi^2 < \chi^2_{(1-\alpha/2)}(n-1) = \chi^2_{0.975}(25) = 13.119\ 7$$

(4) 判断。因为 $\chi^2 > \chi^2_{\alpha/2}(n-1)$,$\chi^2$落入拒绝域,所以拒绝$H_0$,即此次抽样认为这批电池的寿命的波动性较以往有显著的变化。

四、案例分析题

答:1. 第Ⅰ类错误是该供应商提供的这批炸土豆片的平均重量的确大于60g,但检验结果却提供证据支持店方倾向于认为其质量少于60g。

2. 第Ⅱ类错误是该供应商提供的这批炸土豆片的平均重量其实少于60g,但检验结果没有提供足够的证据支持店方发现这一点,从而接受这批产品。

3. 连锁店的顾客们看重第Ⅱ类错误,而供应商更看重第Ⅰ类错误。

第八章 相关与回归分析

思考题参考答案

1. 答:使残差的平方和达到最小来估计参数。

2. 答:误差项零均值,误差项同方差,误差项无序列相关,解释变量与误差项不相关,误差项服从正态分布。

3. 答:高尔顿。发现是:矮于父辈平均身高父亲的儿子、高于父辈平均身高父亲的儿子都有"回归"到父辈平均身高的趋势。

4. 答:三个年度的诺贝尔经济学奖。

练习题参考答案

一、选择题

1. D 2. D 3. A 4. C 5. D

二、判断题

1. × 2. × 3. × 4. × 5. ×

三、计算题

解法一：计算中间结果为：$\sum(x_i-\bar{x})(y_i-\bar{y}) = \sum x_i y_i - n\bar{x}\bar{y} = 703\,147.5$，$\bar{x} = 534.75$，$\bar{y} = 869.75$，$\sum(x_i-\bar{x})^2 = 835\,769.5$，$\sum(y_i-\bar{y})^2 = 691\,519.5$

（1）计算相关系数

$$r = \frac{\sum(x_i-\bar{x})(y_i-\bar{y})}{\sqrt{\sum(x_i-\bar{x})^2}\sqrt{\sum(y_i-\bar{y})^2}} = 0.924\,9$$

显著相关检验：检验统计量 $t = \dfrac{r\sqrt{n-2}}{\sqrt{1-r^2}} = \dfrac{0.924\,9\sqrt{8-2}}{\sqrt{1-0.924\,9^2}} = 5.958\,7$

$\alpha = 0.05$ 下，查 t 分布表，得拒绝域：$|t| \geq t_{\alpha/2}(n-2) = 2.447$

t 落入拒绝域，拒绝 H_0，表明工业增加值 y 与生产性固定资产年均价值 x 之间存在显著正线性相关关系。

（2）确定直线回归方程

$$\hat{\beta}_1 = \frac{\sum(x_i-\bar{x})(y_i-\bar{y})}{\sum(x_i-\bar{x})^2} = 0.841$$

$$\hat{\beta}_0 = \bar{y} - \hat{\beta}_1\bar{x} = 419.86$$

直线回归方程为：$\hat{y} = 419.86 + 0.841x$

$\hat{\beta}_1 = 0.841$ 的解释：生产性固定资产年均价值每增加一万元，工业增加值平均增加 $\hat{\beta}_1 = 0.841$ 万元，符合经济学理论，具有经济含义。

（3）$S(\hat{\beta}_1) = \dfrac{S}{\sqrt{\sum(x_i-\bar{x})^2}}$，$S = \sqrt{\dfrac{\sum(y_i-\hat{y}_i)^2}{n-2}}$，$\sum(y_i-\hat{y}_i)^2 = (1-r^2)\sum(y_i-\bar{y})^2$，所以，$t = \hat{\beta}_1/S(\hat{\beta}_1) = 5.958\,7$，查 t 分布表，得拒绝域：$|t| \geq t_{\alpha/2}(n-2) = 2.447$，$t$ 落入拒绝域，拒绝 H_0，说明工业增加值 y 与生产性固定资产 x 有显著的线性关系。

（4）确定生产性固定资产为 $x_0 = 1\,100$ 万元时，工业增加值的平均估计值：

$$\hat{y}_0 = 419.86 + 0.841 \times 1\,100 = 1\,344.96（万元）$$

在置信度 95%（$\alpha = 0.05$），工业增加值个别值 y_0 的区间预测。

$$\hat{y}_0 \pm t_{\alpha/2}(n-2)s\sqrt{1 + \frac{1}{n} + \frac{(x_0-\bar{x})^2}{\sum(x_i-\bar{x})^2}}$$

$$= 1\,344.96 \mp 2.447 \times 129.078 \times \sqrt{1 + \frac{1}{8} + \frac{(1\,100-534.75)^2}{835\,769.5}}$$

$$= (957.18,\ 1\,732.74)$$

即生产性固定资产为 $x = 1\,100$ 万元时，工业增加值个别值 y_0 置信度 95% 的预测区间为 $(957.18,\ 1\,732.74)$ 万元。

解法二：计算中间结果为：

因为 $\sum(x_i-\bar{x})^2 = \sum x_i^2 - n\bar{x}^2$，所以 $\sum x_i^2 = \sum(x_i-\bar{x})^2 + n\bar{x}^2 = 3\,123\,430$，同理，$\sum y_i^2 = \sum(y_i-\bar{y})^2 + n\bar{y}^2 = 6\,743\,240$，$\sum x_i = 4\,278$，$\sum y_i = 6\,958$，$\sum x_i y_i = 4\,423\,938$，$n=8$

（1）计算相关系数

$$r = \frac{n\sum x_i y_i - \sum x_i \sum y_i}{\sqrt{n\sum x_i^2 - (\sum x_i)^2}\sqrt{n\sum y_i^2 - (\sum y_i)^2}} = 0.924\,9$$

显著相关检验：检验统计量 $t = \dfrac{r\sqrt{n-2}}{\sqrt{1-r^2}} = \dfrac{0.924\,9\sqrt{8-2}}{\sqrt{1-0.924\,9^2}} = 5.958\,7$。

$\alpha = 0.05$ 下，查 t 分布表，得拒绝域：$|t| \geq t_{\alpha/2}(n-2) = 2.447$。

t 落入拒绝域，表明工业增加值 y 与生产性固定资产年均价值 x 之间存在显著正线性相关关系。

（2）确定直线回归方程

$$\hat{\beta}_1 = \frac{n\sum x_i y_i - \sum x_i \sum y_i}{n\sum x_i^2 - (\sum x_i)^2} = 0.841$$

$$\hat{\beta}_0 = \bar{y} - \hat{\beta}_1\bar{x} = 419.86$$

余下同解法一。

2. 解：

（1）$\hat{\beta}_1 = \dfrac{\sum(x_i-\bar{x})(y_i-\bar{y})}{\sum(x_i-\bar{x})^2} = \dfrac{26\,480}{36\,784} = 0.719\,9$，

$\hat{\beta}_0 = \bar{y} - \hat{\beta}_1\bar{x} = 175 - 0.719\,9 \times 254 = -7.854\,6$

即 $\hat{y} = -7.854\,6 + 0.719\,9x$

$\hat{\beta}_1 = 0.719\,9$ 表示销售额每增加 1 万元，销售利润平均增加 0.719 9 万元。

（2）相关系数 $r = \dfrac{\sum(x_i-\bar{x})(y_i-\bar{y})}{\sqrt{\sum(x_i-\bar{x})^2 \sum(y_i-\bar{y})^2}} = \dfrac{26\,480}{\sqrt{36\,784 \times 22\,234}} = 0.926$

决定系数 $= r^2 = 0.926^2 = 0.857\,5$。

（3）需要检验。

回归模型的检验包括理论意义检验与统计检验：理论意义检验主要是指参数估计值的符号与取值范围，若它们与实质性科学理论以及人们的实践经验不符，则表明该回归模型不能很恰当地解释现实现象。统计检验是利用统计学中的抽样理论来检验线性回归方程的可靠性，具体分为拟合优度检验和显著性检验。

如果不进行检验，则得出的回归估计结果可能没有实际意义，不符合理论或现实状况，而且可能自变量在统计意义上对因变量没有影响。

四、案例分析题

解：由图 8-4 结果：

（1）城镇居民人均可支配收入 x 和城镇居民人均生活消费支出 y 的相关系数 $r = 0.99901$。

显著相关检验：检验统计量 $t = 128.73$。

$\alpha = 0.05$ 下，查 t 分布表，得拒绝域：$|t| \geq t_{\alpha/2}(n-2) = 2.035$。

t 落入拒绝域，表明城镇居民人均可支配收入 x 和城镇居民人均生活消费支出 y 之间存在显著正线性相关关系。

（2）确定直线回归方程：$\hat{\beta}_1 = 0.67$，$\hat{\beta}_0 = 134.91$

直线回归方程为：$\hat{y} = 134.91 + 0.67x$

理论意义检验：$\hat{\beta}_0 = 134.91$ 的解释：表示城镇居民没有可支配收入时，人均生活消费估计平均为 134.91 元（以 1978 年为不变价）；$\hat{\beta}_1 = 0.67$ 的解释：城镇居民人均可支配收入 x 每增加一元，城镇居民人均生活消费支出 y 平均增加 $\hat{\beta}_1 = 0.67$ 元（以 1978 年为不变价），符合经济学理论，具有经济含义。

（3）一级检验：

拟合优度检验：判定系数 $R^2 = 0.998$，说明总离差平方和的 99.8% 被样本回归直线所解释，因此样本回归线对样本观测点的拟合优度很高。

线性关系检验：$t = 128.73$，查 t 分布表，得拒绝域：$|t| \geq t_{\alpha/2}(n-2) = 2.035$，$t$ 落入拒绝域，说明城镇居民人均可支配收入 x 与城镇居民人均生活消费支出 y 有显著的线性关系。

（4）确定城镇居民人均可支配收入为 $x_0 = 6860$ 元时，城镇居民人均生活消费支出 y_0 的估计值：

$$\hat{y}_0 = 134.91 + 0.67 \times 6860 = 4731.11 \text{（元）}$$

在置信度 95%（$\alpha = 0.05$）下，城镇居民人均生活消费支出个别值 y_0 的区间预测。

$$\hat{y}_0 \pm t_{\alpha/2}(n-2) s \sqrt{1 + \frac{1}{n} + \frac{(x_0 - \bar{x})^2}{\sum (x_i - \bar{x})^2}} = (4629.97, 4832.25)$$

即城镇居民人均可支配收入为 $x = 6860$ 元（以 1978 年为不变价）时，城镇居民人均生活消费支出个别值 y_0 置信度 95% 的预测区间为（4629.97，4832.25）元（由于运算量很大，建议使用 Excel 软件进行中间过程的运算）。

第九章 时间序列分析

思考题参考答案

1. 从典型案例 10 得出时间序列分析的基本思想和作用：应用时间序列分析方法，可发现社会经济现象的发展变化规律，分析其长期发展趋势，为更好决策提供依据。

（1）可描述被研究现象的发展过程、历史状态和结果；

（2）可分析被研究现象的增加量、发展速度、趋势，探索其发展变化的规律；

（3）利用时间序列数据可建立计量模型，进行现象变动的趋势分析和预测，为更好地决策提供依据；

（4）将不同但又相互联系的时间序列进行对比分析，可以研究同类现象在不同国家、地区之间的联系以及发展变化的差别。

2. 答：时间序列数据在实际中有着广泛的应用，如经济学、金融学、医学、生物学、人口学、生态学、教育学、历史研究等。如分析股票的价格走势是时间序列在金融学的一个重要应用，利用时间序列的分析方法，找出股票的价格走势，并由此预测未来价格的变化情况，可为股票投资决策提供依据；记载生物生长过程的各项指标，分析生物各阶段生长的规律，可为生物的疾病预防等提供预测；利用时间序列分析方法分析历史事件，可以发现很多历史事件的出现有着类似的规律，可为人们研究历史提供一个有益的角度。

3. 答：由于各期环比发展速度的基数不同，不能用各期环比发展速度相加后计算平均发展速度，也不能采用相对数时间序列计算序时平均数的方法计算平均发展速度。其假定各期环比发展速度 $y_i/y_{i-1}=$ 平均发展速度 $\overline{G}$，这样来消除环比发展速度的差异，计算平均发展速度。平均发展速度的计算有几何平均法和累计法。几何平均法计算平均发展速度着眼于最末一期的水平，故又称为"水平法"。如果关心现象在最后一期应达到的水平时，采用水平法计算平均发展速度比较合适。几何平均法较为简单直观，既便于各种速度之间的推算，也便于预测未来某期的水平，因此有着广泛的应用。

练习题参考答案

一、选择题

1. B，2. A，3. D，4. D

二、判断分析题

1. （1）不是；（2）是；（3）是；（4）是；（5）不是

2. （1）时期数据；（2）时期数据；（3）时点数据；（4）时点数据

三、计算题

1. 解：该公司 1 月的平均在职人数 =（610+612）/2 =611（人），

   2 月的平均在职人数 =（612+620）/2 =616（人），

   3 月的平均在职人数 =（620+640）/2 =630（人）。

所以：第一季度的平均在职人数 =（611+616+630)/3 =619（人）。

（即：第一季度的平均在职人数 = $\dfrac{\dfrac{610}{2}+612+620+\dfrac{640}{2}}{4-1}$ =619（人）

2. 解：该公司全年的月平均人数

$$\bar{x} = \dfrac{\dfrac{90+50}{2}\times 3+\dfrac{50+100}{2}\times 5+\dfrac{100+80}{2}\times 2+\dfrac{80+40}{2}\times 2}{3+5+2+2} = 73.75 \approx 74(人)$$

3. 解：该家庭这 5 年的平均恩格尔系数 =

$$\dfrac{\dfrac{52\,600\times 40\% + 55\,500\times 38\% + 59\,000\times 35\% + 63\,000\times 33\% + 73\,600\times 28\%}{5}}{\dfrac{52\,600 + 55\,500 + 59\,000 + 63\,000 + 73\,600}{5}}$$

= $\dfrac{20\,835.6}{60\,740}$ = 34.3%

（或 $\dfrac{52\,600\times 40\% + 55\,500\times 38\% + 59\,000\times 35\% + 63\,000\times 33\% + 73\,600\times 28\%}{52\,600 + 55\,500 + 59\,000 + 63\,000 + 73\,600}$

= $\dfrac{104\,178}{303\,700}$ = 34.3% ）

4. 解：该企业这 4 个月总平均价格 =

$$\dfrac{\dfrac{234\times 400 + 243\times 420 + 253\times 430 + 261\times 410}{4}}{\dfrac{234 + 243 + 253 + 261}{4}}$$

= $\dfrac{102\,865}{247.75}$ = 415.20（元）

（或 = $\dfrac{234\times 400 + 243\times 420 + 253\times 430 + 261\times 410}{234 + 243 + 253 + 261}$ = $\dfrac{411\,460}{991}$ =415.20（元））

5. 解：该企业 2015 年第二季度的人均产量 = 平均每月总产量/平均每月工人数。

由于月末工人数是时点数据，按照间隔相等的时点时间序列的平均发展水平的计算公式，得到 2015 年第二季度每月的平均工人数分别为（120+130）/2 =125 人，（130+140）/2 =135 人，（140+150)/2 =145 人。

对应的 2015 年第二季度每月的产量分别为（单位：件）：2 050×125 =256 250，2 030×135 =274 050，2 080×145 =301 600，所以：

平均工人数为（125+135+145)/3 =135（人）

平均每月产量 =（256 250+274 050+301 600）/3 =277 300（件）。

所以，该企业 2015 年第二季度的人均产量 = 277 300/135 = 2 054.07 ≈ 2 054（件）。

6. 解：线图：

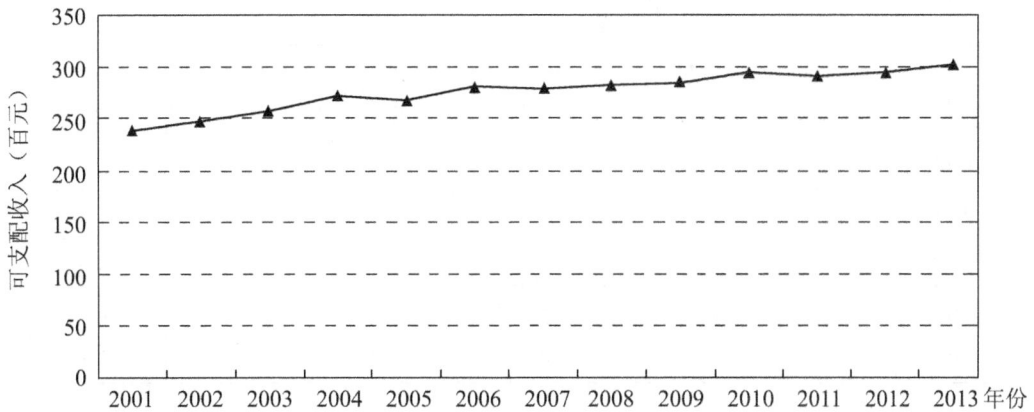

特点：从图中可以看出，该地区 2001—2013 年的个人实际可支配收入整体呈现上升趋势，但上升速度较慢，其中在 2005 年、2007 年和 2011 年较前一年有小幅度下降。

7. 解：（1）水平分析

万元

年份	2006	2007	2008	2009	2010	2011	2012	2013	2014
年产值	287	291	298	308	315	321	330	337	343
发展水平	287	291	298	308	315	321	330	337	343
平均发展水平	314.44								
增长量（逐期）	—	4	7	10	7	6	9	7	6
平均增长量	7								

（2）速度分析

年份	2006	2007	2008	2009	2010	2011	2012	2013	2014
年产值（万元）	287	291	298	308	315	321	330	337	343
发展速度（环比）	—	101.39%	102.41%	103.36%	102.27%	101.90%	102.80%	102.12%	101.78%
平均发展速度	102.25%								
增长速度（环比）	—	1.39%	2.41%	3.36%	2.27%	1.90%	2.80%	2.12%	1.78%
平均增长速度	2.25%								

(3) 平均增长速度 = 2.25%

预测 2015 年年产值 = 343 × (1 + 2.25%) = 350.72（万元）

预测 2016 年年产值 = 343 × (1 + 2.25%)^2 = 358.61（万元）

8. 解：下表加下划线的为答案

年份	销售额（万元）	序时平均数（万元）	逐期增长量（万元）	定基发展速度（%）	平均增长速度（%）	增长 1% 的绝对量（万元）
2010	200		—	—		—
2011	<u>223</u>		23	<u>111.5</u>		<u>2</u>
2012	<u>254</u>	272.6	31	127	17.33%	<u>2.23</u>
2013	<u>307</u>		<u>53</u>	<u>153.5</u>		<u>2.54</u>
2014	<u>379</u>		72	<u>189.5</u>		3.07

第十章　指数分析

思考题参考答案

1. 答：利用 pq 相加的对比有意义，如果消费者买同样多的报告期商品 q_1，报告期花的钱 $\sum p_1q_1$ 比基期花的钱 $\sum p_0q_1$ 多（少），则价格涨（跌），其中 q 取报告期的原因是价格 p 为质量指标，这样分析的现实性更强。

2. 答：先综合，后对比。先综合，就是将复杂现象总体中不能直接加总的不同度量现象，如不同使用价值的多种商品构成的总体，通过同度量因素的加入，转化为同度量现象，过渡到能够加总、综合的价值指标；后对比，就是将转化为同度量现象的两个时期的价值指标进行对比，并且用来对比的两个时期的价值指标中所加入的同度量因素必须令其固定在同一时期的水平上。这样，对比结果得出的总指数就是所要研究的现象综合变动的程度。

3. 答：因为销售额指数 = 价格指数 × 销售量指数，故用价格指数和销售量指数，可从相对数、绝对数方面分析它们的变动对销售额变动的影响。

练习题参考答案

一、单项选择题

1. D　2. B　3. A　4. A　5. D　6. B　7. B　8. A　9. D

二、判断题

1. √　2. ×　3. ×　4. √　5. ×　6. ×　7. ×　8. √　9. ×　10. √

三、计算题

1. 解：

价格指数 $I_p = \dfrac{\sum p_1 q_1}{\sum p_0 q_1} = \dfrac{22 \times 110 + 25 \times 60 + 20 \times 100}{20 \times 110 + 20 \times 60 + 25 \times 100} = \dfrac{5\,920}{5\,900} = 100.34\%$

销售量指数 $I_q = \dfrac{\sum p_0 q_1}{\sum p_0 q_0} = \dfrac{20 \times 110 + 20 \times 60 + 25 \times 100}{20 \times 100 + 20 \times 50 + 25 \times 80} = \dfrac{5\,900}{5\,000} = 118\%$

2. 解：

$$I_p = \dfrac{\sum p_1 q_1}{\sum \dfrac{1}{k_p} p_1 q_1} = \dfrac{185 + 110 + 22}{\dfrac{185}{1.10} + \dfrac{110}{0.95} + \dfrac{22}{1.02}} = \dfrac{317}{305.54} = 103.75\%$$

农产品收购价格提高使农民收入增加 $317 - 305.54 = 11.46$ 万元。

3. 解：总成本增长 8.5%，绝对额增加 2 500 元。其中由于单位成本下降 5.9%，使成本降低 2 000 元；由于产量增长 15.3%，使成本增加了 4 500 元。

4. 解：报告期出口额 $z_1 = \sum p_1 q_1 = 760 \times 6\,000 + 2\,500 \times 820 + 1\,100 \times 3\,800 = 1\,079$（万美元），

基期出口额 $z_0 = \sum p_0 q_0 = 800 \times 5\,000 + 2\,500 \times 800 + 1\,000 \times 4\,000 = 1\,000$（万美元），

假定的出口额 $z_{01} = \sum p_0 q_1 = 800 \times 6\,000 + 2\,500 \times 820 + 1\,000 \times 3\,800 = 1\,065$（万美元）

（1）出口额指数（总量指数）：

$$I_{pq} = \dfrac{\sum p_1 q_1}{\sum p_0 q_0} = \dfrac{z_1}{z_0} = \dfrac{1\,079}{1\,000} = 107.9\%$$

出口额增加的绝对值：

$$\sum p_1 q_1 - \sum p_0 q_0 = z_1 - z_0 = 1\,079 - 1\,000 = 79 \text{（万美元）}$$

（2）出口量指数（数量指数）：

$$I_q = \dfrac{\sum p_0 q_1}{\sum p_0 q_0} = \dfrac{z_{01}}{z_0} = \dfrac{1\,065}{1\,000} = 106.5\%$$

出口量增加影响出口额增加的绝对数：

$$\sum p_0 q_1 - \sum p_0 q_0 = z_{01} - z_0 = 1\,065 - 1\,000 = 65 \text{（万美元）}$$

（3）出口价格指数（质量指数）：

$$I_p = \dfrac{\sum p_1 q_1}{\sum p_0 q_1} = \dfrac{z_1}{z_{01}} = \dfrac{1\,079}{1\,065} = 101.31\%$$

出口价格提高影响出口额增加的绝对数：

$$\sum p_1 q_1 - \sum p_0 q_1 = z_1 - z_{01} = 1\,079 - 1\,065 = 14 \text{（万美元）}$$

即

$$107.9\% = 106.5\% \times 101.31\%$$

$= 65 + 14 = 79$（万美元）

（4）因素分析：出口额增加 7.9%，增加的绝对值 79（万美元），原因为：出口量增加 6.5%，使得出口额增加 65（万美元）；出口价格提高 1.31%，使得出口额增加 14（万美元）。

5. 解：基期平均价格：$\bar{x}_0 = \dfrac{\sum x_0 f_0}{\sum f_0} = \dfrac{30 \times 5\,800 + 25 \times 2\,500 + 15 \times 1\,700}{5\,800 + 2\,500 + 1\,700} = 26.2$（元/件），

报告期平均价格：$\bar{x}_1 = \dfrac{\sum x_1 f_1}{\sum f_1} = \dfrac{35 \times 9\,600 + 28 \times 3\,000 + 15 \times 400}{9\,600 + 3\,000 + 400} = 32.77$（元/件），

假定的平均价格：$\bar{x}_{01} = \dfrac{\sum x_0 f_1}{\sum f_1} = \dfrac{30 \times 9\,600 + 25 \times 3\,000 + 15 \times 400}{9\,600 + 3\,000 + 4\,00} = 28.38$（元/件）。

（1）平均价格指数（平均数指数）：

$$I_{xf} = \dfrac{\bar{x}_1}{\bar{x}_0} = \dfrac{32.77}{26.2} = 125.08\%$$

平均价格上升影响平均价格变动的绝对数：

$$\bar{x}_1 - \bar{x}_0 = 32.77 - 26.2 = 6.57\text{（元/件）}$$

（2）各组商品价格水平指数（组水平指数）：

$$I_x = \dfrac{\bar{x}_1}{\bar{x}_{01}} = \dfrac{32.77}{28.38} = 115.46\%$$

各组商品价格水平提高影响平均价格变化的绝对数

$$\bar{x}_1 - \bar{x}_{01} = 32.77 - 28.38 = 4.39\text{（元/件）}$$

（3）商品数量结构变动影响指数（结构影响指数）：

$$I_f = \dfrac{\bar{x}_{01}}{\bar{x}_0} = \dfrac{28.38}{26.2} = 108.32\%$$

商品数量结构上升影响平均价格变化的绝对数：

$$\bar{x}_{01} - \bar{x}_0 = 28.38 - 26.2 = 2.19\text{（元/件）}$$

即

$$125.08\% = 115.46\% \times 108.32\%$$
$$= 4.39 + 2.19 = 6.58\text{（元/件）}$$

因素分析，平均价格上升了 25.07%（$I_{xf} - 1 = -25.08\%$），平均价格上升 6.58 元/件。原因是：各组商品价格水平提高了 15.45%（$I_x - 1 = 15.46\%$），使得平均价格增加 4.39 元/件，商品数量结构上升了 8.32%（$I_f - 1 = 8.32\%$），使得平均价格提高 2.19 元/件。

附 录

附录1 数据收集相关补充资料（第二章）

附录1-1：我国第四次卫生服务调查的方式——多阶段随机抽样

分析：本调查是一项全国性调查，调查总体复杂且总体单位数量庞大，考虑到条件的限制，不适合进行全面调查，只能采用抽样调查，并坚持经济有效的原则。抽样方法是多阶段分层整群随机抽样法。第一阶段分层是以县（市或市区）为样本地区；第二阶段分层是以乡镇（街道）为样本地区；第三阶段分层以村为样本地区；最后是以住户为样本个体。具体方法如下。

一、第一阶段分层整群抽样

第一阶段抽样着重解决两个基本问题：一是由于全国各县、市差异极大，如何确定第一阶段分层的基准；二是抽样比例，多大的县、市样本量能经济有效地代表全国和不同类型的地区。

分层基准的确定：第一阶段分层的指标是通过专家咨询法和逐步回归法筛选的10个与卫生有关的社会经济、文化教育、人口结构和健康指标。对这10个指标进行主成分分析，根据分析结果选择第一主成分为分层的基准。称它为分层因子。在计算各县、市分层因子的得分后，用K-Means聚类分析方法将总体分为组间具有异质性和组内具有同质性的五类地区即五层。聚类分层的结果第一层有201个县（市或市区）；第二层有650个县（市或市区）；第三层有698个县（市或市区）；第四层有691个县（市或市区）；第五层有212个县（市或市区）。

抽样比例的确定：样本量的确定基于以往的经验和其他国家抽样调查样本的设计，首先给定样本量大小的范围，确定抽取样本量为120，90，60，45，30五个大小不等的样本。为了保证各层每一个县（市或市区）都有同等被抽取为样本的概率，必须考虑不同大小样本量的样本在各层的分配，即按比例分层抽样。按系统随机抽样方法，每个不同大小样本量的样本抽取6次。同一样本量的6次抽样，通过计算每次抽样样本各变量的统计量，分别与总体各变量参数进行比较，从中筛选出与总体参数最为接近的那个样本，作为该样本量的最佳抽取样本。

二、第二阶段整群随机抽样

第二阶段整群系统随机抽样单位：在上述抽取的90个"样本县（市或市区）"中，以乡镇（街道）为第二阶段整群系统随机抽样单位。全国每个乡镇（街道）被抽取为"样本乡镇（街道）"的概率是$\frac{1}{160}$。第二阶段整群系统随机抽样全国共抽取450个乡镇（街道）。平均每个"样本县（市或市区）"抽5个乡镇（街道）。

第二阶段整群随机抽样的基准：由于一个县（市或市区）内社会经济、文化教育和卫生状况的差异远小于全国各县、市之间的差异，因而确定县（市或市区）的抽样基准相对容易。根据我国各县（市或市区）的基本特征、实际的可操作性和以往抽样调查常用的指标，确定采用人口数（或人均收入）作为分层基准。

第二阶段整群随机抽样的方法：

① 将样本县（市或市区）所有的乡镇（街道）按人口数的多少（或人均收入的大小）由多到少依次排序；

② 由多到少依次计算人口数（或人均收入）的累计数；

③ 计算抽样间隔，用累计的人口总数（或人均收入累计总数）除以抽取的样本数（累计总数÷5）；

④ 用纸币法（随便拿出一张人民币，看人民币的号码与最初累计数哪一个数接近，取这个数为开始数）随机确定第一个样本乡镇（街道），然后加上抽样距离确定第二个样本乡镇（街道），依次类推确定第三至第五个样本乡镇（街道）。

三、第三阶段随机抽样

第三阶段随机抽样的基准和样本容量：

①在同一个乡镇（街道）内，各村（居委会）的经济发展和卫生状况基本上变化不大。因此，第三阶段不用分层，直接采用随机整群抽样的方法从"样本乡镇（街道）"中抽取样本村（居委会）。但是，抽样时应按各村人均收入或人口数作为标识进行排序。第三阶段随机抽样由调查指导员负责。

②每个"样本乡镇（街道）"整群随机抽取2个村（居委会），全国共抽取900个村（居委会），全国每村（居委会）被抽为样本的概率为$\frac{1}{1120}$。

第三阶段整群随机抽样方法：

①将样本乡镇（街道）所有的村（居委会）按人均收入的多少（或人口数的大小）由多到少依次排序；

②由多到少依次计算人均收入（或人口数）的累计数；

③计算抽样间隔，用累计总数除以抽取的样本数（累计总数÷2）；

④用纸币法（随便拿出一张人民币，看人民币的号码与最初累计数哪一个数接近，取这个数为开始数）随机确定第一个样本村（居委会），然后加上抽样距离确定第二个样本村。

四、样本个体的抽样

最终的抽样单位是住户：在每个"样本村（居委会）"中按20%的比例随机抽取住户，平均每个村抽60户，全国共抽取54 000户。全国平均每户被抽取为样本的概率为54 000÷28 000万，约5 000户中抽一户。如果按每户四个人计算，人口抽样比为 1:5 000 左右。

抽户方法：抽户方法是各样本乡镇（街道）的调查指导员按照上述抽样比例在样本村（居委会）随机抽取，具体方法：

①按人口普查的编码顺序，按门牌号、楼号、单元号、门号从小到大排列；

②对同一门牌号，同一个大院和楼号的，按门号从小到大排列，对同一门牌号内没有门号的按从左到右、从外到里、从下到上的原则编码。一经编码不许变动；

③编好住户码列入住户清单中，如表1所示。

表1 住户清单

序号	户主姓名	家庭住址	门牌号码	家庭人口数	累计人口数	抽中住户
1	张三	＊村＊组	东1	5	5	
2	李四	＊村＊组	东2	4	9	
3	王五	＊村＊组	东3	4	13	＊
4	赵六	＊村＊组	东4	3	17	
5	陈七	＊村＊组	东5	5	22	
⋮						
300	赵末	＊村＊组	北6	6	1 200	

④根据抽样比例计算应抽的户数（一般平均每个样本村80户），然后系统随机抽取。

方法同上：第一步将所有住户的人口累计数、本村的平均人口数（1 200÷300 = 4）和本村应抽取的住户数（300×20% = 60）编号排序；第二步计算抽样距离（1 200÷60 = 20）；第三步确定第一个随机数（如取一张人民币，其编号的后两位数是12，这个随机数接近第3编号的累计数，因此确定第3号住户为第一个样本）；第四步用第3号的累计数加抽样距离（13 + 20 = 33），看33最接近第几编号住户，并确定这家住户为第二个样本，同理用第二个样本住户对应的累计数加抽样距离确定第三个样本。以同样的方法确定以后各样本住户。

⑤抽样时可多抽取6户，作为备用。抽取方法是在上述抽取完毕以后，按上述步骤再从未抽取的住户中抽取6户。

附录1-2：希尔用统计学方法为人类攻克"白色瘟疫"做出了巨大贡献

肺结核史称"白色瘟疫"，是一种很凶猛的传染病，很长一段时间，医生们对它毫无办法。20世纪人类发明了对肺结核有效的抗生素药——链霉素，可是，使用链霉素的肺结核病人病情经常会反复，医生们一直搞不懂原因。1945年，非医学科班出身的英国统计学家希尔当上了伦敦卫生学校首席教授，次年他接受了任务：检验链霉素能否治疗肺结核。

希尔找来 108 名肺结核患者,随机选取其中 54 人服药,余下 54 人作为对照。半年后,服药的病人中有 28 人病情明显好转,对照组却有 14 人死亡,显示链霉素确实有效。3 年后,服药组有 32 人死亡,对照组则死了 35 人,两者几乎不存在统计意义上的差别。从这一结果发现:链霉素确实有效,但一段时间后细菌产生了抗药性,使得链霉素无效。由此,肺结核的治疗决策出来了,就是在病人使用链霉素的同时,服用"对-氨基水杨酸"(PAS),理由是假如病菌对每种药物生产抗药性的可能性都是 1/25,那么同时产生两种抗药性的可能性就是 $1/25^2 = 1/625$。试验结果验证了这一理论的正确性,链霉素 + PAS 的方法使结核病人的存活率上升到了 80%。

后来又发现了几种新药,医生们又按照希尔的方法进行了几次试验,证明 3 种药物合用的疗效比两种药物还要好。如果 3 种药物持续用上 2 年的话,结核病的治愈率几乎可以达到 100%。希尔用统计学方法为人类攻克"白色瘟疫"做出了巨大贡献。

附录2 Excel 在统计中的应用

附录 2-1：第三章　整理和显示数据中的 Excel 操作路径

【例 3-2】针对万达企业第一车间 50 名工人一月份完成的产品频数分布表可采用 Excel 中的统计函数 FREQUENCY 来实现。具体步骤是：

（1）在 Excel 2010 中，先在 A1:E10 中输入原始数据，在 A13 单元格中输入"组别"二字，在 A14:A20 中列出每一组别数字，注意每一组别是以其相应的上限值减 1 来设定。比如第 1 组 90～100 则用 99 来代表该组组别，其他的依次类推。在"组别"右边相邻的一单元格 B13 输入"频数"二字，选择 B14:B20，作为存放分组频数的区域，见图 1。

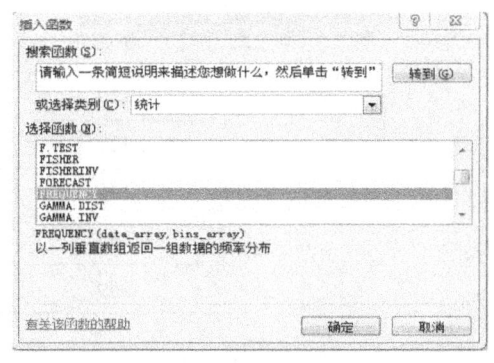

图 1　组别的设置　　　　　图 2　函数的选择

（2）在工具栏选择【插入】→【f_x】（插入函数）→插入函数对话框，在对话框中选择类别【统计】→选择函数【FREQUENCY】，见图 2。

（3）点击【确定】，进入"函数参数"对话框。在 Data-array 栏输入原始数据区域【A1:E10】，在 Bins-array 栏输入组别所在区域【A14:A20】，见图 3。

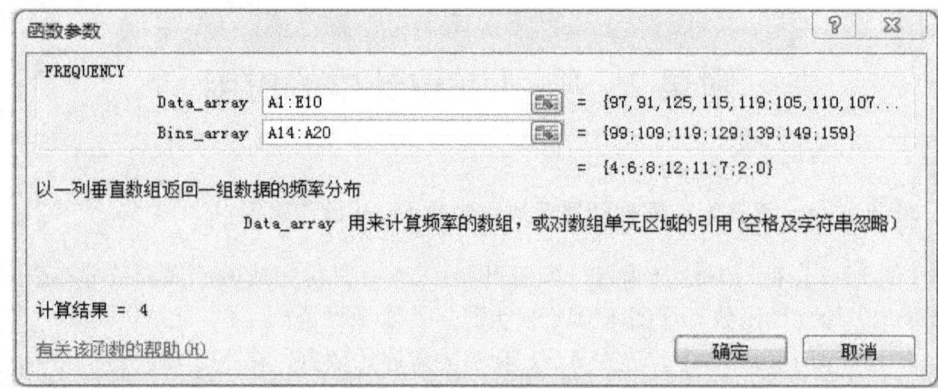

图 3　函数参数设置图

（4）同时按下 Ctrl 与 Shift 后不松手，紧接着按下 Enter 键，频数分布结果便可显示出来，见表 1。注意：一定不能点击【确定】，否则所有组的频数不能一起全部显示出来。

表 1　各组别的频数分布表

组别	频数
99	4
109	6
119	8
129	12
139	11
149	7
159	2

【例 3-3】直方图的操作路径：

在 Excel 2010 中作出万达企业第一车间 50 名工人一月份完成的产品件数的分组情况的直方图。

（1）在 Excel 2010 中，先添加加载项，即点击【文件】→【选项】→【Excel 选项】→【加载项】→【分析工具库】，见图 4。在该对话框下方的【管理】右边的选项框中选择【Excel 加载项】→【转到】→【加载宏】对话框，见图 5，选择【分析工具库】→【确定】，即在【数据】中出现【数据分析】选项。

图 4　Excel 选项对话框

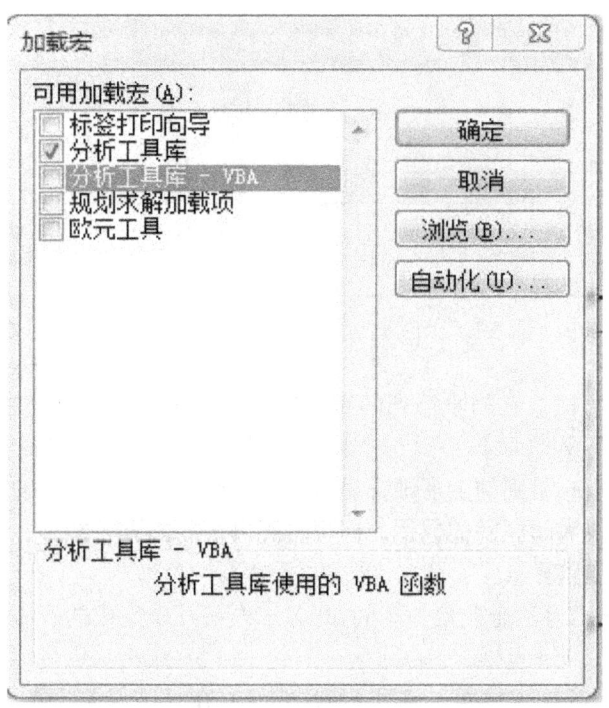

图 5　加载宏对话框

（2）在已输入数据的 Excel 2010 中，在工具栏选择【数据】→【数据分析】→【直方图】→【确定】，得到直方图对话框，见图 6。在该对话框中，【输入区域】是把原始数据所在区域【A1：E10】输入，【接受区域】是把不同组别的数据区域

【D13:D20】输入。【输出区域】可选一空白单元格,选择【图表输出】→【确定】,得到初步的直方图(见图7)。

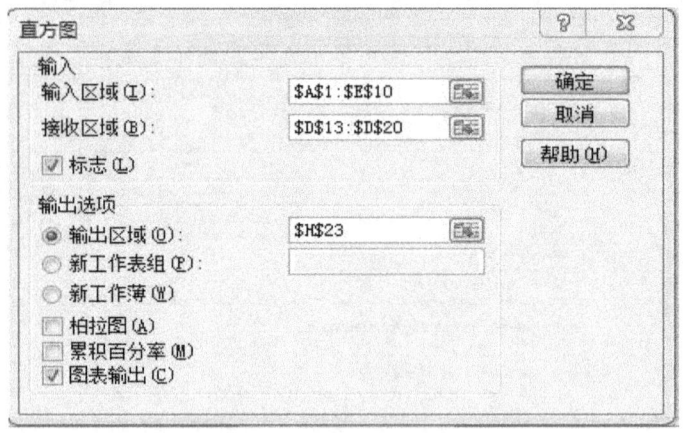

图6 直方图对话框

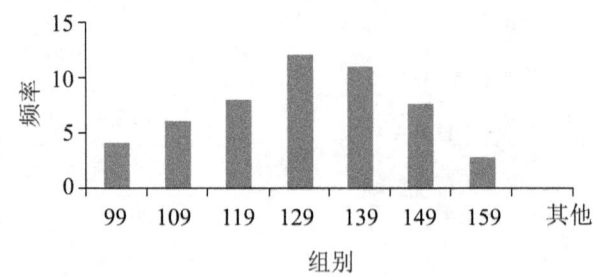

图7 初步得到的直方图

(3)修饰直方图。在初步得到的直方图上,点击柱子→点击右键→【设置数据系列格式】→【系列选项】→【分类间距】设置为0,即可得到各组别连续排列的直方图。若要把每一组别的上下限都显示出来,则需点击图表上的组别值,修正其旁边的表格数据,改为闭区间的数据,即可得到修饰后的直方图。

茎叶图的操作路径:

在SPSS中作出万达企业第一车间50名工人一月份完成的产品件数的分组情况的茎叶图。

(1)先在SPSS输入数据。打开SPSS软件,在【变量视图】先定义变量,在名称下面的单元格输入"产品件数",后面信息按默认的即可。再点开【数据视图】,在产品件数所在的一列里输入原始数据。

(2)点击菜单【分析】→【描述统计】→【探索】→把产品件数(chan pin jian shu)选入【因变量列表】、【输出】中选择图→【绘制】→【探索图】对话框选择【茎叶图】→【继续】→【确定】,如图8所示,即可得到茎叶图。

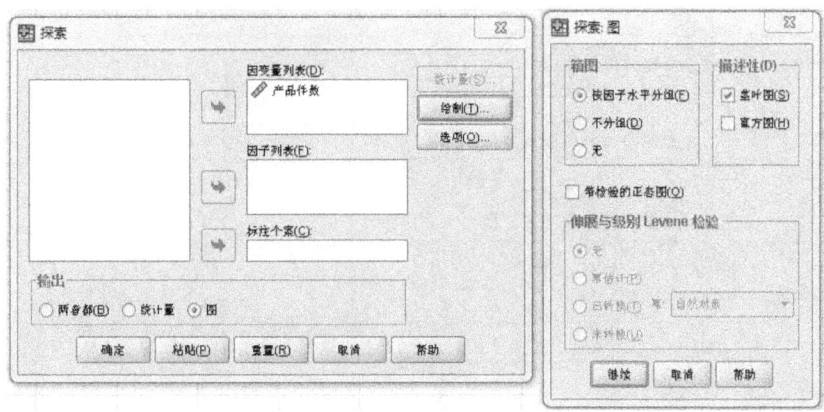

图 8 探索对话框

洛伦兹曲线图操作路径：

在 Excel 2010 中，先选择人口向上累计率和收入向上累计率数据，然后在工具栏中选择【插入】→【散点图】→【带平滑线的散点图】，生成相应的散点图。在散点图中分别点击横轴和纵轴，出现设置坐标轴格式对话框（见图9），在坐标轴选项中设置最大值固定为100，主要刻度单位20，次要刻度单位是4。分别连接坐标轴的对角线（以0点作为起点），坐标轴各自的对边，再连接0点与散点构成的曲线，去掉网格线和颜色设置成黑色，这样便可得到洛伦兹曲线图。

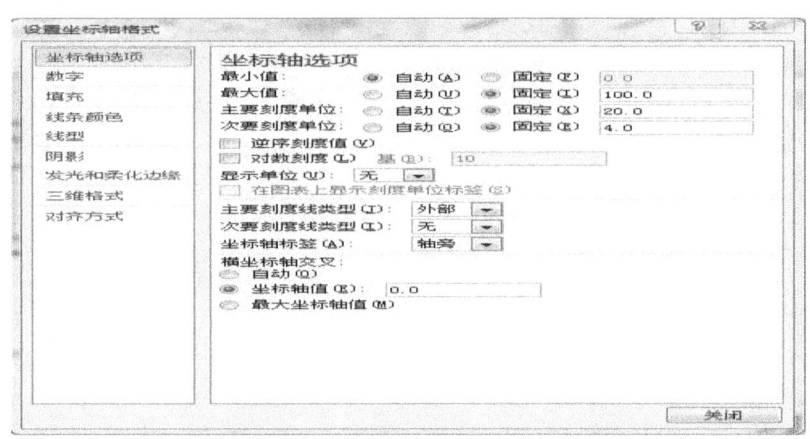

图 9 设置坐标轴格式对话框

【例3-5】在 Excel 2010 中，使用数据透视表对手机销售情况进行分类计数和汇总，得出频数分布表。具体步骤为：

（1）打开手机销售的原始数据所在的工作表格，在工具栏中选择【插入】→【数据透视表】→点击数据透视表右边的小三角，选择【数据透视表】，得到图10。

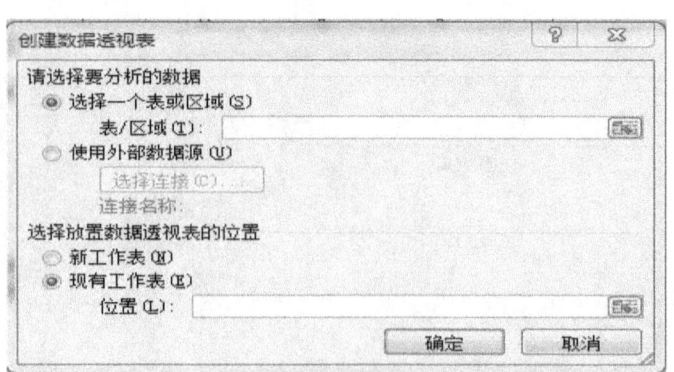

图10　创建数据透视表

（2）在图10中创建数据透视表时，首先要选择分析的数据所在的区域，即点击表/区域右边的空方框中的红色箭头，选择数据所在区域A1:B51。然后再选择放置数据透视表的位置，可在新工作表或是现有工作表（一般默认现有工作表）点击位置后边的空方框中的红色箭头选择数据透视表所在位置，只要不与原始数据位置重复即可，比如选择D2，点击【确定】。

（3）在图11中，选择行标签、列标签和数值。这里，我们可把手机类型拉到行标签，把学生性别拉到列标签，把手机类型拉到数值计算中，即可得到所需的频数分布表。

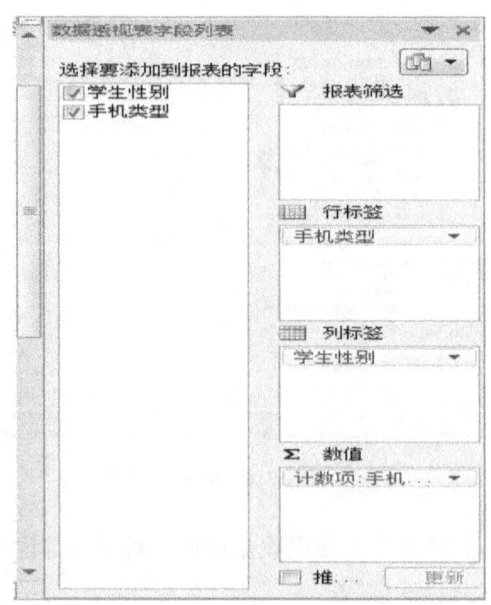

图11　数据透视表字段列表

在Excel 2010中，制作条形图。先作单式条形图。选择数据区域，即手机类型及总计的频数，然后在工具栏中选择【插入】→【柱形图】→【二维柱形图】，即可得到单式条形图。若在条形图中不需要网格线，可点击网格线，然后右键选择【设置网格线格式】，在其对话框中的线条颜色中选择【无线条】→【关闭】，即可得到所需的条形图。若设置图的颜色，则在工具栏中找到【图表工具】→【设计】→选择所需颜色。若是黑白图，则选第一个图，即得到所需的单式条形图。

再作复式条形图，在 Excel 2010 中，先选择数据区域，即手机类型和相应购买手机的男、女学生人数，然后在工具栏中选择【插入】→【柱形图】→【二维柱形图】，即可得到复式条形图。若在条形图中不需要网格线，也可按照前面的方法去掉。图形颜色选择也用前面的方法，即可得到复式条形图。

【例3-7】对甲城市居民生活质量满意度进行调查的数据可用累积频数分布图来显示。

在 Excel 2010 中，先选择数据区域，即甲城市居民生活质量满意度和对应的向上累积频数的数据区域，然后在工具栏中选择【插入】→【折线图】→【二维折线图】，选择【带数据标记的折线图】，即可得到所需的向上累积频数分布图。

【例3-8】在 Excel 2010 中作出甲、乙城市居民生活质量满意度的环形图。

在 Excel 2010 中，先输入数据，即甲城市居民生活质量满意度的 5 个等级和相应频数以及乙城市居民生活质量满意度相应的频数，如表 3-9 所示。然后选择该数据区域，【插入】→【其他图表】→【圆环图】，即可得到所需的圆环图。如果需要在饼图上显示各部分所占百分比，则可在圆环图上右键选择【设置数据标签格式】，在其对话框中的标签选项中选择百分比。颜色选择用前面的方法，即可得到所需的圆环图。

附录2-2：第四章 数据分布的数字特征中的 Excel 操作路径

对于分组数据数字特征的有关指标，Excel 不能直接得到，只能根据相应数字特征的计算公式，然后运用 Excel 中的公式与函数功能实现。这部分留给读者自己练习。下面主要介绍如何利用 Excel 2010 计算原始数据的一些常用数字特征值[①]。

本章介绍了数据分布特征的各个测度值，其中很多都可以利用 Excel 中的"数据分析"下的"描述统计"命令计算出结果，具体操作如下。

从某网站随机抽取了 25 名网络用户，得到他们的年龄数据如图 12 所示，现利用 Excel 2010 计算该组数据的描述统计指标，步骤如下：

[①] 关于数据的数字特征值还可以通过一些专业的统计软件来实现，例如 SPSS 软件等，有兴趣的同学可以参阅相关书籍。

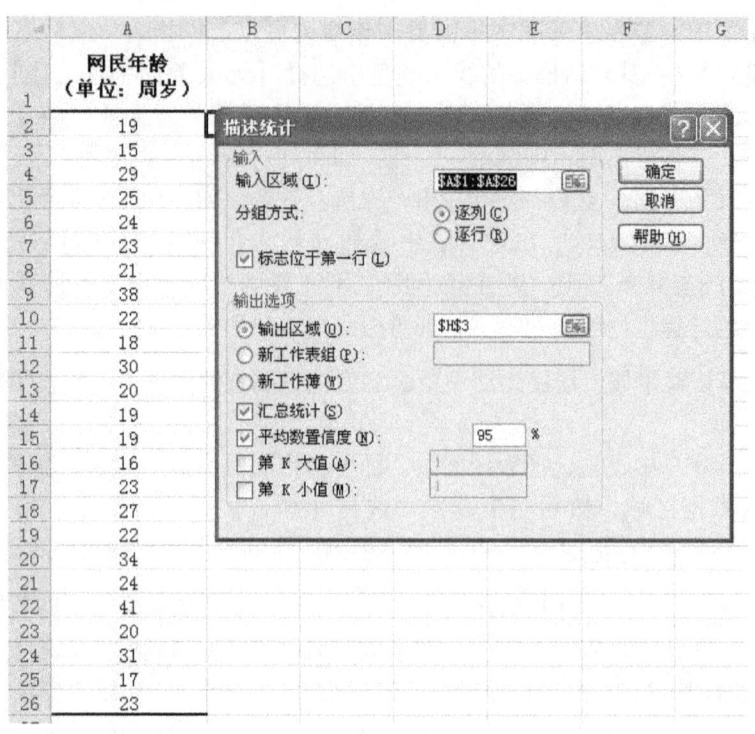

图 12　25 名网民年龄

（1）在 Excel 2010 中，先添加加载项，即点击【文件】→【选项】→【Excel 选项】→【加载项】，选择【分析工具库】，见图 13。在该对话框中，下方的【管理】右边的选项框中选择【Excel 加载项】→【转到】→【加载宏】对话框，见图 14，选择【分析工具库】→【确定】，即在【数据】中出现【数据分析】选项。

（2）在已输入数据的 Excel 2010 中，在工具栏选择【数据】→【数据分析】→【描述统计】→【确定】，得到【描述统计】对话框，见图 12。在该对话框中，【输入区域】：将原始数据所在区域【H3：H27】输入；【分组方式】：指出输入区域的数据是按行排还是按列排，本例中数据是以列的方式显示，所以选择【逐列】；【标志位于第一行】：如果输入区域的第一行中包含变量名称，则在该复选框前打"√"，同理，如果输入区域的第一列中包含变量名称，则在【标志位于第一列】的复选框前打"√"；【输出区域】：可选任一空白单元格，用于输出结果的存放位置；【汇总统计】：指输出表格中的描述统计指标，这些统计指标有平均数（算术平均数）、标准误差（抽样平均误差）、中位数、众数、样本标准差、样本方差、峰度值、偏度值、区域（极差）、最小值、最大值、求和（数据总和）和观测数（数据容量）；【平均数置信度】：给出一定置信度（本例是 95%）下总体均值的抽样极限误差；【第 K 大（小）值】：即数据输入区域中的第 K 个最大值或第 K 个最小值。

相关的操作过程如图 12 ～ 图 15 所示。

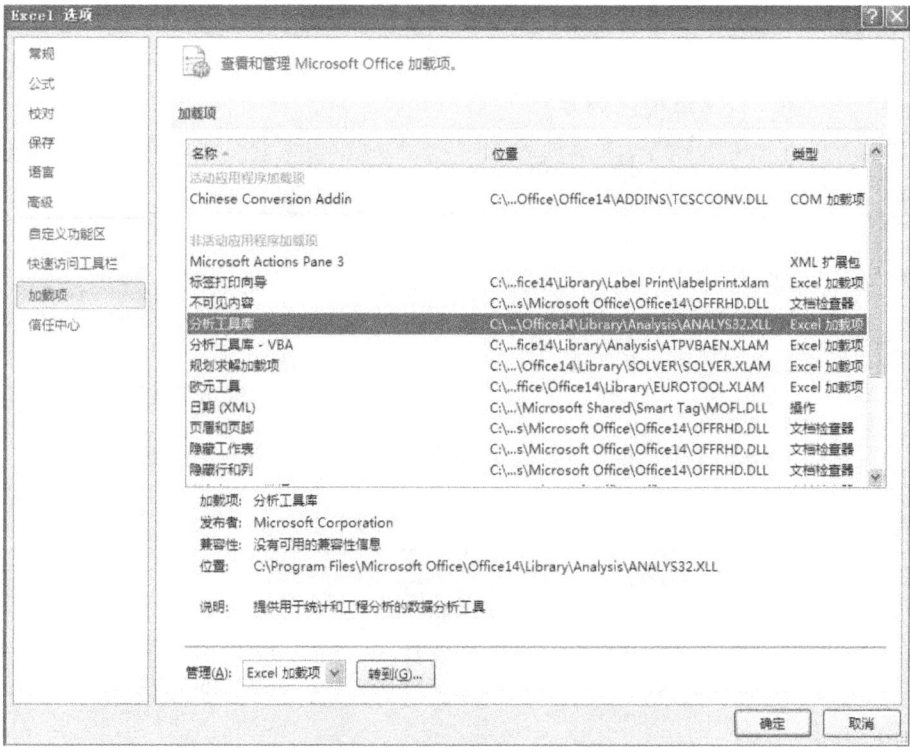

图 13 【加载项】分析工具库

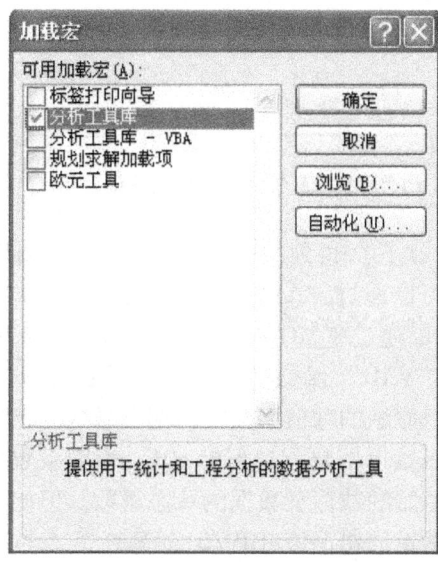

图 14 【加载宏】分析工具库

【描述统计】对话框填完后,单击【确定】按钮,结果如图 15 所示。

	A	B	H	I
1	网民年龄（单位：周岁）			
2	19			
3	15		网民年龄（单位：周岁）	
4	29			
5	25		平均	24
6	24		标准误差	1.33041347
7	23		中位数	23
8	21		众数	19
9	38		标准差	6.652067348
10	22		方差	44.25
11	18		峰度	0.772705131
12	30		偏度	1.080110357
13	20		区域	26
14	19		最小值	15
15	19		最大值	41
16	16		求和	600
17	23		观测数	25
18	27		置信度(95.0%)	2.745838446
19	22			
20	34			
21	24			
22	41			
23	20			
24	31			
25	17			
26	23			

图 15　25 名网民年龄描述统计结果

当然，【描述统计】工具所得到的各个数字特征值也可以使用相应的统计函数得到。例如：算术平均数可以通过"AVERAGE"函数实现；中位数可以通过"MEDIAN"函数实现；众数可以通过"MODE"函数实现；标准差可以通过"STDEV"函数实现；方差可以通过"VAR"函数实现；偏度系数可以通过"SKEW"函数来实现，该函数可以计算一组原始的数值型数据的偏态系数。但如果数据个数少于 3 个或样本标准差为 0 时，该函数返回错误值#DIV/0！；峰度系数可通过"KURT"函数实现，该函数可计算一组原始的数值型数据的峰态系数。但如果数据个数少于 4 个或样本标准差为 0 时，该函数返回错误值#DIV/0！，等等。

附录 2-3：第七章　假设检验中的 Excel 操作路径

【例 7-2】中 t 统计量对应概率 P 的计算。

在 Excel 2010 中利用 TDIST 函数计算 t 统计量对应概率 P。具体步骤为：在 Excel

2010 中,点击【f_x(插入函数)】→【选择类别】(统计)→【选择函数】→【TDIST】(左侧检验用)→【确定】→在 X 栏右边输入 t 的值(-0.5),在自由度(Deg_freedom)栏右边输入自由度 8,在 Cumulative 栏的右边输入 TRUE,点击【确定】,即可得到 t 统计量对应的概率 $P = 0.3153$。

【例 7-3】中 z 统计量对应概率 P 的计算。

在 Excel 2010 中利用 NORMSDIST 函数计算 z 统计量对应概率 P。具体步骤为:在 Excel 2010 中,点击【f_x(插入函数)】→【选择类别】(统计)→【选择函数】→NORMSDIST→【确定】→z 栏右边输入 z 的绝对值(4.8),Cumulative 右边输入 TRUE,点击【确定】,得到函数值 1,相应的概率 P 值为:$P = 1 - 1 = 0$。

【例 7-7】中 χ^2 统计量对应概率 P 的计算。

在 Excel 2010 中利用 CHISQ.DIST.RT 函数计算 t 统计量对应概率 P。具体步骤为:在 Excel 2010 中,点击【f_x(插入函数)】→【选择类别】(统计)→【选择函数】→【CHISQ.DIST.RT】→【确定】→x 栏右边输入 χ^2 的值 34.56,在自由度(Deg_freedom)栏右边输入自由度 24,得到相应的概率 $P = 0.075$。

附录 2-4:第八章相关与回归分析中的 Excel 操作路径

【例 8-1】将表 8-1 的数据先录入到 Excel 2010 表格里,见表 2,然后利用 Excel 中的图表工具可以很方便地绘制散点图。

绘制散点图的步骤为:

(1) 选定客户联系次数与销售额数据所在的单元格区域 A2:B11,点击菜单【插入】→【图表】→【散点图】,就可以得出与客户联系次数与销售额数据的散点图,见图 16。

(2) 为了使散点图更加美观,可以对其进行适当修改,结果见图 17。

表 2　录入表 8-1 数据的 Excel 表

	A	B	C
1	y	X	
2	189	11	
3	156	13	
4	205	15	
5	353	27	
6	467	26	
7	684	30	
8	457	30	
9	374	22	
10	452	27	
11	743	45	

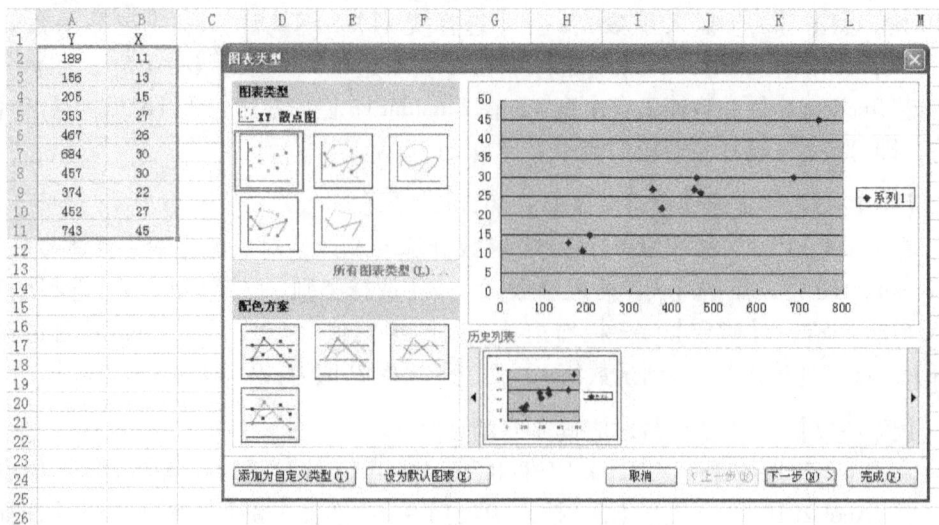

图 16 Excel 画散点图的计算机页面图

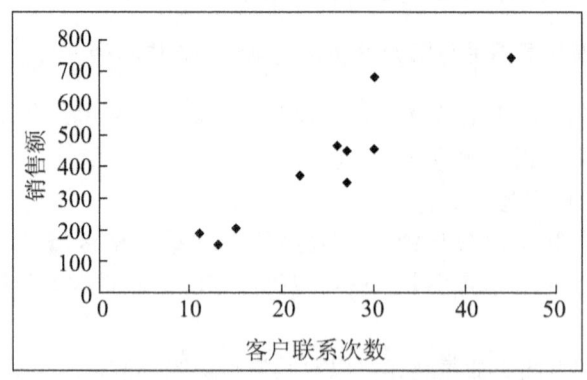

图 17 与客户联系次数和销售额散点图

下面,除了画散点图之外,我们还可以利用 Excel 计算出与客户联系次数和销售额这两个变量之间的相关系数,操作步骤如下:点击一个空白的单元格,点击菜单【插入】→【函数】→在函数选择类别中选择【统计】→【Pearson】,按图 18 继续操作,就可以得出客户联系次数与销售额数据的相关系数 0.927 036。

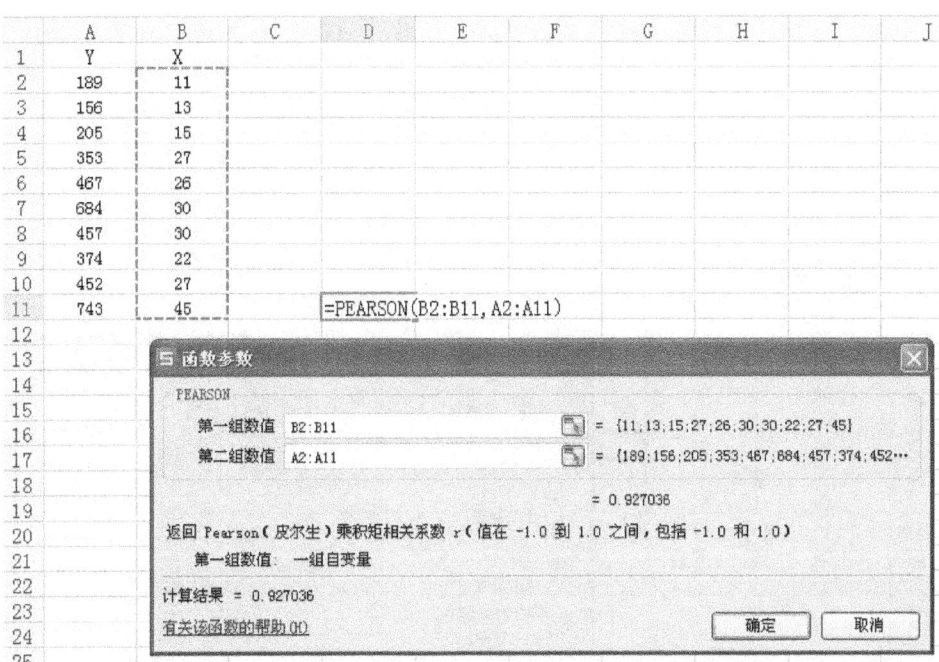

图18 Excel 计算相关系数的计算机页面图

【例8-4】至【例8-8】中的结果计算

利用 Excel 进行一元线性回归分析的步骤如下：

(1) 录入数据，录入结果见图19。

	A	B
1	比萨饼需求	价格
2	89	5
3	86	10
4	84	15
5	82	20
6	80	25
7	79	30
8	76	35
9	74	40
10	70	45
11	69	50

图19 两个变量在 Excel 的数据录入

(2) 利用 Excel 画出两个变量的散点图（见图20）。

(3) 利用最小二乘法对一元线性回归模型进行参数估计。操作方法如下：

首先，打开【工具】下拉菜单，用鼠标点击【数据分析】选项（如果没有该选项，需要打开【加载宏】→【分析工具库】），弹出【数据分析】对话框。然后，选择【回归】，按【确定】后，会弹出选项表，进行如下选择：X、Y 值的输入区域（A2：A11，B2：B11），置信度（95%），如图 20 所示，然后，按【确定】，取得回归结果（见图 21）。

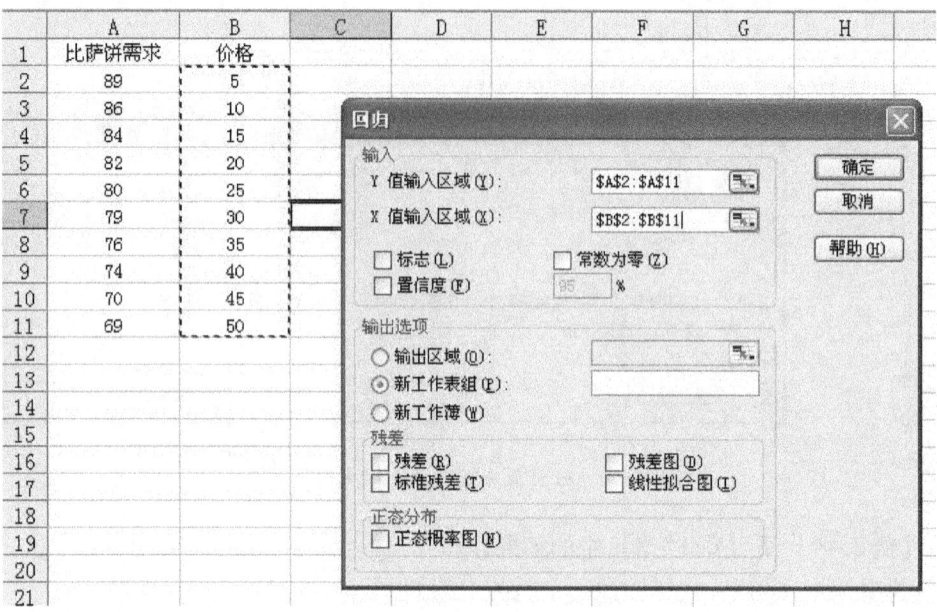

图 20　利用 Excel 实现回归分析的计算机页面图

	df	SS	MS	F	nificance F				
回归分析	1	394.912	394.912	792.225	2.7E-09				
残差	8	3.98788	0.49848						
总计	9	398.9							

SUMMARY OUTPUT

回归统计	
Multiple R	0.99499
R Square	0.99
Adjusted R	0.98875
标准误差	0.70603
观测值	10

方差分析

	Coefficien	标准误差	t Stat	P-value	Lower 95%	Upper 95%	下限 95.0%	上限 95.0%
Intercept	90.9333	0.48231	188.536	7E-16	89.8211	92.0456	89.8211	92.0456
X Variable	-0.4376	0.01555	-28.146	2.7E-09	-0.4734	-0.4017	-0.4734	-0.4017

图 21　利用 Excel 实现回归模型的估计结果

附录 2-5：第九章 时间序列分析的 Excel 操作路径

【例 9-1】中线图的操作路径。

关于 GDP 的时间序列线图的操作路径。

(1) 在 Excel 2010 中，先选择年份和 GDP 两列数据，见图 22，列出部分数据。

	A	B
1	年份	GDP
2	1978	3645.2
3	1979	4062.6
4	1980	4545.6
5	1981	4891.6
6	1982	5323.4
7	1983	5962.7
8	1984	7208.1
9	1985	9016
10	1986	10275.2
11	1987	12058.6
12	1988	15042.8
13	1989	16992.3
14	1990	18667.8
15	1991	21781.5
16	1992	26923.5
17	1993	35333.9
18	1994	48197.9
19	1995	60793.7
20	1996	71176.6
21	1997	78973
22	1998	84402.3

图 22 GDP 的部分时间序列数据

(2) 点击菜单【插入】→【折线图】→【二维折线图】中选择第一行的第一个图，即得到一个粗略的线图（见图 23），在此基础上，点击横轴坐标右键选择【选择数据】，出现【选择数据对话框】。在图 23 中编辑水平（分类）轴标签，选择轴标签所在区域【A2:A37】，点击【确定】即可得到最后的线图 24。

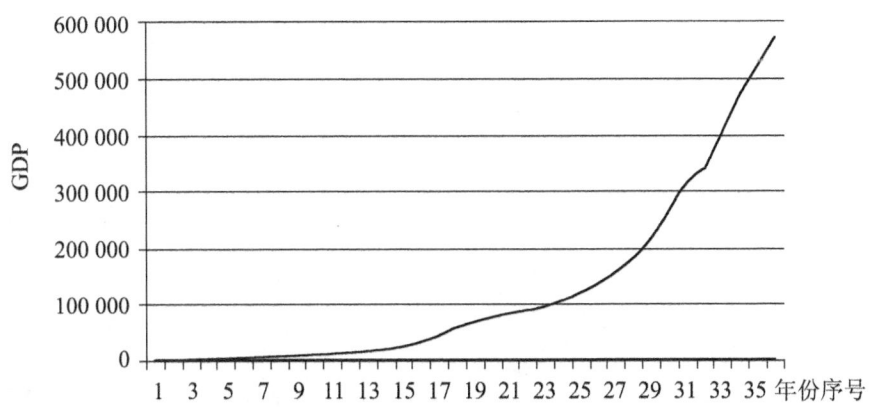

图 23 初步得到的粗略的线图

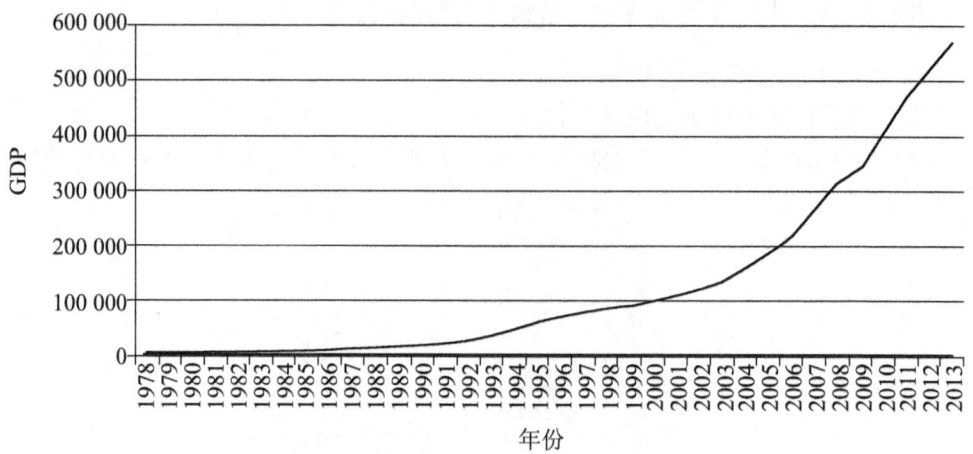

图 24 最终得到的 GDP 的时间序列线图

关于 CPI 的时间序列线图的操作路径同 GDP 的，这里不再列出步骤。

附录3 常用统计表

表1 正态分布概率表

$$\Phi(x) = \int_{-\infty}^{x} \frac{1}{\sqrt{2\pi}} e^{-\frac{t^2}{2}} dt = P(X \leq x)$$

X	0	0.01	0.02	0.03	0.04	0.05	0.06	0.07	0.08	0.09
0	0.500 0	0.504 0	0.508 0	0.512 0	0.516 0	0.519 9	0.523 9	0.527 9	0.531 9	0.535 9
0.1	0.539 8	0.543 8	0.547 8	0.551 7	0.555 7	0.559 6	0.563 6	0.567 5	0.571 4	0.575 3
0.2	0.579 3	0.583 2	0.587 1	0.591 0	0.594 8	0.598 7	0.602 6	0.606 4	0.610 3	0.614 1
0.3	0.617 9	0.621 7	0.625 5	0.629 3	0.633 1	0.636 8	0.640 4	0.644 3	0.648 0	0.651 7
0.4	0.655 4	0.659 1	0.662 8	0.666 4	0.670 0	0.673 6	0.677 2	0.680 8	0.684 4	0.687 9
0.5	0.691 5	0.695 0	0.698 5	0.701 9	0.705 4	0.708 8	0.712 3	0.715 7	0.719 0	0.722 4
0.6	0.725 7	0.729 1	0.732 4	0.735 7	0.738 9	0.742 2	0.745 4	0.748 6	0.751 7	0.754 9
0.7	0.758 0	0.761 1	0.764 2	0.767 3	0.770 4	0.773 4	0.776 4	0.779 4	0.782 3	0.785 2
0.8	0.788 1	0.791 0	0.793 9	0.796 7	0.799 5	0.802 3	0.805 1	0.807 8	0.810 6	0.813 3
0.9	0.815 9	0.818 6	0.821 2	0.823 8	0.826 4	0.828 9	0.835 5	0.834 0	0.836 5	0.838 9
1.0	0.841 3	0.843 8	0.846 1	0.848 5	0.850 8	0.853 1	0.855 4	0.857 7	0.859 9	0.862 1
1.1	0.864 3	0.866 5	0.868 6	0.870 8	0.872 9	0.874 9	0.877 0	0.879 0	0.881 0	0.883 0
1.2	0.884 9	0.886 9	0.888 8	0.890 7	0.892 5	0.894 4	0.896 2	0.898 0	0.899 7	0.901 5
1.3	0.903 2	0.904 9	0.906 6	0.908 2	0.909 9	0.911 5	0.913 1	0.914 7	0.916 2	0.917 7
1.4	0.919 2	0.920 7	0.922 2	0.923 6	0.925 1	0.926 5	0.927 9	0.929 2	0.930 6	0.931 9
1.5	0.933 2	0.934 5	0.935 7	0.937 0	0.938 2	0.939 4	0.940 6	0.941 8	0.943 0	0.944 1
1.6	0.945 2	0.946 3	0.947 4	0.948 4	0.949 5	0.950 5	0.951 5	0.952 5	0.953 5	0.953 5
1.7	0.955 4	0.956 4	0.957 3	0.958 2	0.959 1	0.959 9	0.960 8	0.961 6	0.962 5	0.963 3
1.8	0.964 1	0.964 8	0.965 6	0.966 4	0.967 2	0.967 8	0.968 6	0.969 3	0.970 0	0.970 6
1.9	0.971 3	0.971 9	0.972 6	0.973 2	0.973 8	0.974 4	0.975 0	0.975 6	0.976 2	0.976 7
2.0	0.977 2	0.977 8	0.978 3	0.978 8	0.979 3	0.979 8	0.980 3	0.980 8	0.981 2	0.981 7
2.1	0.982 1	0.982 6	0.983 0	0.983 4	0.983 8	0.984 2	0.984 6	0.985 0	0.985 4	0.985 7
2.2	0.986 1	0.986 4	0.986 8	0.987 1	0.987 4	0.987 8	0.988 1	0.988 4	0.988 7	0.989 0
2.3	0.989 3	0.989 6	0.989 8	0.990 1	0.990 4	0.990 6	0.990 9	0.991 1	0.991 3	0.991 6
2.4	0.991 8	0.992 0	0.992 2	0.992 5	0.992 7	0.992 9	0.993 1	0.993 2	0.993 4	0.993 6

续表1

X	0	0.01	0.02	0.03	0.04	0.05	0.06	0.07	0.08	0.09
2.5	0.9938	0.9940	0.9941	0.9943	0.9945	0.9946	0.9948	0.9949	0.9951	0.9952
2.6	0.9953	0.9955	0.9956	0.9957	0.9959	0.9960	0.9961	0.9962	0.9963	0.9964
2.7	0.9965	0.9966	0.9967	0.9968	0.9969	0.9970	0.9971	0.9972	0.9973	0.9974
2.8	0.9974	0.9975	0.9976	0.9977	0.9977	0.9978	0.9979	0.9979	0.9980	0.9981
2.9	0.9981	0.9982	0.9982	0.9983	0.9984	0.9984	0.9985	0.9985	0.9986	0.9986
3.0	0.9987	0.9990	0.9993	0.9995	0.9997	0.9998	0.9998	0.9999	0.9999	1.0000
3.1	0.9990	0.9991	0.9991	0.9991	0.9992	0.9992	0.9992	0.9992	0.9993	0.9993
3.2	0.9993	0.9993	0.9994	0.9994	0.9994	0.9994	0.9994	0.9995	0.9995	0.9995

表2 t分布临界值表

$$P[t(v) > t_\alpha(v)] = \alpha$$

单侧	$\alpha = 0.10$	0.05	0.025	0.01	0.005
$v = 1$	3.078	6.314	12.706	31.821	63.657
2	1.886	2.920	4.303	6.965	9.925
3	1.638	2.353	3.182	4.541	5.841
4	1.533	2.132	2.776	3.747	4.604
5	1.476	2.015	2.571	3.365	4.032
6	1.440	1.943	2.447	3.143	3.707
7	1.415	1.895	2.365	2.998	3.499
8	1.397	1.860	2.306	2.896	2.355
9	1.383	1.833	2.262	2.821	3.250
10	1.372	1.812	2.228	2.764	3.169
11	1.363	1.796	2.201	2.718	3.106
12	1.356	1.782	2.179	2.681	3.055
13	1.350	1.771	2.160	2.650	3.012
14	1.345	1.761	2.145	2.624	2.977
15	1.341	1.753	2.131	2.602	2.947
16	1.337	1.746	2.120	2.583	2.921
17	1.333	1.740	2.110	2.567	2.898
18	1.330	1.734	2.101	2.552	2.878

续表2

单侧	α = 0.10	0.05	0.025	0.01	0.005
19	1.328	1.729	2.093	2.539	2.861
20	1.325	1.725	2.086	2.528	2.845
21	1.323	1.721	2.080	2.518	2.831
22	1.321	1.717	2.074	2.508	2.819
23	1.319	1.714	2.069	2.500	2.807
24	1.318	1.711	2.064	2.492	2.797
25	1.316	1.708	2.060	2.485	2.787
26	1.315	1.706	2.056	2.479	2.779
27	1.314	1.703	2.052	2.473	2.771
28	1.313	1.701	2.048	2.467	2.763
29	1.311	1.699	2.045	2.462	2.756
30	1.310	1.697	2.042	2.457	2.750
40	1.303	1.684	2.021	2.423	2.704
50	1.299	1.676	2.009	2.403	2.678
60	1.296	1.671	2.000	2.390	2.660
70	1.294	1.667	1.994	2.381	2.648
80	1.292	1.664	1.990	2.374	2.639
90	1.291	1.662	1.987	2.368	2.632
100	1.290	1.660	1.984	2.364	2.626
125	1.288	1.657	1.979	2.357	2.616
150	1.287	1.655	1.976	2.351	2.609
200	1.286	1.653	1.972	2.345	2.601
∞	1.282	1.645	1.960	2.326	2.576

表3 χ^2 分布临界值表

$$P[\chi^2(v) > \chi^2_\alpha(v)] = \alpha$$

α \ v	0.995	0.990	0.975	0.950	0.900	0.100	0.050	0.025	0.010	0.005
1	0.0000	0.0002	0.0010	0.0039	0.0158	2.7055	3.8415	5.0239	6.6349	7.8794
2	0.0100	0.0201	0.0506	0.1026	0.2107	4.6052	5.9915	7.3778	9.2103	10.5966
3	0.0717	0.1148	0.2158	0.3518	0.5844	6.2514	7.8147	9.3484	11.3449	12.8382
4	0.2070	0.2971	0.4844	0.7107	1.0636	7.7794	9.4877	11.1433	13.2767	14.8603
5	0.4117	0.5543	0.8312	1.1455	1.6103	9.2364	11.0705	12.8325	15.0863	16.7496
6	0.6757	0.8721	1.2373	1.6354	2.2041	10.6446	12.5916	14.4494	16.8119	18.5476
7	0.9893	1.2390	1.6899	2.1673	2.8331	12.0170	14.0671	16.0128	18.4753	20.2777
8	1.3444	1.6465	2.1797	2.7326	3.4895	13.3616	15.5073	17.5345	20.0902	21.9550
9	1.7349	2.0879	2.7004	3.3251	4.1682	14.6837	16.9190	19.0228	21.6660	23.5894
10	2.1559	2.5582	3.2470	3.9403	4.8652	15.9872	18.3070	20.4832	23.2093	25.1882
11	2.6032	3.0535	3.8157	4.5748	5.5778	17.2750	19.6751	21.9200	24.7250	26.7568
12	3.0738	3.5706	4.4038	5.2260	6.3038	18.5493	21.0261	23.3367	26.2170	28.2995
13	3.5650	4.1069	5.0088	5.8919	7.0415	19.8119	22.3620	24.7356	27.6882	29.8195
14	4.0747	4.6604	5.6287	6.5706	7.7895	21.0641	23.6848	26.1189	29.1412	31.3193
15	4.6009	5.2293	6.2621	7.2609	8.5468	22.3071	24.9958	27.4884	30.5779	32.8013
16	5.1422	5.8122	6.9077	7.9616	9.3122	23.5418	26.2962	28.8454	31.9999	34.2672
17	5.6972	6.4078	7.5642	8.6718	10.0852	24.7690	27.5871	30.1910	33.4087	35.7185
18	6.2648	7.0149	8.2307	9.3905	10.8649	25.9894	28.8693	31.5264	34.8053	37.1565
19	6.8440	7.6327	8.9065	10.1170	11.6509	27.2036	30.1435	32.8523	36.1909	38.5823
20	7.4338	8.2604	9.5908	10.8508	12.4426	28.4120	31.4104	34.1696	37.5662	39.9968
21	8.0337	8.8972	10.2829	11.5913	13.2396	29.6151	32.6706	35.4789	38.9322	41.4011
22	8.6427	9.5425	10.9823	12.3380	14.0415	30.8133	33.9244	36.7807	40.2894	42.7957
23	9.2604	10.1957	11.6886	13.0905	14.8480	32.0069	35.1725	38.0756	41.6384	44.1813
24	9.8862	10.8564	12.4012	13.8484	15.6587	33.1962	36.4150	39.3641	42.9798	45.5585
25	10.5197	11.5240	13.1197	14.6114	16.4734	34.3816	37.6525	40.6465	44.3141	46.9279
26	11.1602	12.1981	13.8439	15.3792	17.2919	35.5632	38.8851	41.9232	45.6417	48.2899
27	11.8076	12.8785	14.5734	16.1514	18.1139	36.7412	40.1133	43.1945	46.9629	49.6449
28	12.4613	13.5647	15.3079	16.9279	18.9392	37.9159	41.3371	44.4608	48.2782	50.9934

续表3

α v	0.995	0.990	0.975	0.950	0.900	0.100	0.050	0.025	0.010	0.005
29	13.121 1	14.256 5	16.047 1	17.708 4	19.767 7	39.087 5	42.557 0	45.722 3	49.587 9	52.335 6
30	13.786 7	14.953 5	16.790 8	18.492 7	20.599 2	40.256 0	43.773 0	46.979 2	50.892 2	53.672 0
31	14.457 8	15.655 5	17.538 7	19.280 6	21.433 6	41.421 7	44.985 3	48.231 9	52.191 4	55.002 7
32	15.134 0	16.362 2	18.290 8	20.071 9	22.270 6	42.584 7	46.194 3	49.480 4	53.485 8	56.328 1
33	15.815 3	17.073 5	19.046 7	20.866 5	23.110 2	43.745 2	47.399 9	50.725 1	54.775 5	57.648 4
34	16.501 3	17.789 1	19.806 3	21.664 3	23.952 3	44.903 2	48.602 4	51.966 0	56.060 9	58.963 9
35	17.191 8	18.508 9	20.569 4	22.465 0	24.796 7	46.058 8	49.801 8	53.203 3	57.342 1	60.274 8
36	17.886 7	19.232 7	21.335 9	23.268 6	25.643 3	47.212 2	50.998 5	54.437 3	58.619 2	61.581 2
37	18.585 8	19.960 2	22.105 6	24.074 9	26.492 1	48.363 4	52.192 3	55.668 0	59.892 5	62.883 3
38	19.288 9	20.691 4	22.878 5	24.883 9	27.343 0	49.512 6	53.383 5	56.895 5	61.162 1	64.181 4
39	19.995 9	21.426 2	23.654 3	25.695 4	28.195 8	50.659 8	54.572 2	58.120 1	62.428 1	65.475 6
40	20.706 5	22.164 3	24.433 0	26.509 3	29.050 5	51.805 1	55.758 5	59.341 7	63.690 7	66.766 0
41	21.420 8	22.905 6	25.214 5	27.325 6	29.907 1	52.948 5	56.942 4	60.560 6	64.950 1	68.052 7

表4 F 分布临界值表 ($\alpha = 0.05$)

$$P[F(v_1, v_2) > F_\alpha(v_1, v_2)] = \alpha$$

v_2 \ v_1	1	2	3	4	5	6	8	10	15
1	161.4	199.5	215.7	224.6	230.2	234.0	238.9	241.9	245.9
2	18.51	19.00	19.16	19.25	19.30	19.33	19.37	19.40	19.43
3	10.13	9.55	9.28	9.12	9.01	8.94	8.85	8.79	8.70
4	7.71	6.94	6.59	6.39	6.26	6.16	6.04	5.96	5.86
5	6.61	5.79	5.41	5.19	5.05	4.95	4.82	4.74	4.62
6	5.99	5.14	4.76	4.53	4.39	4.28	4.15	4.06	3.94
7	5.59	4.74	4.35	4.12	3.97	3.87	3.73	3.64	3.51
8	5.32	4.46	4.07	3.84	3.69	3.58	3.44	3.35	3.22
9	5.12	4.26	3.86	3.63	3.48	3.37	3.23	3.14	3.01
10	4.96	4.10	3.71	3.48	3.33	3.22	3.07	2.98	2.85
11	4.84	3.98	3.59	3.36	3.20	3.09	2.95	2.85	2.72

续表 4

v_2 \ v_1	1	2	3	4	5	6	8	10	15
12	4.75	3.89	3.49	3.26	3.11	3.00	2.85	2.75	2.62
13	4.67	3.81	3.41	3.18	3.03	2.92	2.77	2.67	2.53
14	4.60	3.74	3.34	3.11	2.96	2.85	2.70	2.60	2.46
15	4.54	3.68	3.29	3.06	2.90	2.79	2.64	2.54	2.40
16	4.49	3.63	3.24	3.01	2.85	2.74	2.59	2.49	2.35
17	4.45	3.59	3.20	2.96	2.81	2.70	2.55	2.45	2.31
18	4.41	3.55	3.16	2.93	2.77	2.66	2.51	2.41	2.27
19	4.38	3.52	3.13	2.90	2.74	2.63	2.48	2.38	2.23
20	4.35	3.49	3.10	2.87	2.71	2.60	2.45	2.35	2.20
21	4.32	3.47	3.07	2.84	2.68	2.57	2.42	2.32	2.18
22	4.30	3.44	3.05	2.82	2.66	2.55	2.40	2.30	2.15
23	4.28	3.42	3.03	2.80	2.64	2.53	2.37	2.27	2.13
24	4.26	3.40	3.01	2.78	2.62	2.51	2.36	2.25	2.11
25	4.24	3.39	2.99	2.76	2.60	2.49	2.34	2.24	2.09
26	4.23	3.37	2.98	2.74	2.59	2.47	2.32	2.22	2.07
27	4.21	3.35	2.96	2.73	2.57	2.46	2.31	2.20	2.06
28	4.20	3.34	2.95	2.71	2.56	2.45	2.29	2.19	2.04
29	4.18	3.33	2.93	2.70	2.55	2.43	2.28	2.18	2.03
30	4.17	3.32	2.92	2.69	2.53	2.42	2.27	2.16	2.01
40	4.08	3.23	2.84	2.61	2.45	2.34	2.18	2.08	1.92
50	4.03	3.18	2.79	2.56	2.40	2.29	2.13	2.03	1.87
60	4.00	3.15	2.76	2.53	2.37	2.25	2.10	1.99	1.84
70	3.98	3.13	2.74	2.50	2.35	2.23	2.07	1.97	1.81
80	3.96	3.11	2.72	2.49	2.33	2.21	2.06	1.95	1.79
90	3.95	3.10	2.71	2.47	2.32	2.20	2.04	1.94	1.78
100	3.94	3.09	2.70	2.46	2.31	2.19	2.03	1.93	1.77
125	3.92	3.07	2.68	2.44	2.29	2.17	2.01	1.91	1.75
150	3.90	3.06	2.66	2.43	2.27	2.16	2.00	1.89	1.73
200	3.89	3.04	2.65	2.42	2.26	2.14	1.98	1.88	1.72
∞	3.84	3.00	2.60	2.37	2.21	2.10	1.94	1.83	1.67

表4（续） F分布临界值表（$\alpha = 0.01$）

$$P[F(v_1,v_2) > F_\alpha(v_1,v_2)] = \alpha$$

v_2 \ v_1	1	2	3	4	5	6	8	10	15
1	4052	4999	5403	5625	5764	5859	5981	6065	6157
2	98.50	99.00	99.17	99.25	99.30	99.33	99.37	99.40	99.43
3	34.12	30.82	29.46	28.71	28.24	27.91	27.49	27.23	26.87
4	21.20	18.00	16.69	15.98	15.52	15.21	14.80	14.55	14.20
5	16.26	13.27	12.06	11.39	10.97	10.67	10.29	10.05	9.72
6	13.75	10.92	9.78	9.15	8.75	8.47	8.10	7.87	7.56
7	12.25	9.55	8.45	7.85	7.46	7.19	6.84	6.62	6.31
8	11.26	8.65	7.59	7.01	6.63	6.37	6.03	5.81	5.52
9	10.56	8.02	6.99	6.42	6.06	5.80	5.47	5.26	4.96
10	10.04	7.56	6.55	5.99	5.64	5.39	5.06	4.85	4.56
11	9.65	7.21	6.22	5.67	5.32	5.07	4.74	4.54	4.25
12	9.33	6.93	5.95	5.41	5.06	4.82	4.50	4.30	4.01
13	9.07	6.70	5.74	5.21	4.86	4.62	4.30	4.10	3.82
14	8.86	6.51	5.56	5.04	4.69	4.46	4.14	3.94	3.66
15	8.86	6.36	5.42	4.89	4.56	4.32	4.00	3.80	3.52
16	8.53	6.23	5.29	4.77	4.44	4.20	3.89	3.69	3.41
17	8.40	6.11	5.19	4.67	4.34	4.10	3.79	3.59	3.31
18	8.29	6.01	5.09	4.58	4.25	4.01	3.71	3.51	3.23
19	8.18	5.93	5.01	4.50	4.17	3.94	3.63	3.43	3.15
20	8.10	5.85	4.94	4.43	4.10	3.87	3.56	3.37	3.09
21	8.02	5.78	4.87	4.37	4.04	3.81	3.51	3.31	3.03
22	7.95	5.72	4.82	4.31	3.99	3.76	3.45	3.26	2.98
23	7.88	5.66	4.76	4.26	3.94	3.71	3.41	3.21	2.93
24	7.82	5.61	4.72	4.22	3.90	3.67	3.36	3.17	2.89
25	7.77	5.57	4.68	4.18	3.85	3.63	3.32	3.13	2.85
26	7.72	5.53	4.64	1.14	3.82	3.59	3.29	3.09	2.81
27	7.68	5.49	4.60	4.11	3.78	3.56	3.26	3.06	2.78
28	7.64	5.45	4.57	4.07	3.75	3.53	3.23	3.03	2.75

续表4（续）

v_2 \ v_1	1	2	3	4	5	6	8	10	15
29	7.60	5.42	4.54	4.04	3.73	3.50	3.20	3.00	2.73
30	7.56	5.39	4.51	4.02	3.70	3.47	3.17	2.98	2.70
40	7.31	5.18	4.31	3.83	3.51	3.29	2.99	2.80	2.52
50	7.17	5.06	4.20	3.72	3.41	3.19	2.89	2.70	2.42
60	7.08	4.98	4.13	3.65	3.34	3.12	2.82	2.63	2.35
70	7.01	4.92	4.07	3.60	3.29	3.07	2.78	2.59	2.31
80	6.96	4.88	4.04	3.56	3.26	3.04	2.74	2.55	2.27
90	6.93	4.85	4.01	3.53	3.23	3.01	2.72	2.52	2.42
100	6.90	4.82	3.98	3.51	3.21	2.99	2.69	2.50	2.22
125	6.84	4.78	3.94	3.47	3.17	2.95	2.66	2.47	2.19
150	6.81	4.75	3.91	3.45	3.14	2.92	2.63	2.44	2.16
200	6.76	4.71	3.88	3.41	3.11	2.89	2.60	2.41	2.13
∞	6.63	4.61	3.78	3.32	3.02	2.80	2.51	2.23	2.04

表5　斯皮尔曼等级相关系数 r_s 的上临界值 r_α 表

$$P(r_s \geqslant r_\alpha) \leqslant \alpha \quad P(r_s \leqslant -r_\alpha) \leqslant \alpha$$

n \ α	0.001	0.005	0.010	0.025	0.050	0.100
4	—	—	—	—	0.8000	0.8000
5	—	—	0.9000	0.9000	0.8000	0.7000
6	—	0.9429	0.8857	0.8286	0.7714	0.6000
7	0.9643	0.8929	0.7571	0.7460	0.6786	0.5357
8	0.9286	0.8571	0.8095	0.7143	0.6190	0.5000
9	0.9000	0.8167	0.7667	0.6833	0.5833	0.4667
10	0.8667	0.7818	0.7333	0.6364	0.5515	0.4424
11	0.8364	0.7545	0.7000	0.6091	0.5273	0.4182
12	0.8182	0.7273	0.6713	0.5804	0.4965	0.3986
13	0.7912	0.6978	0.6429	0.5549	0.4780	0.3791
14	0.7670	0.6747	0.6220	0.5341	0.4593	0.3626
15	0.7464	0.6536	0.6000	0.5170	0.4429	0.3500
16	0.7265	0.6324	0.5824	0.5000	0.4265	0.3382
17	0.7083	0.6152	0.5637	0.4853	0.4118	0.3260
18	0.6904	0.5975	0.5480	0.4716	0.3994	0.3148
19	0.6737	0.5825	0.5333	0.4579	0.3895	0.3070
20	0.6586	0.5684	0.5023	0.4451	0.3789	0.2977
21	0.6455	0.5645	0.5078	0.4351	0.3688	0.2909
22	0.6318	0.5426	0.4963	0.4241	0.3597	0.2829
23	0.6186	0.5306	0.4852	0.4150	0.3518	0.2767
24	0.6070	0.5200	0.4748	0.4061	0.3435	0.2704
25	0.5962	0.5100	0.4654	0.3977	0.3362	0.2646
26	0.5856	0.5002	0.4564	0.3894	0.3299	0.2588
27	0.5757	0.4915	0.4481	0.3822	0.3236	0.2540
28	0.5660	0.4828	0.4401	0.3749	0.3175	0.2490
29	0.5567	0.4744	0.4320	0.3685	0.3113	0.2443
30	0.5479	0.4665	0.4251	0.3620	0.3059	0.2400

参 考 文 献

[1] 刘宝存. 美国研究型大学基于问题的学习模式［J］. 中国高教研究，2004（10）.
[2] 袁卫，刘超. 统计学——思想、方法与应用［M］. 北京：中国人民大学出版社，2011.
[3] 曾五一，肖红叶. 统计学导论［M］. 北京：科学出版社，2007.
[4] 贾俊平，何晓群，金勇进. 统计学［M］. 5版. 北京：中国人民大学出版社，2012.
[5] 袁卫，庞皓，曾五一. 统计学［M］. 北京：高等教育出版社，2000.
[6] 张彦. 社会研究方法［M］. 上海：上海财经大学出版社，2011.
[7] Gudmund R. Iversen, Marry Gergrn. 统计学——基本概念和方法［M］. 吴喜之，等译. 北京：高等教育出版社，2000.
[8] Dennis J. Sweeney, Thomas A. Williams, David R. Anderson. 商务与经济统计（精要版）［M］. 6版. 雷平，等译. 北京：机械工业出版社，2012.
[9] David M. Levine, Timothy C. Krehbiel, Mark L. Berenson, 商务统计学［M］. 5版. 黄耀锋，等译. 北京：中国人民大学出版社，2010.
[10] 茆诗松，等. 概率论与数理统计［M］. 3版. 北京：中国统计出版社，2007.
[11] 韩兆洲. 统计学原理［M］. 3版. 广州：暨南大学出版社，2014.
[12] 宋光辉. 管理统计学［M］. 3版. 广州：华南理工大学出版社，2012.
[13] 王松桂，张忠占，程维虎，高旅端. 概率论与数理统计［M］. 北京：科学出版社，2011.
[14] 邓力. 统计学——实例与拾趣［M］. 长沙：湖南人民出版社，2004.

编者简介

林海明（本书顾问） 广东财经大学统计学教授，湖南大学理学硕士，硕士生导师，广东省现场统计学会常务理事。研究方向：多元统计模型和应用。主持教育部课题2项，参加多项国家级、省部级课题，在《统计研究》《数量经济技术经济研究》《数理统计与管理》等刊物发表论文60多篇，解决了一流统计学家Rao没有解决的令人感兴趣的主成分与因子异同问题，解决了统计学家Kendall认为不可能解决的因子分析模型解问题，创立了优良的因子分析模型L，获广东省哲学社会科学优秀成果三等奖，指导学生获全国、广东省大学生"挑战杯"创业、学术科技作品竞赛特等奖、一等奖等计23项，多次获广东财经大学年度考评、教学质量优秀奖。

张祖荣 广东财经大学经济学教授，中南大学理学硕士，硕士生导师。研究方向：保险精算、经济统计。主持国家社科基金项目1项，教育部课题1项，参加省部级课题多项，在《改革》《财政研究》《财经科学》等重要核心期刊发表论文40多篇，指导学生获广东省大学生"挑战杯"学术科技作品竞赛二等奖，多次获广东财经大学年度考评优秀奖。

刘照德 广东财经大学统计学副教授，经济统计系主任、博士、硕士生导师。研究方向：经济统计、综合评价等。主持教育部科研项目1项、广东省统计局第三次经济普查重点项目1项、市厅级项目4项，参与10余项省部级科研课题，主持广东省研究生学术论坛暑期学校项目1项，主持广东财经大学"创新强校工程"经济统计学专业综合改革试点项目1项；公开发表论文30多篇，其中人大报刊复印全文转载3篇，EI检索1篇；参编教材1部；广东省高等学校"千百十"工程校级培养对象，获2014年、2015年学校年度考核优秀奖。

黄小敏 广东培正学院统计学副教授，统计学教研室主任，经济统计学专业负责人，广东省现场统计学会理事。研究方向：保险精算、经济统计。本科毕业于广东财经大学统计学系统计学专业，硕士毕业于暨南大学统计学系统计学专业。公开发表论文20多篇，主持广州市社科课题1项，作为主要成员参与教育部课题1项、国家社科课题1项。

朱芳芳 广东财经大学华商学院统计学讲师，经济统计学教研室主任，武汉科技大学硕士。研究方向：统计方法及其应用。主持省级课题1项、校级重点课题1项，参加多项省级课题和校级课题，发表论文8篇，作为副主编参编教材3部。广东省现场统计学会理事。

赵慧琴 广东财经大学华商学院统计学讲师，中级统计师，华南农业大学理学硕士。研究方向：概率统计应用和经济统计。主持省级教研项目两项，参与国家级项目1项、省级项目2项，主持校级重点课题和项目3项，已发表论文10余篇；以副主编参编教材2部；广东省高等学校"千百十"工程第七批校级培养对象；国内"985"高校访问学者；广东省现场统计学会理事；多次获学校年度考核优秀奖。

周杰琦 广东财经大学统计学讲师,中国社会科学院数量经济学专业博士。研究方向:计量经济模型和应用。主持或参加多项国家级、省部级课题,在《统计研究》《社会科学研究》等核心刊物发表论文 10 余篇,指导学生获全国大学生市场调查大赛二等奖。

金莹 广东财经大学华商学院统计学讲师,中级统计师,工商管理硕士。研究方向:统计预测与决策。参加过多项院级课题及《统计学》重点课程建设,公开发表论文多篇,参编教材 1 部。

石立 广东财经大学华商学院统计学讲师,工商管理硕士,研究方向:计量经济模型。协助主持校级科研课题 1 项、校级重点课程 1 项,参与省级课题 2 项,发表论文 4 篇,参编教材 1 部。